光伏产业知识产权发展报告（2023）

孙广彬　李备战◎主编
光伏产业知识产权运营中心◎组织编写

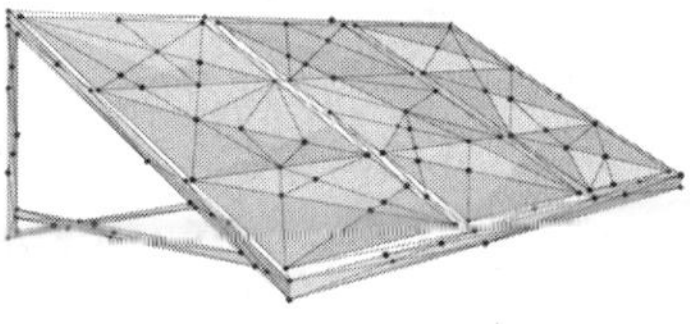

知识产权出版社
全国百佳图书出版单位
—北京—

图书在版编目（CIP）数据

光伏产业知识产权发展报告．2023/孙广彬，李备战主编；光伏产业知识产权运营中心组织编写．—北京：知识产权出版社，2024.6

ISBN 978－7－5130－9372－9

Ⅰ.①光…　Ⅱ.①孙…②李…③光…　Ⅲ.①太阳能发电—电力工业—知识产权—研究报告—中国—2023　Ⅳ.①D923.404

中国国家版本馆CIP数据核字（2024）第104048号

内容提要

本报告从产业概况、公共政策、知识产权数据、典型案例等多个角度梳理了光伏产业的知识产权情况，涉及专利、商标、软件著作权等，数据截至2022年底。本报告中的光伏电池不仅包括了目前主流量产的晶硅电池，对于薄膜电池、染敏电池等其他光伏电池也有所涉及和分析。

本报告可以为政府部门、金融机构、知识产权服务机构、相关行业和企业的各类读者提供参考。

责任编辑：张利萍　　**责任校对**：潘凤越

封面设计：邵建文　　**责任印制**：刘译文

光伏产业知识产权发展报告（2023）

孙广彬　李备战　主编

光伏产业知识产权运营中心　组织编写

出版发行：知识产权出版社有限责任公司　　**网　　址**：http://www.ipph.cn

社　　址：北京市海淀区气象路50号院　　**邮　　编**：100081

责编电话：010－82000860转8387　　**责编邮箱**：65109211@qq.com

发行电话：010－82000860转8101/8102　　**发行传真**：010－82000893/82005070/82000270

印　　刷：三河市国英印务有限公司　　**经　　销**：新华书店、各大网上书店及相关专业书店

开　　本：787mm×1092mm　1/16　　**印　　张**：17

版　　次：2024年6月第1版　　**印　　次**：2024年6月第1次印刷

字　　数：362千字　　**定　　价**：98.00元

ISBN 978-7-5130-9372-9

本书编委会

主　编：孙广彬　李备战

副主编：许晓斌　吕占江　张　兴　陈　伟

编　委：聂　红　郑　磊

编　者：（按姓氏笔画排序）

于家伶　王金良　宁永怀　闫小刚

陈　伟　张　兴　张　颜　张跃华

宋　晓　孟　衍　姜海澜　唐劲军

聂　红　梁新宇

统　稿：陈　伟　聂　红

审　稿：聂　红　郑　磊

校　稿：姜海澜　孟　衍　闫小刚　王金良

梁新宇　唐劲军

编写人员详目

编写人员	撰写内容
陈　伟	第1章、第4章第4.1节和第4.2节
聂　红	第2章
于家伶	第3章第3.1节
宋　晓、王金良	第3章第3.2.1节和第3.2.2节
张　颜、闫小刚	第3章第3.2.3节
张跃华、唐劲军	第3章第3.3节
张　兴	第4章第4.3节和第6章
宁永怀、梁新宇	第5章

前　言

2023 年 1 月 30 日，国家知识产权局发文支持建设“光伏产业知识产权运营中心”，要求中心融合相关知识产权服务资源，着力培育知识产权运营服务能力，促进知识产权高质量创造、高水平布局和高效益运用，助推光伏产业高质量发展。为此，光伏产业知识产权运营中心在国家知识产权局运用促进司和北京市知识产权局的指导下，编制《光伏产业知识产权发展报告（2023）》，为光伏行业知识产权运营提供基础支撑。

报告从产业概况、公共政策、知识产权数据、典型案例等多个角度梳理了光伏产业的知识产权情况，涉及的知识产权类型包括专利、商标、软件著作权等，报告中的光伏电池不仅包括了目前主流量产的晶硅电池，对于薄膜电池、染敏电池等其他光伏电池也有所涉及和分析。报告第 1 章梳理了光伏产业链、创新链及市场情况，第 2 章汇编了全球主要市场的光伏产业政策和知识产权政策，第 3 章对光伏产业专利进行了分析，第 4 章汇编了近年来典型的知识产权案例，第 5 章和第 6 章分别对光伏相关的商标和软件著作权进行了分析。这是光伏行业首份角度和类型均较为全面的知识产权报告，可以为政府部门、金融机构、知识产权服务机构、相关行业和企业的各类读者提供参考。

基于光伏行业知识产权以专利为主的实际情况，报告中专利分析所占篇幅最大、分析的维度最多。专利数据的可靠性和全面性是分析的基础。本次专利数据检索处理工作由中国专利技术开发公司的光电专家团队实施，专家们进行了充分的关键词和国际专利分类号扩展，并对重点光伏企业进行了公司树的构建。基于全面的专利数据，报告从全球、中国两个大的维度进行了宏观趋势分析，也对光伏原料、电池、组件等产业链关键环节进行了深入的分析。既分析专利申请总量，以反映研发投入产出情况和专利布局意愿；也分析有效专利数量，以反映专利硬实力构成和市场竞争格局。既从国家及地区角度分析专利布局概况，也从企业角度分析专利竞争态势，为读者提供了多个维度的分析视角。

报告在编撰过程中得到了中国机电产品进出口商会和中国光伏行业协会的大力支持，书中的光伏产品进出口信息及行业宏观统计数据等资料主要由这两个行业组织提供。晶澳科技全程参与了报告的大纲设计、检索分析、统稿校对、资源协调等工作。

受限于资料来源以及编撰人员的水平，报告难免存在瑕疵和纰漏，还请广大读者朋友批评指正。

编　者
2023 年 9 月

目　录

第1章　光伏产业概述 / 1
1.1　定义及边界 / 1
1.2　产业链情况 / 2
1.2.1　原材料 / 3
1.2.2　电池片 / 6
1.2.3　光伏组件 / 8
1.2.4　逆变器 / 9
1.2.5　光伏支架 / 11
1.3　创新链情况 / 12
1.3.1　TOPCon / 14
1.3.2　HIT / 15
1.3.3　IBC / 17
1.3.4　钙钛矿 / 18
1.3.5　光伏组件 / 20
1.4　市场情况 / 23
1.4.1　主要企业 / 23
1.4.2　主要市场 / 27
1.4.3　当前供需情况 / 31
1.4.4　未来预期 / 35
第2章　主要光伏市场政策环境 / 40
2.1　中　国 / 40
2.1.1　光伏相关政策 / 40
2.1.2　知识产权相关政策 / 52
2.2　欧　洲 / 57
2.2.1　光伏相关政策 / 57
2.2.2　知识产权相关政策 / 67

2.3 美　国 / 71
2.3.1 光伏相关政策 / 71
2.3.2 知识产权相关政策 / 76
2.4 南美洲 / 82
2.4.1 光伏相关政策 / 82
2.4.2 知识产权相关政策 / 84
2.5 东南亚 / 86
2.5.1 光伏相关政策 / 86
2.5.2 知识产权相关政策 / 89
第3章 光伏产业专利分析 / 92
3.1 光伏产业专利总体情况 / 92
3.1.1 全球光伏专利分析 / 92
3.1.2 中国光伏专利分析 / 101
3.2 光伏重点技术专利情况 / 106
3.2.1 全球光伏重点技术专利分析 / 106
3.2.2 中国光伏重点技术专利分析 / 118
3.2.3 光伏重点技术专利产学研合作情况 / 135
3.3 标准与专利融合情况 / 171
3.3.1 光伏相关标准 / 171
3.3.2 光伏标准必要专利 / 173
第4章 热点知识产权案例 / 190
4.1 司法案例 / 190
4.1.1 总体情况 / 190
4.1.2 典型案例——韩国韩华诉隆基、晶科能源、天合光能 / 193
4.1.3 典型案例——SunPower、Maxeon、Solaria诉阿特斯 / 199
4.2 许可案例 / 200
4.2.1 总体情况 / 200
4.2.2 典型案例 / 203
4.3 行政确权案例 / 205
4.3.1 总体情况 / 205
4.3.2 典型案例 / 208
第5章 光伏行业商标情况 / 213
5.1 主要光伏企业在中国的商标申请情况 / 213
5.2 在中国的商标纠纷情况 / 226
5.3 商标国际保护 / 228

5.3.1 商标国际保护概述 / 228
5.3.2 主要中国光伏企业的商标国际保护情况 / 229
第6章 光伏行业软件著作情况 / 236
6.1 电站管理、设计类软件 / 237
6.2 发电量仿真类软件 / 239
6.3 工艺流程控制类软件 / 239
6.4 其他类软件 / 242
附 录 术语说明和检索要素表 / 246
附录1 术语说明 / 246
附录1 检索要素表 / 248

表目录

表 1-1　电池片技术路线特征 …… 6
表 1-2　全球主要跟踪系统制造商 …… 11
表 1-3　光伏产业重要技术分解表 …… 13
表 1-4　2020—2022 年钙钛矿/晶硅叠层电池转换效率进展情况 …… 20
表 1-5　365 光伏、365 储能及智慧能源联合发布的全球光伏企业 20 强 …… 23
表 1-6　2013—2022 年多晶硅环节产量前 10 企业变化情况 …… 24
表 1-7　2013—2022 年硅片环节产量前 10 企业变化情况 …… 25
表 1-8　2013—2022 年电池片环节产量前 10 企业变化情况 …… 26
表 1-9　2013—2022 年光伏组件环节产量前 10 企业变化情况 …… 26
表 1-10　2022 年全球光伏产品产能、产量及中国产品全球占比 …… 31
表 2-1　2021 年以来中国光伏发电行业的主要国家政策 …… 40
表 2-2　中国光伏发电有关促进消纳和消费的部分政策 …… 48
表 2-3　中国光伏发电有关项目管理和建设的部分政策 …… 48
表 2-4　中国光伏发电有关电价补贴的部分政策 …… 49
表 2-5　中国光伏发电有关绿电绿证交易的部分政策 …… 50
表 2-6　“十四五”期间我国部分省（自治区、直辖市）的光伏发展目标 …… 51
表 2-7　我国发布的部分知识产权政策 …… 53
表 2-8　我国主要知识产权相关法律法规 …… 56
表 2-9　传统欧洲专利途径与单一专利途径的比较 …… 70
表 2-10　美国知识产权相关法律法规 …… 77
表 2-11　美国“337 调查”与知识产权民事诉讼的区别 …… 80
表 2-12　东盟十国的可再生能源目标 …… 87
表 2-13　东盟十国的可再生能源支持政策和激励机制 …… 87
表 3-1　全球光伏行业重点技术有效专利量前 20 的申请人 …… 110
表 3-2　江苏省重点技术有效专利量前 10 的申请人 …… 121
表 3-3　在中国公开的重点技术各技术分支专利申请量和有效专利量情况 …… 130

表 3-4　国外申请人光伏重点技术专利对外合作申请排名 …… 136
表 3-5　国内申请人光伏重点技术专利对外合作申请排名 …… 137
表 3-6　陶氏环球光伏重点技术专利的主要合作申请情况 …… 141
表 3-7　晶澳科技光伏重点技术专利的主要合作申请情况 …… 142
表 3-8　天合光能光伏重点技术专利的合作申请情况 …… 143
表 3-9　近年来天合光能发表光伏技术学术论文情况 …… 144
表 3-10　天合光能光伏科学与技术国家重点实验室主要发明人光伏重点技术专利及非专利成果数量 …… 146
表 3-11　天合光能主要研发团队研究方向 …… 147
表 3-12　英利光伏重点技术专利的合作申请情况 …… 150
表 3-13　英利光伏材料与技术国家重点实验室主要发明人光伏重点技术专利及非专利成果数量 …… 151
表 3-14　英利主要研发团队研究方向 …… 152
表 3-15　中国科学院半导体研究所主要发明人光伏重点技术专利及非专利成果数量 …… 155
表 3-16　中国科学院半导体研究所主要研发团队研究方向 …… 155
表 3-17　华能集团光伏重点技术专利的部分合作申请情况 …… 157
表 3-18　华能集团主要发明人光伏重点技术专利及非专利成果数量 …… 159
表 3-19　华能集团主要研发团队研究方向 …… 159
表 3-20　清华大学光伏重点技术专利的部分合作申请情况 …… 161
表 3-21　清华大学主要发明人光伏重点技术专利及非专利成果数量 …… 162
表 3-22　清华大学主要研发团队研究方向 …… 162
表 3-23　上海交通大学光伏重点技术专利的部分合作申请情况 …… 164
表 3-24　上海交通大学主要发明人光伏重点技术专利及非专利成果数量 …… 166
表 3-25　上海交通大学主要研发团队研究方向 …… 166
表 3-26　电子科技大学主要发明人光伏重点技术专利及非专利成果数量 …… 169
表 3-27　电子科技大学主要研发团队研究方向 …… 169
表 3-28　各标准制定组织知识产权政策中标准必要专利的定义 …… 173
表 3-29　各标准制定组织知识产权政策中的披露要求 …… 174
表 3-30　各标准制定组织知识产权政策中有关许可声明的规定 …… 174
表 3-31　IEC63257ED1 声明的标准必要专利 …… 175
表 3-32　光伏相关标准必要专利信息 …… 176
表 3-33　标准必要专利动向所需的专利信息分析项目 …… 185
表 3-34　研发各阶段及标准化各阶段的标准必要专利相关策略 …… 185
表 4-1　光伏行业专利侵权诉讼国内案例 …… 190

表 4 - 2　光伏行业专利侵权诉讼国外案例 …… 191
表 4 - 3　美国"337 调查"案例列表 …… 193
表 4 - 4　韩华起诉隆基主要事件时间表 …… 194
表 4 - 5　韩华起诉晶科能源主要事件时间表 …… 197
表 4 - 6　采用专利许可方式的案例 …… 200
表 4 - 7　行政确权案例 …… 206
表 4 - 8　韩国韩华涉及司法及行政确权典型专利 …… 208
表 4 - 9　专利 2008801247790 第一次无效过程 …… 209
表 4 - 10　专利 2008801247790 第二次无效过程 …… 211
表 5 - 1　晶科能源的部分商标情况 …… 215
表 5 - 2　隆基股份的部分商标情况 …… 216
表 5 - 3　天合光能的部分商标情况 …… 217
表 5 - 4　胜高股份的部分商标情况 …… 218
表 5 - 5　通威股份的部分商标情况 …… 218
表 5 - 6　晶澳科技的部分商标情况 …… 218
表 5 - 7　信越公司的部分商标情况 …… 219
表 5 - 8　比亚迪的部分商标情况 …… 220
表 5 - 9　默克公司的部分商标情况 …… 220
表 5 - 10　TCL 中环的部分商标情况 …… 220
表 5 - 11　协鑫集团的部分商标情况 …… 221
表 5 - 12　腾晖光伏的部分商标情况 …… 221
表 5 - 13　润阳股份的部分商标情况 …… 222
表 5 - 14　英利集团的部分商标情况 …… 222
表 5 - 15　中来股份的部分商标情况 …… 223
表 5 - 16　阿特斯的部分商标情况 …… 223
表 5 - 17　东方日升的部分商标情况 …… 224
表 5 - 18　爱旭光伏的部分商标情况 …… 224
表 5 - 19　韩国韩华的部分商标情况 …… 225
表 5 - 20　其他企业的部分商标情况 …… 225
表 5 - 21　商标纠纷案件示例 …… 227
表 5 - 22　比亚迪商标国际保护情况 …… 231
表 5 - 23　隆基股份商标国际保护情况 …… 232
表 5 - 24　晶澳科技商标国际保护情况 …… 232
表 5 - 25　晶科能源商标国际保护情况 …… 232
表 5 - 26　天合光能商标国际保护情况 …… 232

表5－27 阿特斯国际商标保护情况 …… 233
表5－28 爱旭股份商标国际保护情况 …… 233
表5－29 东方日升商标国际保护情况 …… 233
表5－30 大全集团商标国际保护情况 …… 233
表5－31 海洋王照明商标国际保护情况 …… 233
表5－32 润阳光伏商标国际保护情况 …… 234
表5－33 特变电工商标国际保护情况 …… 234
表5－34 腾辉光伏商标国际保护情况 …… 234
表5－35 通威股份商标国际保护情况 …… 234
表5－36 协鑫集团商标国际保护情况 …… 235
表5－37 英利集团商标国际保护情况 …… 235
表5－38 中来商标国际保护情况 …… 235
表6－1 主要光伏企业软件著作权登记情况 …… 238
表6－2 发电量仿真类软件著作权登记情况 …… 239
表6－3 工艺流程控制类软件著作权登记情况 …… 240
表6－4 其他类软件著作权登记情况 …… 242

图 目 录

图 1－1　光伏电池的分类 …… 1
图 1－2　光伏产业链上下游主要环节 …… 3
图 1－3　2010—2022 年全球和中国多晶硅产量变化情况 …… 4
图 1－4　2010—2023 年中国硅片产量情况 …… 4
图 1－5　多晶硅片和单晶硅片占比变化趋势 …… 5
图 1－6　硅片厚度变化趋势预测 …… 6
图 1－7　2022—2030 年不同电池技术路线市场占比变化趋势 …… 7
图 1－8　2010—2022 年全球和中国电池片产量变化情况 …… 8
图 1－9　2022—2030 年单/双面组件市场占比变化趋势 …… 9
图 1－10　2022—2030 年全片、半片和叠瓦及多分片组件市场占比变化趋势 …… 9
图 1－11　全球光伏逆变器（三相）电压等级需求趋势 …… 10
图 1－12　2022—2030 年中国不同类型逆变器市场占比变化趋势 …… 11
图 1－13　2022—2030 年中国不同类型支架市场占比变化趋势 …… 12
图 1－14　N 型钝化接触太阳能电池结构 …… 14
图 1－15　经典 TOPCon 电池技术路线 …… 14
图 1－16　HIT 电池结构以及工艺流程 …… 15
图 1－17　三种量产电池生产工艺流程对比 …… 16
图 1－18　不同类型电池温度系数对比 …… 17
图 1－19　IBC 电池结构 …… 17
图 1－20　钙钛矿晶体结构 …… 19
图 1－21　不同电池结构类型太阳能电池理论极限转换效率对比情况 …… 19
图 1－22　光伏组件制备的具体工艺流程 …… 22
图 1－23　光伏组件优化方式 …… 22
图 1－24　2020—2022 年我国进口多晶硅数量变化情况 …… 28
图 1－25　2020—2022 年我国硅片出口地区变化情况 …… 28
图 1－26　2022 年我国电池片出口市场分布情况 …… 29

图 1－27　2022 年我国组件出口市场分布情况 …………………………………………… 30
图 1－28　2022 年我国逆变器出口市场分布情况 ………………………………………… 30
图 1－29　2022 年全球硅片、电池片、组件产能分布情况 ……………………………… 31
图 1－30　2018—2023 年光伏级多晶硅现货均价走势 …………………………………… 32
图 1－31　2018—2023 年硅片综合价格指数 ……………………………………………… 33
图 1－32　2018—2023 年电池片、组件现货均价走势 …………………………………… 33
图 1－33　2007—2022 年全球新增光伏装机容量 ………………………………………… 34
图 1－34　2022 年全球新增光伏装机容量排名前 10 的国家 …………………………… 35
图 1－35　2022 年我国光伏发电新增装机容量超过 200 万 kW 的地区排名 ………… 35
图 1－36　2023—2030 年全球及中国新增光伏装机容量预测 …………………………… 36
图 1－37　2021—2027 年国家和地区太阳能光伏产能和产量 …………………………… 37
图 2－1　欧盟《新电池法》提案历程 ……………………………………………………… 60
图 2－2　欧盟新能源标签示例 ……………………………………………………………… 63
图 2－3　欧盟知识产权管理体系 …………………………………………………………… 69
图 2－4　美国知识产权管理体系 …………………………………………………………… 78
图 3－1　全球及我国专利申请趋势 ………………………………………………………… 94
图 3－2　主要来源国专利申请趋势 ………………………………………………………… 94
图 3－3　主要来源国的专利申请量及占比 ………………………………………………… 95
图 3－4　主要公开国及地区的专利公开量及占比 ………………………………………… 95
图 3－5　主要技术来源国的域外布局情况 ………………………………………………… 96
图 3－6　全球专利申请量排名前 20 的申请人 …………………………………………… 97
图 3－7　全球光伏行业各主要技术分支的专利申请量及类型分布情况 ………………… 97
图 3－8　全球光伏行业各主要技术分支的专利申请趋势 ………………………………… 98
图 3－9　主要技术来源国的技术分支构成 ………………………………………………… 99
图 3－10　PCT 申请主要来源国的申请量分布 …………………………………………… 100
图 3－11　PCT 申请主要来源国专利申请趋势 …………………………………………… 100
图 3－12　光伏行业在中国公开专利的申请趋势 ………………………………………… 101
图 3－13　在中国公开光伏专利的各主要来源国分布情况 ……………………………… 102
图 3－14　在中国公开光伏专利的申请人类型分布情况 ………………………………… 102
图 3－15　在中国公开光伏专利量前 20 的申请人 ……………………………………… 103
图 3－16　在中国公开光伏专利量前 15 的国外申请人 ………………………………… 104
图 3－17　在中国公开专利申请人集中度的变化趋势 …………………………………… 104
图 3－18　在中国公开专利主要技术分支的专利申请类型分布 ………………………… 105
图 3－19　在中国公开专利主要技术来源国的技术分支构成 …………………………… 106
图 3－20　全球重点光伏专利申请趋势 …………………………………………………… 107

图 3－21　全球重点光伏专利主要来源国的申请量及占比 …… 108
图 3－22　全球重点光伏专利主要公开国及地区的公开量及占比 …… 108
图 3－23　主要公开国/地区的有效专利量分布 …… 109
图 3－24　主要公开国/地区的有效发明专利分布 …… 109
图 3－25　光伏行业一级技术分支有效专利分布 …… 113
图 3－26　原材料分支的有效专利分布及有效发明占比 …… 114
图 3－27　单晶硅分支的有效专利分布及有效发明占比 …… 114
图 3－28　多晶硅分支的有效专利分布及有效发明占比 …… 115
图 3－29　电池片分支的有效专利分布及有效发明占比 …… 115
图 3－30　常规组件分支的有效专利分布及有效发明占比 …… 117
图 3－31　常规组件以外的四种光伏组件分支的有效专利分布及有效发明占比 …… 117
图 3－32　在中国公开的重点专利申请趋势及专利类型分布 …… 118
图 3－33　在中国公开的重点技术光伏专利法律状态 …… 119
图 3－34　在中国公开的重点技术光伏专利有效情况 …… 119
图 3－35　在中国公开的重点技术有效专利申请人的国籍分布 …… 120
图 3－36　在中国公开的重点技术有效专利省（市、区）分布情况 …… 121
图 3－37　在中国公开的重点技术专利各许可类型的专利量 …… 123
图 3－38　在中国公开的重点技术专利年许可专利量趋势 …… 123
图 3－39　在中国公开的重点技术专利许可人和被许可人类型分布 …… 124
图 3－40　在中国公开的重点技术专利许可人排名 …… 124
图 3－41　在中国公开的重点技术专利被许可人排名 …… 125
图 3－42　在中国公开的重点技术专利转让趋势 …… 126
图 3－43　在中国公开的重点技术专利转让人和受让人类型分布 …… 126
图 3－44　在中国公开的重点技术专利转让人排名 …… 127
图 3－45　在中国公开的重点技术专利受让人排名 …… 127
图 3－46　在中国公开的重点技术专利质押趋势 …… 128
图 3－47　在中国公开的重点技术专利出质人类型分布 …… 128
图 3－48　在中国公开的重点技术专利出质人排名 …… 129
图 3－49　在中国公开的重点技术专利质权人排名 …… 129
图 3－50　在中国公开的重点技术单晶硅制备专利申请量和有效专利量的申请趋势 …… 131
图 3－51　在中国公开的重点技术多晶硅制备专利申请量和有效专利量的申请趋势 …… 131
图 3－52　在中国公开的重点技术电池片分支专利申请量和有效专利量分布 …… 132

图3-53　在中国公开的重点技术电池片各分支专利申请量和有效专利量的申请趋势…………133
图3-54　在中国光伏组件四个分支专利申请量和有效专利量的申请趋势…………134
图3-55　光伏重点技术专利全球重要申请人合作网络…………140
图3-56　天合光能光伏重点技术专利相关申请人合作网络…………143
图3-57　天合光能光伏重点技术专利发明人关联网络…………146
图3-58　英利光伏重点技术专利相关申请人合作网络…………150
图3-59　英利光伏重点技术专利发明人关联网络…………151
图3-60　中国科学院半导体研究所光伏重点技术专利相关申请人合作网络…………154
图3-61　中国科学院半导体研究所光伏重点技术专利发明人关联网络…………154
图3-62　华能集团光伏重点技术专利相关申请人合作网络…………157
图3-63　华能集团光伏重点技术专利发明人关联网络…………158
图3-64　清华大学光伏重点技术专利相关申请人合作网络…………160
图3-65　清华大学光伏重点技术专利发明人关联网络…………161
图3-66　上海交通大学光伏重点技术专利相关申请人合作网络…………164
图3-67　上海交通大学光伏重点技术专利发明人关联网络…………165
图3-68　电子科技大学光伏重点技术专利相关申请人合作网络…………168
图3-69　电子科技大学光伏重点技术专利发明人关联网络…………168
图3-70　基于标准化程序的标准必要专利授权策略…………184
图4-1　专利2008801247790权利要求结构…………209
图5-1　主要光伏企业商标申请总量情况和09类商标申请情况对比…………214
图5-2　主要光伏企业09类商标申请情况…………214
图5-3　主要光伏企业的09类商品商标权利状态…………215
图5-4　纠纷中的商标图…………228
图5-5　中国光伏企业已申请国际保护的1061件09类商标状态…………230
图5-6　商标注册申请目的地数量排名位于前30的排序情况…………230
图5-7　企业按照商标注册申请目的地数量排序情况…………231
图6-1　主要光伏企业的软件著作权排名…………236
图6-2　软件分类统计情况…………237
图6-3　主要光伏企业软件登记趋势…………237

第 1 章　光伏产业概述

1.1　定义及边界

光伏产业，主要是指以硅材料的应用开发形成的光电转换的产业链条，包括晶硅原材料生产、太阳能电池生产、太阳能电池组件生产、相关生产设备的制造以及光伏发电的应用等多个环节。随着光伏发电在能源供应体系中占据越来越重要的地位，光伏相关产业也随之强大起来，已形成了从高纯度硅材料、硅锭/硅棒/硅片、电池片/组件、光伏辅材辅料、光伏生产设备到系统集成和光伏产品应用等完整的产业链条。光伏产业是绿色能源的重要组成部分，也是未来主要可再生能源之一。

光伏产业以太阳能光伏发电技术为基础，光伏产业的核心技术是光伏电池技术。光伏电池又称为太阳能电池，是一种由半导体材料制成，利用光伏效应将太阳辐射能转换为电能的光电器件。

从基本的技术发展路径来看，光伏电池可以大致分为三代：晶硅电池、多元化合物薄膜光伏电池、新型薄膜电池，如图 1－1 所示。

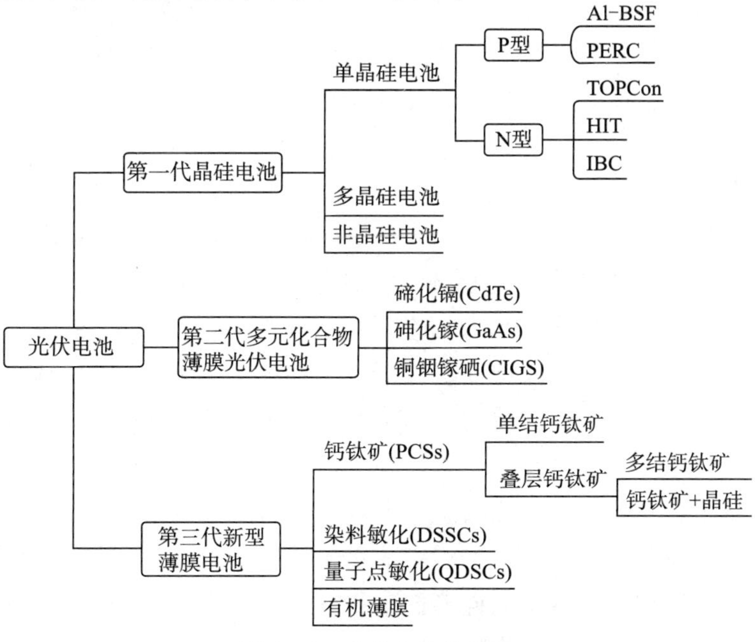

图 1－1　光伏电池的分类

第一代晶硅电池，主要包括单晶硅电池、多晶硅电池及非晶硅电池。第一代晶硅电池技术相对成熟，是较早实现商业化应用的一类光伏电池，目前有着较高的市场占有率。晶硅电池技术是以硅片为衬底，根据硅片的差异，又可分为 P 型电池、N 型电池两种。P 型硅片是在硅料中掺杂硼元素制成；N 型硅片是在硅材料中掺杂磷元素制成。P 型电池主要包括 Al－BSF（铝背场）电池和 PERC（发射极钝化和背面接触，Passivated Emitter and Rear Contact）电池。其中，PERC 电池因其较成熟的工艺和较低的成本，目前占据晶硅光伏组件市场的绝对份额。N 型电池主要包括本征薄层异质结（Heterojunction with Intrinsic Thinlayer，HIT）电池、隧穿氧化层钝化接触（Tunnel Oxide Passivated Contact，TOPCon）电池、交指式背接触（Interdigitated Back Contact，IBC）电池。

第二代多元化合物薄膜光伏电池，主要包括碲化镉（CdTe）、砷化镓（GaAs）、铜铟镓硒（CIGS）等。多元化合物薄膜光伏电池具有消耗材料少、制备能耗低、光电转换效率较高、重量轻、衰减率低、适合与建筑结合（BIPV）等优点，是目前业界看好的一类光伏电池。当前发展最为成熟的两类薄膜电池是碲化镉（CdTe）、砷化镓（GaAs），其中美国第一太阳能（First Solar）公司的碲化镉（CdTe）薄膜产品在薄膜电池领域占据了垄断性地位。由于碲化镉等第二代薄膜电池的核心技术长期被欧美和日本企业所垄断，关键设备价格高达上千万美元，在后期发展上，我国的厂商如果长期依赖国外昂贵的进口设备，在国际市场竞争上会处于成本劣势。

第三代新型薄膜电池，包括钙钛矿电池、染料敏化电池、量子点敏化电池、有机薄膜电池等。第三代薄膜电池具有成本较低、工艺较简单的特点，转换效率也在不断提升。目前第三代新型薄膜电池正在实验室研发阶段和部分量产阶段，有着较大的发展潜力和较好的应用前景。

在光伏产业中，晶硅类光伏产品占据绝对的主流地位，本报告下文中在无特定说明的情况下，分析和描述的光伏产业是指晶硅光伏产业。

1.2 产业链情况

光伏主产业链总体可以分为硅料环节、硅片环节、电池片环节、光伏组件环节，如图 1－2 所示。光伏主产业链各环节的价值分配主要由两大因素决定，即竞争格局和供需状况。各个生产环节的行业特征决定了各个环节的行业集中度和竞争格局，竞争格局从总体上影响了各个环节的盈利能力；而供需变动使得各个环节的盈利能力呈现出短期的波动。

光伏产业链上游是硅料、硅片等。太阳能级多晶硅（以下简称多晶硅）生产是光伏产业链的首端，也是影响产业发展规模的重要环节。2015 年中国多晶硅产量已达到全球总产量的一半，随着国内多晶硅产能的扩张，目前全球多晶硅产业中心已转移到中国。

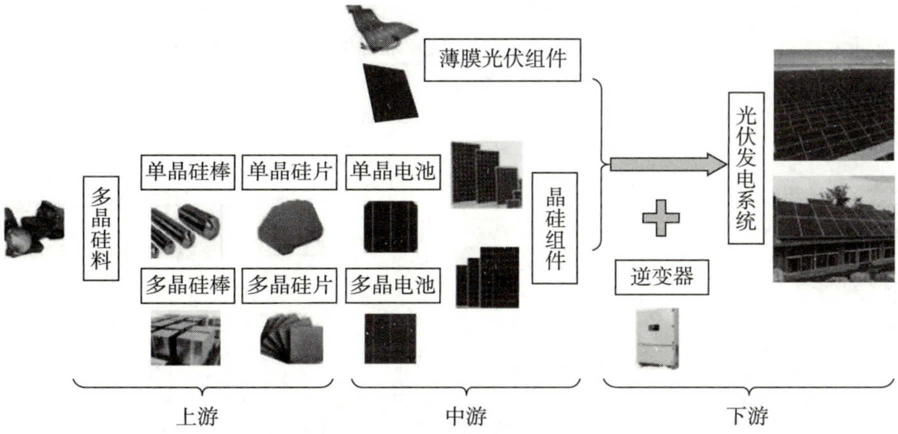

图1-2 光伏产业链主要环节

光伏产业中游主要是电站设备的构成部件，主要部件为电池、组件、逆变器、光伏支架等。中游企业相对集中，在政策和技术双重驱动下，产品产能扩张速度快，主要产品生产已位居世界前列水平。中游电池片和组件生产企业主要有晶科能源、隆基股份、天合光能、晶澳科技等。为了稳定供应链，近几年产业链头部企业均加速了垂直一体化进程，推进了电池片外的上下游产能扩张，增强了企业抗风险能力。

光伏产业的下游应用主要为光伏发电，按照建设规划位置可将光伏发电系统分为集中式光伏发电系统和分布式光伏发电系统。集中式光伏发电系统，如大型西北地面光伏发电系统；分布式光伏发电系统（以 >6MW 为分界），如工商企业厂房屋顶光伏发电系统、民居屋顶光伏发电系统。相比欧美发达国家，我国光伏发电水平发展较为缓慢，电站规模化程度不够。在“双碳”目标和可再生能源发展政策的支持下，我国光伏装机增速明显，有望实现产业规模化。

1.2.1 原材料

多晶硅由工业硅提纯制成，当前主流的多晶硅生产技术主要有改良西门子法和硅烷流化床法，产品形态分别为棒状硅和颗粒硅，其中改良西门子法的生产工艺相对成熟，棒状硅产品目前为行业主流，2021 年市占率（市场占有率）已达到 95.9%；2022 年硅烷法颗粒硅产业化规模有所扩大，市占率达到 7.5%，同比提升了 3.4 个百分点。

工业硅和电力是光伏硅料的成本核心。2022 年 6 月上旬国内改良西门子法生产多晶硅的成本结构中，原材料占比最大达到 41%。其中工业硅占总成本的 39%，为光伏硅料的最大成本项，因此降低硅耗（生产单位多晶硅耗费的硅量）可以有效降低光伏硅料的生产成本。能源占总成本的 32%，其中电力占总成本的 30%，为光伏硅料第二大成本项，进一步降低生产电价和电耗水平也成为光伏硅料企业重要的降本途径之一。

全球多晶硅产能和产量集中于中国。从产能来看，2022 年，中国多晶硅产能在全球占比达 87.0%，相较 2021 年占比 82.5% 提升了 4.5 个百分点；从产量来看，中国多晶硅产量在全球产量占比达 85.6%，相较 2021 年占比 78.8% 提升了 6.8 个百分点，如图 1－3 所示。

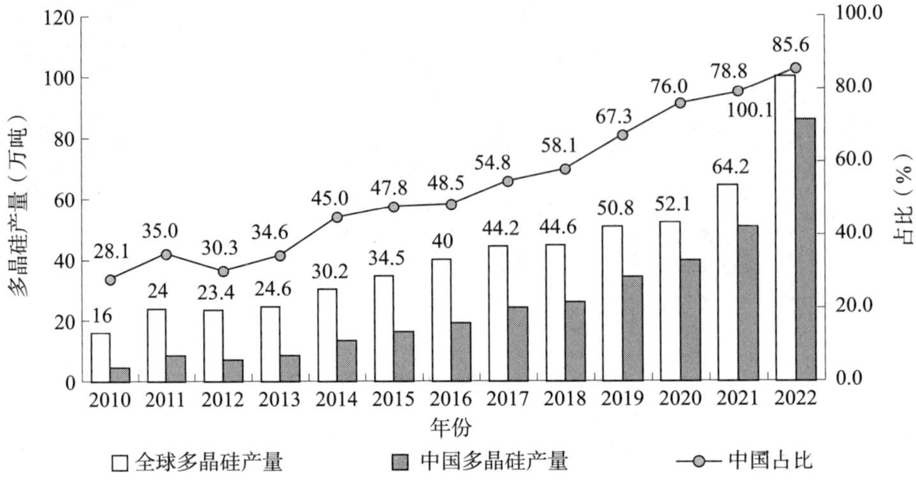

图 1－3　2010—2022 年全球和中国多晶硅产量变化情况

资料来源：CPIA

2022 年，中国多晶硅共 4 家企业的产能在 10 万吨/年及以上，产能共计 82.3 万吨/年，占国内总产能的 70.65%，这些企业分别为四川通威、江苏中能、新疆大全、新特能源。4 家企业 2022 年多晶硅产量之和为 69.6 万吨，占全国多晶硅总产量的 81.2%，其他企业多晶硅产量之和不及 20%，中国多晶硅产量在头部企业中高度集中。

硅片产业规模加速扩大，产业布局高度集中于中国大陆地区。截至 2022 年底，全球硅片总产能约为 664GW，同比增长 60%。从生产布局来看，2022 年底位于中国大陆企业硅片产能约为 650.3GW，占全球的 97.9%，占据绝对领先地位。2022 年中国硅片产量约为 357GW，同比增长 57.5%，如图 1－4 所示。

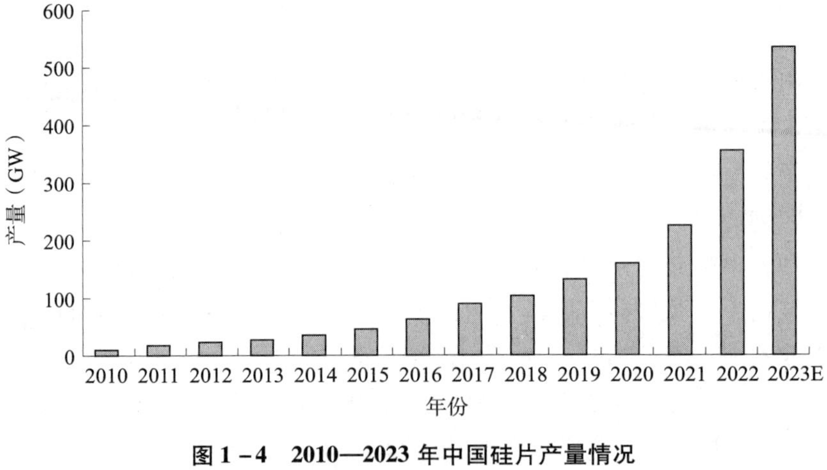

图 1－4　2010—2023 年中国硅片产量情况

资料来源：CPIA

从硅片企业产能来看，硅片产业集中度略有下降。2022 年，全球生产规模前十的硅片企业为隆基绿能、TCL 中环、协鑫科技、晶科能源、晶澳科技、高景太阳能、京运通、阿特斯、双良节能、弘元绿能，其总产能达到 552.5GW，约占全球总产能的 83.2%，同比下降 7.4 个百分点；全球前十硅片企业总产量达到 341.1GW，约占全球总产量的 89.5%，同比下降 6.3 个百分点。

单晶硅片占据硅片市场主流，实现了对多晶硅片的全面替代，如图 1－5 所示。多晶硅料经过加热、熔化、拉晶或长晶等一系列步骤可以制成单晶硅棒或者多晶硅锭，再经过开方、切片即得到单晶硅片或多晶硅片。单晶硅片晶体品质、机械和电学性能均优于多晶硅片，随着单晶硅片技术的不断成熟和 PERC 电池技术的广泛应用，单晶硅片的市场占比不断提升，2022 年已超过 95%，预计未来还将提升。

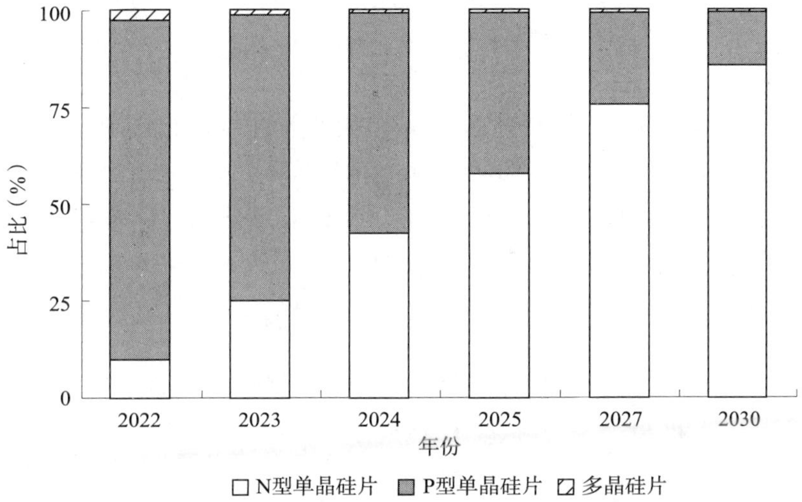

图 1－5　多晶硅片和单晶硅片占比变化趋势

资料来源：CPIA

薄片化有利于降低硅耗和硅片成本，但会影响碎片率。目前切片工艺完全能满足薄片化的需要，但硅片厚度还要满足下游电池片、组件制造端的需求。硅片厚度对电池片的自动化、良率、转换效率等均有影响。硅片厚度变化趋势预测如图 1－6 所示。2022 年多晶硅片平均厚度为 175μm，由于市场终端需求量较小，无继续减薄的动力，因此预测 2024 年之后多晶硅片厚度将维持 170μm 不变，但不排除后期仍有变薄的可能。P 型单晶硅片的平均厚度在 155μm 左右，较 2021 年下降了 15μm。2022 年，用于 TOPCon 电池的 N 型硅片平均厚度为 140μm，用于异质结电池的硅片厚度约 130μm。未来硅片厚度的变化将与多晶硅的价格息息相关。

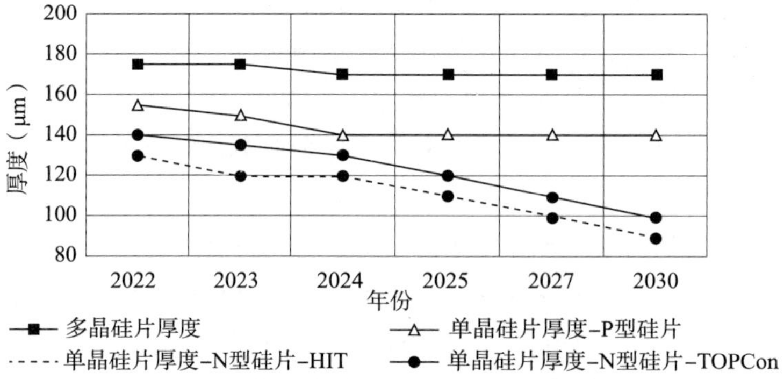

图 1–6　硅片厚度变化趋势预测

资料来源：CPIA

1.2.2　电池片

电池片是光伏发电系统的核心结构，是光伏产业链中游的起点。电池片具有较强的技术驱动属性，未来行业竞争的焦点在于技术路线的选择。电池片行业相较于硅料、硅片行业竞争性更强，占据技术高点的企业将赢得竞争先机。现有电池片技术路线主要有 PERC、TOPCon、HIT、IBC、BSF 等，如表 1–1 所示，提升光电转换效率、降低制造成本是电池片技术的发展趋势。

表 1–1　电池片技术路线特征

技术路线	PERC	TOPCon	HIT	IBC
量产转换效率	24.06%	25.10%	25.20%	26%
工艺成熟度	非常成熟	可量产但工艺难度大	可量产但工艺难度大	可量产但工艺难度大
技术难度	低	很高	高	极高
生产工序	适量	多	少	非常多
设备投资	少	较多	多	多
产线兼容性	目前主流产线	可由 PERC 产线升级	与当前产线不兼容，需新建	部分与当前产线兼容
核心工序	在电池片背面形成钝化层	隧穿氧化层与多晶硅沉积 LPCVD	非晶硅薄膜沉积 PECVD	背面交叉发射极与基区制备，对激光设备要求高
存在问题	优化空间有限	工序多，工艺复杂，良率低	与现有设备不兼容，前期投资大	技术难度大，成本极高，距商业化比较遥远

2015 年以前 BSF 电池是主流，占市场总份额的 90%。2018 年 PERC 电池市场份额达到了 33%，随后产能爆发式增长，到 2020 年市场份额已提升到了 87%，基本已完胜 BSF 电池，且 P 型单晶电池均已采用 PERC 技术。

2022 年新投产的量产产线仍以 PERC 电池产线为主，但 PERC 电池产业化效率已经达到 23.5%，接近理论转换效率极限 24.5%，因而 P 型 PERC 单晶电池效率很难再有大幅提升，并且未能彻底解决以 P 型硅片为基底的电池所产生的光衰现象，这些因素使得 P 型硅电池发展受到限制。超过 PERC 电池效率的电池结构有 TOPCon、HIT 和 XBC，目前 TOPCon 电池具有较高的性价比，新建量产产线主要以 TOPCon 为主，其次是 HIT 电池和 XBC 电池。

2022 年在中国光伏产业化历史上是非常重要的一年，基本特征是晶硅电池正在发生技术迭代，如图 1-7 所示。2022 年下半年部分 N 型电池片产能陆续释放，PERC 电池片市场占比下降至 88%；N 型电池片占比合计约达到 9.1%，其中 N 型 TOPCon 电池片市场占比约 8.3%，HIT 电池片市场占比约 0.6%，XBC 电池片市场占比约 0.2%。由于部分海外市场如印度、巴西等国家仍对成本低廉的 BSF 产品有需求，国内一些细分市场如太阳能路灯等产品仍在使用，2022 年 BSF 电池片市场占比约 2.5%。未来随着生产成本的降低及良率的提升，N 型电池将成为电池技术的主要发展方向之一。

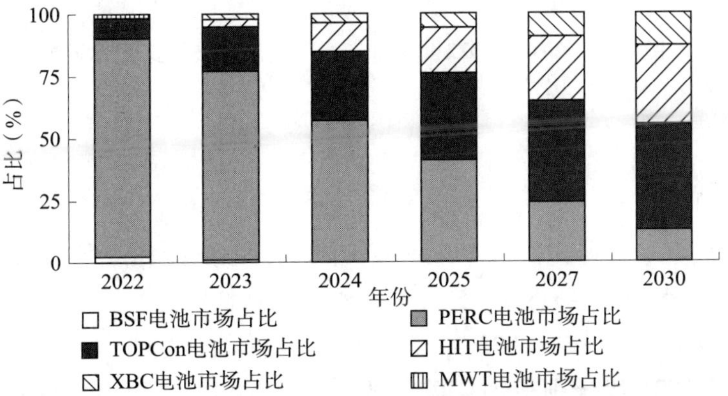

图 1-7　2022—2030 年不同电池技术路线市场占比变化趋势

资料来源：CPIA

电池片环节相比硅料、硅片，产业集中度相对较低，竞争激烈。2022 年俄乌冲突导致的局部战争改变了欧洲对外依存的能源格局，欧洲因此面临迫切的能源转型需求，这为光伏产品的出口提供了极大的提振作用，也因此带动光伏产业链各个环节的产出与需求。在这样的供需格局下，截至 2022 年底，全球电池片产能达到 583.1GW，同比增长 37.7%，我国大陆电池片 2022 年总产能达到 505.5GW，同比增长 40.2%。其中全球 N 型电池片产能已超过 115GW，比 2021 年有大幅增长，有行业专家称 2022 年为 N 型电池技术量产的“元年”。

2022 年，全球电池片总产量达 366.1GW，同比增长 63.5%；我国大陆电池片产量约 330.6GW，同比增长 67.1%，如图 1－8 所示。我国电池片产量在全球电池片产量的占比持续增长，2022 年达到 90.3%。从产量来看，2022 年国内排名前十电池片企业为四川通威、晶科能源、天合光能、隆基绿能、爱旭科技、晶澳科技、润阳悦达、江苏中润光能、江西展宇（捷泰）、东方日升，前十企业的产能合计达到 354.8GW，在全国总产能中占比为 70.2%，前十企业产量合计达到 251.8GW，在全国总产量中占比约为 76.2%。

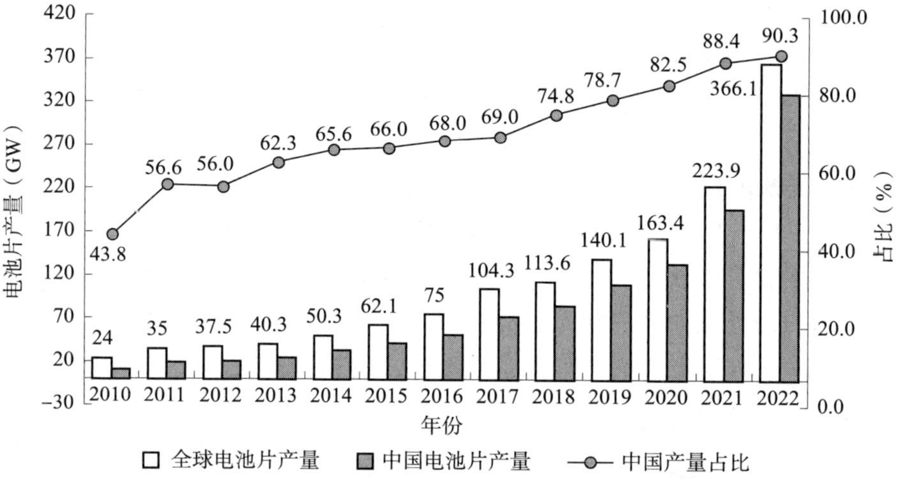

图 1－8　2010—2022 年全球和中国电池片产量变化情况❶

资料来源：CPIA

1.2.3　光伏组件

截至 2022 年底，全球光伏组件（不限于晶硅类）产能和产量分别达到 682.7GW、347.4GW，同比分别增长 46.8%、57.3%，继续保持快速增长。从组件生产类型来看，晶硅组件依然是市场主流，2022 年全球晶硅组件的产能、产量分别为 671.7GW、338.2GW，同比 2021 年分别增加 217.2GW、125.7GW。薄膜组件依然是一个小众市场，2022 年全球产能、产量分别为 11GW、9.2GW，同比 2021 年分别增加 0.3GW、0.9GW，主要是受 First Solar 产量增长的拉动。

2022 年，随着下游应用端对于双面发电组件发电增益的认可，双面组件市场占比达到 40.4%，如图 1－9 所示。预计到 2024 年，双面组件将超过单面组件成为市场主流。

❶ 中国电池片产量是中国企业在中国大陆的产量。

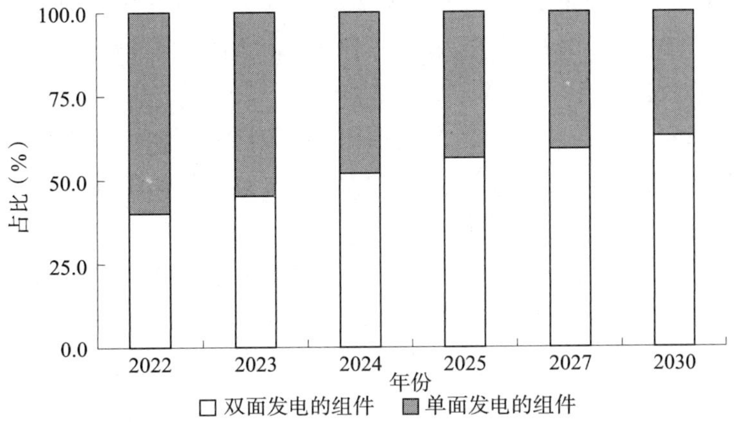

图 1－9　2022—2030 年单/双面组件市场占比变化趋势

资料来源：CPIA

2022 年，半片电池片组件市场占比为 92.4%，如图 1－10 所示。由于半片或更小片电池片的组件封装方式可提升组件功率，预计未来其所占市场份额会持续增大，到 2030 年预计将增长至 94.2%。

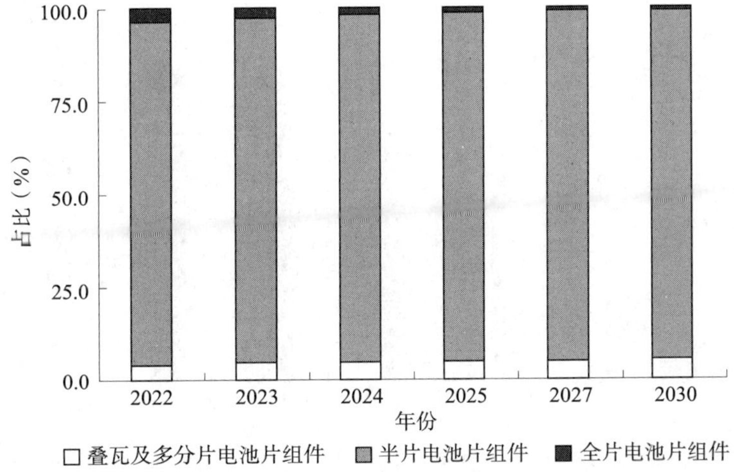

图 1－10　2022—2030 年全片、半片和叠瓦及多分片组件市场占比变化趋势

资料来源：CPIA

1.2.4　逆变器

光伏逆变器作为光伏系统中关键的核心部件，能使光伏发电系统以最大的输出效率将光伏组件产生的直流电转化为电能质量符合标准要求的交流电，输送给本地负载或电网，同时，光伏逆变器是光伏系统中唯一具备高度智能化处理功能的设备，是整个光伏系统各种能量流、信息流、信息处理的中枢。业内一般将逆变器分为集中式逆变器、集散式逆变器、组串式逆变器和微型逆变器。

2022 年光伏逆变器行业发展状况精彩纷呈，不少老品牌进行产能和业务版图扩张，而新进品牌紧抓机遇进入 IPO（首次公开募股）。据相关机构预测，到 2025 年，全球光伏逆变器市场空间或将达到 500GW。

与光伏组件 25 年甚至更久的生命周期不同，逆变器作为电气设备，使用寿命在 10～15 年，这意味着，十年前建成的光伏电站开始逐步进入存量技术改造时期，整个光伏市场对逆变器的更换需求正在持续增长。

从需求端来看，逆变器行业增长主要由全球新增光伏装机需求、存量逆变器更换需求以及电化学储能市场爆发带来的储能逆变器装机需求驱动。从需求产品类型来看，目前光伏逆变器仍然以组串式逆变器和集中式逆变器为主，集散式逆变器及微型逆变器占比较小。

随着 1500V 技术的成熟和市场接受度的提升，1500V 系统已经成为大型光伏电站降本增效的重要利器。据第三方机构统计，2022 年大型光伏电站采用 1500V 的光伏系统占比已超 86%。预计未来将保持较高的增长趋势，如图 1－11 所示。阳光电源、华为、锦浪科技、上能电气、科华数能、古瑞瓦特、固德威及正泰电源等均已推出多款 1500V 系统逆变器产品。

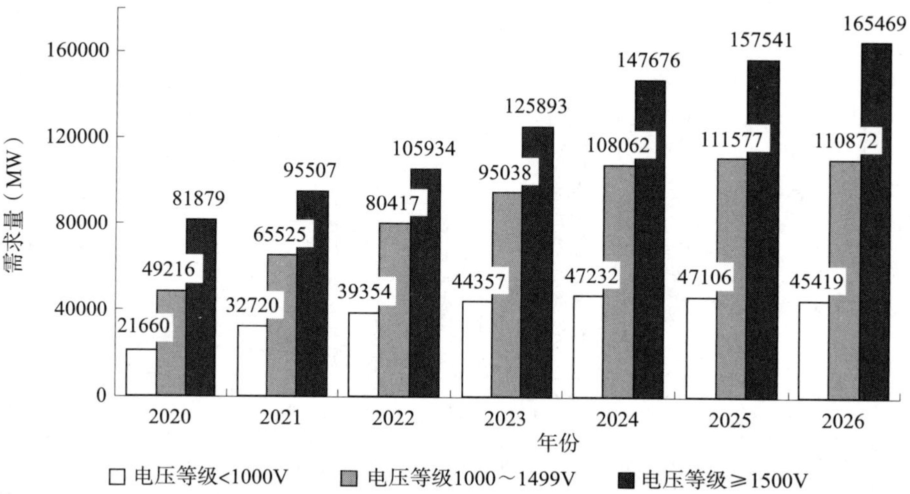

图 1－11　全球光伏逆变器（三相）电压等级需求趋势

资料来源：CPIA

2022 年，中国光伏逆变器市场仍然以组串式逆变器和集中式逆变器为主，集散式逆变器占比较小，但仍是值得关注的技术路线之一，如图 1－12 所示。其中，组串式逆变器市场占比为 78.3%，集中式逆变器市场占比为 20%，集散式逆变器的市场占比约为 1.7%。受应用场景变化、技术进步等多种因素的影响，未来不同类型逆变器市场占比变化的不确定性较大。

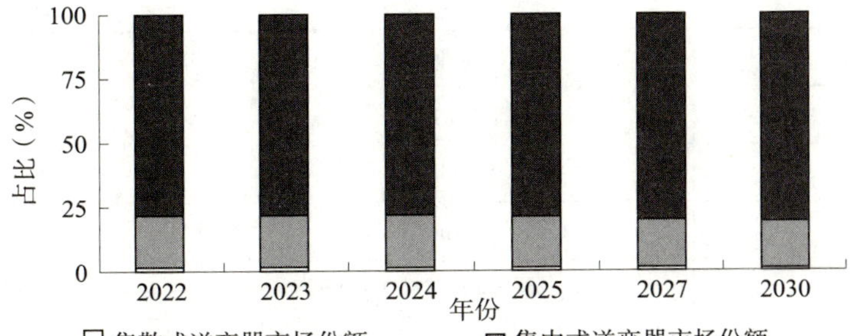

图 1－12　2022—2030 年中国不同类型逆变器市场占比变化趋势

资料来源：CPIA

1.2.5　光伏支架

光伏支架是太阳能发电系统中为摆放、安装、固定太阳能面板而设计的特殊支架。光伏支架主要分为固定支架和跟踪支架，其中，固定支架主要由五部分构成：基础、立柱、主梁、斜撑、檩条；跟踪支架主要由三部分构成：结构系统（可旋转支架）、驱动系统、控制系统。此外，随着光伏发电技术的不断成熟，光伏电站的应用场景日趋多样化，使用不同需求的支架产品类型和设计方案逐渐增多，如水面漂浮支架系统、光伏车棚支架、农光互补柔性光伏支架、BIPV 光伏支架系统等。

由于光伏支架需要符合不同国家和地区的技术标准，配套不同类型的光伏电站系统设计和设备选型，并且，不同的电站投资企业也会提出其他定制要求，使得光伏支架企业需要具备较高的技术水平、丰富的项目经验，还需获得一系列的资质和产品认证。

近年来，全球光伏市场蓬勃发展，光伏支架的市场需求也持续增大。全球跟踪支架市场呈现区域发展不平衡的特点，以地面光伏电站为主，市场需求主要集中在美国、欧洲、中东、拉美等地，北美市场常年占据跟踪支架总市场约 50% 的份额。

从全球近年出货情况来看，如表 1－2 所示，跟踪支架企业更符合本地化趋势，全球出货较为领先的跟踪支架企业均聚集在美国（5 家）、欧洲（6 家）和中国（3 家）。并且，中国跟踪支架企业与国际品牌仍存在一定的差距，但未来几年特高压线路的建设，“光伏＋”场景的植入，必将带动中国跟踪支架企业缩小与海外头部企业之间的差距。

表 1－2　全球主要跟踪系统制造商

序号	企业	地区
1	NEXTracker	美国
2	Array Technologies	美国
3	PV Hardware	西班牙

续表

序号	企业	地区
4	STI Norland	西班牙
5	Soltec	西班牙
6	GameChange Solar	美国
7	Arctech Solar（中信博）	中国
8	FTC Solar	美国
9	Ideematec	德国
10	VersolSolar（帷盛科技）	中国
11	Axial	西班牙
12	Gonvarri Solar Steel	西班牙
13	Powerway（保威）	中国
14	Solar FlexRack	美国

资料来源：Wood Mackenzie

自2013年以来，我国光伏支架企业快速发展，大部分光伏支架企业主要集中在天津、江苏无锡、江苏常州、福建厦门等地。此外，光伏市场的快速发展也吸引了钢铁制造、铝业制造加工的企业转型布局光伏支架业务，由此导致支架行业竞争加剧。我国光伏支架市场仍以固定支架为主，如图1-13所示，虽然跟踪系统具有发电量增益的优势，但因其成本相对较高，2022年跟踪系统市场占比为12%，相较2021年下降2.6个百分点。未来随着跟踪支架成本的下降以及可靠性的解决，跟踪系统市场占比将稳步提升。

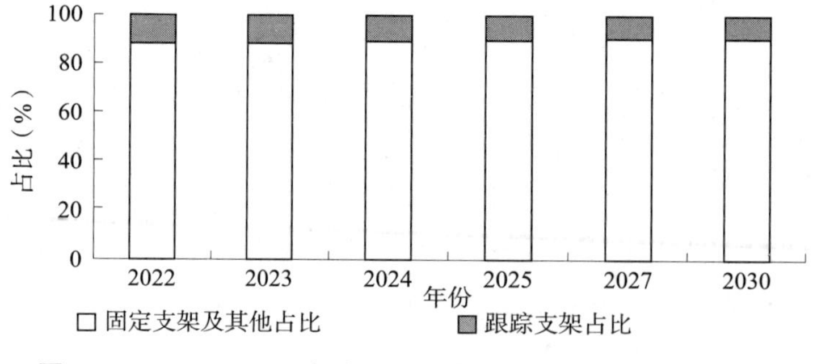

图1-13　2022—2030年中国不同类型支架市场占比变化趋势

资料来源：CPIA

1.3　创新链情况

产业链中的每个环节乃至每个环节上的不同产品都要运用到不同技术，一般地，某种产品的生产往往是多种技术组合的结果，物化于不同产品中的技术依据产品的上下游关系连接成链。

在了解光伏产业链的基础上，为了有针对性地分析光伏产业，对光伏产业中专利密集的产业环节进行细化，得到技术分解表，如表1-3所示。

表1-3 光伏产业重要技术分解表

产业	一级分支	二级分支	三级分支
光伏产业重要技术	1 原材料	1-1 多晶硅	1-1-1 改良西门子法
			1-1-2 硅烷流化床法
			1-1-3 其他法制多晶硅
		1-2 单晶硅	1-2-1 提拉法单晶硅
			1-2-2 区熔法单晶硅
			1-2-3 单晶硅切片
			1-2-4 单晶硅清洗
	2 电池片	2-1 PERC 电池	—
		2-2 TOPCon 电池	—
		2-3 HIT 电池	—
		2-4 IBC 电池	—
		2-5 钙钛矿电池	—
		2-6 染敏电池	—
		2-7 其他电池	—
	3 光伏组件	3-1 常规组件	3-1-1 光伏玻璃
			3-1-2 组件电连接
			3-1-3 背板
			3-1-4 胶膜
			3-1-5 接线盒
			3-1-6 边框
			3-1-7 其他组件
		3-2 切片组件	—
		3-3 多主栅组件	—
		3-4 叠片组件	—
		3-5 背接触组件	—

1.3.1 TOPCon

TOPCon 是一种基于选择性载流子原理的隧穿氧化层钝化接触（Tunnel Oxide Passivated Contact）太阳能电池技术，其电池结构为 N 型硅衬底电池，在电池背面制备一层超薄氧化硅，然后沉积一层掺杂硅薄层，二者共同形成了钝化接触结构，有效地降低了表面复合和金属接触复合，为 N – PERT 电池转换效率进一步提升提供了更大的空间。相对于 P 型晶硅电池，N 型晶硅电池的少子寿命长，无光致衰减，弱光效应好，温度系数小，是晶硅太阳能电池迈向理论最高效率的希望。

TOPCon 电池的概念由德国弗劳恩霍夫太阳能系统研究所（Fraunhofer ISE）于 2013 年提出，N 型钝化接触太阳能电池结构如图 1 – 14 所示。

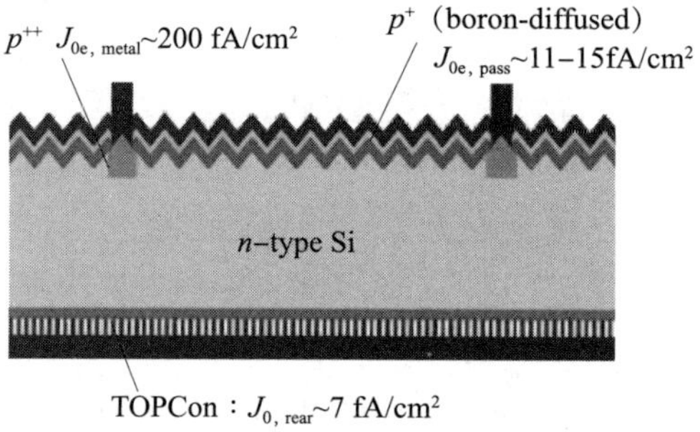

图 1 – 14　N 型钝化接触太阳能电池结构

经典 TOPCon 电池技术路线如图 1 – 15 所示。

（1）本征+磷扩	（2）原位掺杂	（3）先磷后硼	（4）离子注入
制绒	制绒	SDE	制绒
硼扩散	硼扩散	隧穿氧化+非晶硅	硼扩散
刻蚀	刻蚀	退火+磷扩	刻蚀
隧穿氧化+非晶硅	隧穿氧化+原位掺杂非晶硅	刻蚀	隧穿氧化+非晶硅
退火+磷扩	退火	背面 SiNx	离子注入
湿法刻蚀	湿法刻蚀	制绒	退火
钝化 Al_2O_x	钝化 Al_2O_x	硼扩	钝化 Al_2O_x
正面 SiN_x	正面 SiN_x	去 BSG	正面 SiN_x
背面 SiN_x	背面 SiN_x	正面 SiN_x	背面 SiN_x
金属化+烧结	金属化+烧结	金属化+烧结	金属化+烧结
退火	退火	退火	退火
测试分选	测试分选	测试分选	测试分选

图 1 – 15　经典 TOPCon 电池技术路线

TOPCon 电池的优势：

（1）电池转换效率高，具有优越的界面钝化和载流子输运能力，以及较高的 Voc 和 FF。

（2）光致衰减低，掺磷的 N 型晶体硅中硼含量极低，削弱了硼 – 氧对的影响。

（3）工艺设备产线兼容性高，可与 PERC、N – PERT 双面电池的高温制备工艺产线相兼容。

（4）N 型 TOPCon 电池可与 SE、IBC、多主栅、半片、叠片技术相结合，显著提高了电池效率及组件功率。

1.3.2 HIT

HIT（Heterojunction with Intrinsic Thinlayer）全称为“晶体硅异质结太阳能电池”，是在晶体硅上沉积非晶硅薄膜，综合了晶体硅电池与薄膜电池的优势，是高转换效率晶硅太阳能电池的重要发展方向之一。HIT 电池最早由日本三洋公司于 1990 年成功开发，随着三洋公司被松下公司收购，其相关技术与产品归属于松下公司。因 HIT 已被三洋公司注册为商标，为避免商标侵权，异质结电池也被称为 HIT 电池、HDT 电池或 SHJ 电池。

HIT 电池一般是以 N 型硅片为衬底，其典型结构如图 1 – 16 所示。HIT 电池的正面依次为透明导电氧化物膜（简称 TCO）、P 型非晶硅薄膜和本征富氢非晶硅薄膜；HIT 电池的背面依次为透明导电氧化物膜、N 型非晶硅薄膜和本征非晶硅膜。

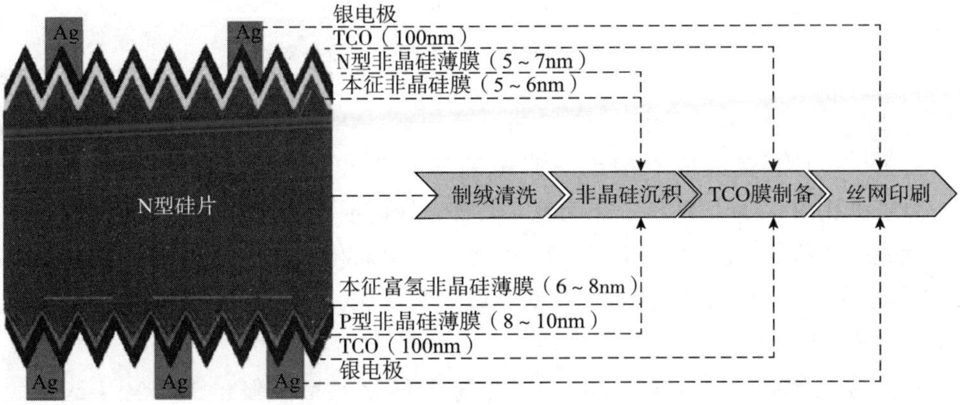

图 1 – 16　HIT 电池结构以及工艺流程

资料来源：CNKI

此外，HIT 电池在制造工艺流程上也较为简洁，在以上提到的电池结构中的薄膜都是通过沉积的方式形成，通过丝网印刷或者电镀工艺在电池两面制备金属电极，再经过低温固化工艺，完成 HIT 电池的制造。

相比于传统的 PERC 电池生产工艺以及 TOPCon 电池生产工艺，HIT 电池的生产工艺制程相对较短，只有六大环节，依次是清洗制绒、非晶硅沉积、TCO 沉积、丝网印刷、固化和测试分选，如图 1 – 17 所示。

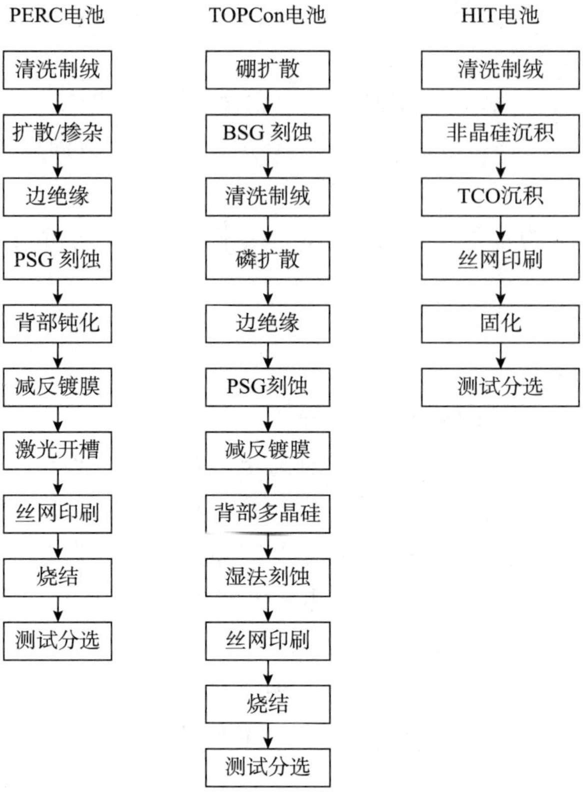

图 1－17　三种量产电池生产工艺流程对比

HIT 电池相比 TOPCon 电池而言短期成本更高，因为设备不可在 PERC 电池上改造，要上新的。HIT 电池成本构成主要是硅片和非硅两部分，其中硅片成本占比为 50%，银浆占比为 25%，靶材占比为 6% 左右。降低成本也主要是从这两个方面入手。硅片降低成本的举措：①薄片化、大尺寸化；②微晶化。非硅降低成本的举措：①采用 MBB 多主栅；②激光转印技术；③低温银浆国产化。

HIT 电池的优势：

（1）转换效率高。从理论而言，HIT 电池的转换效率极限在 27.5%～29%。主要是因为其能与钙钛矿电池形成叠层电池进而达到 29% 的效率。目前 N 型电池市场主流更倾向于 HIT 电池技术的路线。2022 年 10 月隆基绿能打破了自己创造的 26.78% 的 HIT 电池转换效率纪录，最高效率达到了 26.81%。量产方面，安徽华晟宣城二期单面微晶工艺电池产线量产平均转换效率达到了 24.9%。

（2）低衰减。由于 HIT 电池具有特殊结构，其衰减程度要显著低于 PERC 电池；HIT 电池表面的 TCO 具有导电特性，电荷不会在表面产生极化现象，无电位诱导衰减 PID。N 型硅片掺磷，没有硼氧复合体和硼铁复合体，光致衰减 LID 很小。

（3）低温度系数。组件的温度系数能够衡量输出功率随温度升高而下降的程度，如图 1－18 所示。阳光照射下组件表面不断升温，电池的开路电压不断下降，进而导致输出功率下降。HIT 电池相较于其他类型电池，具备非常显著的低温度系数。

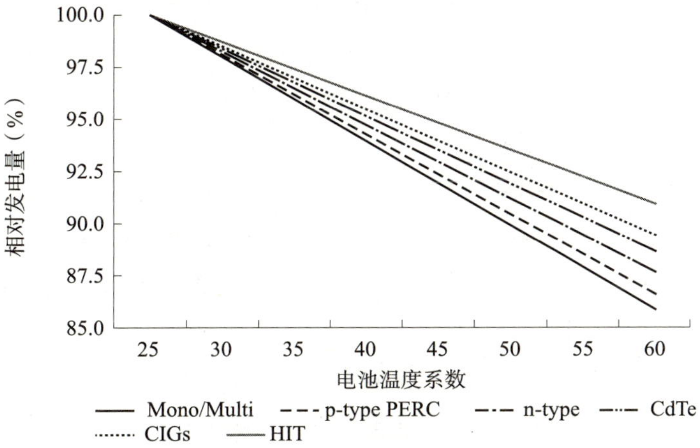

图 1－18　不同类型电池温度系数对比

资料来源：CPIA

（4）HIT 电池双面率较高。HIT 电池正反面的三层膜和 TCO 都是透光的，且结构对称，天然就是双面电池，其双面率可以轻松做到 90% 以上，甚至达到 98% 的水平，而 PERC 电池双面率仅能做到 80% ~85%。

1.3.3　IBC

与 PERC、TOPCon、HIT 等电池技术采用新的钝化接触结构来提高钝化效果从而提高转换效率的思路不同，IBC 电池技术是将电池正面的电极栅线全部转移到电池背面，通过减少正面栅线对太阳光的遮挡从而获得较高的转换效率，是一种结构上的改变，如图 1－19 所示。IBC 作为一种电池结构上的创新，可与 PERC、TOPCon、HIT 电池、钙钛矿等多种技术叠加，例如可与 TOPCon 电池技术叠加成为 TBC（POLY－IBC）电池，也可与 HIT 电池技术叠加成为 HBC 电池，IBC 电池技术与现有产线和积累的技术有较好的兼容性。

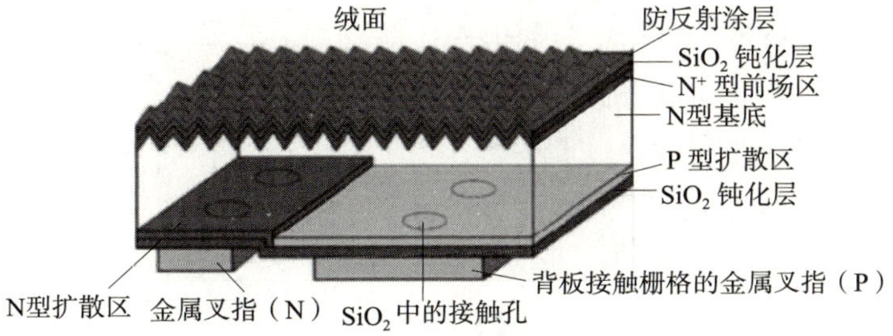

图 1－19　IBC 电池结构

资料来源：CNKI

IBC 电池技术的制备工艺增量主要在于背面电极的构造，其正负金属电极呈叉指状方式排列在电池背光面。由于对少子寿命的要求较高，IBC 电池一般以 N 型硅片作为基底，前表面为 N^+ 前场区 FSF，利用场钝化效应降低表面少子浓度，从而降低表面复合速率，同时可以降低串联电阻，提升电子传输能力；而降低表面复合速率，同时可以降低串联电阻，提升电子传输能力；背表面为采用扩散方式形成的叉指状排列的 P^+ 发射极和 N^{++} 背场 BSF，发射极能够与 N 型硅基底形成 P－N 结，有效分流载流子，N^+ 背表面场区能够与 N 型硅形成高低结，增强载流子的分离能力，是 IBC 电池的核心技术；前后表面均采用 SiO_2/SiN_x 叠层膜作为钝化膜，抑制 IBC 太阳电池背表面的载流子复合；前表面常镀上减反射层，提高发电效率；金属接触部分全都在背面的正负电极接触区域，也呈叉指状排列。

1975 年，Schwartz 和 Lammert 首次提出了背接触式光伏电池概念；1984 年，斯坦福教授 Swanson 研发了 IBC 电池类似的点接触（Point Contact Cell，PCC）太阳电池，在聚光系统下转换效率达到 19.7%；1985 年，Swanson 教授创立了 SunPower，研发了 IBC 电池。

IBC 电池的结构使其具有独特的优势：

（1）外形美观。IBC 电池发射区和基区的电极均处于背面，正面完全无栅线遮挡，尤其适用于光伏建筑一体化（BIPV）的应用场景以及对价格敏感度较低的家用场景，商业化前景较好。

（2）具有高转换效率的单面结构。IBC 电池正面无遮挡结构消除了栅线遮挡造成的损失，实现了入射光子的最大化利用，较常规太阳能电池短路电流可提高 7% 左右，正负电极都在电池背面，不必考虑栅线遮挡问题，可适当加宽栅线比例，从而降低串联电阻，提高 FF；由于正面无须考虑栅线遮光、金属接触等因素，可对表面钝化及表面陷光结构进行最优化设计，得到较低的前表面复合速率和表面反射率，从而提高 Voc 和 Jsc；短路电流、FF、Voc 的提高使得正面无遮挡的 IBC 电池拥有了高转换效率；但是栅线都在背面的独特结构牺牲了电池的双面性，无法吸收经过地面反射的阳光，因此 IBC 电池适用于光伏建筑一体化等无法利用背面发射光的应用场景。

IBC 电池的特点：

（1）用掩模和炉管扩散制备背面 P－N 区。

（2）P 区、N 区隔离，分别跟金属电极接触。

（3）单面丝网印刷，无主栅或多主栅。

（4）兼容部分 PERC 工序。

（5）高温制程，设备及工艺成熟，成本低。

1.3.4 钙钛矿

为实现太阳能的高效转化和利用，太阳能电池材料是关键，钙钛矿材料是最具备潜力的新型电池材料之一，成为市场广泛关注的热点。

钙钛矿太阳能电池（Perovskite Solar Cells），是采用具有钙钛矿晶体结构的有机无机杂化的金属卤化物半导体作为吸光层材料的电池，多用作太阳能电池，属于第三代太阳能电池，也被称作新概念太阳能电池。钙钛矿晶体结构如图1－20所示。钙钛矿（Perovskite）是指一大类化合物，其化学成分简写为AMX3，其中A通常代表有机分子，M代表金属（如铅或锡），X代表卤素（如碘或氯）。整个晶体由金属离子被6个卤素离子包围所形成的类似正方体作为骨架结构，骨架中间插入无机或者有机离子。因此，钙钛矿指的不是特定材料，而是一种结构、一类物质。

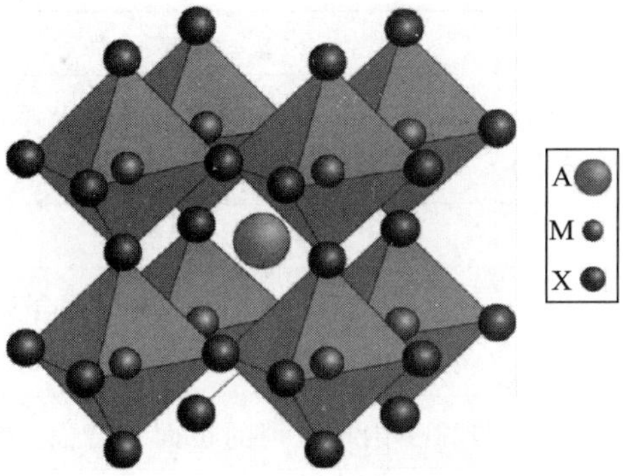

图1－20　钙钛矿晶体结构

资料来源：WIND

钙钛矿电池极限转换效率总体高于晶硅电池，优势突出。如图1－21所示，在理论极限上，晶体硅太阳能电池、普通单晶硅电池、HIT电池、TOPCon电池的极限转换效率分别为29.40%、24.50%、27.50%、28.70%。但是相比之下，钙钛矿单层电池、晶硅/钙钛矿双节叠层电池、钙钛矿三节层电池的理论转换效率分别可达到31%、35%、45%，转换效率随着钙钛矿材料的叠加使用，不断提升至新的高度。如果在钙钛矿中掺杂新型材料，钙钛矿电池的转换效率最高可达到50%，约为目前晶硅电池转换效率的两倍以上。

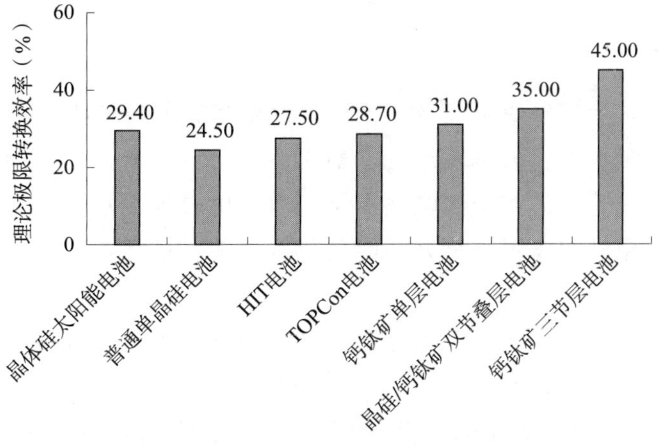

图1－21　不同电池结构类型太阳能电池理论极限转换效率对比情况

资料来源：《中国钙钛矿电池行业发展现状分析与投资前景研究报告》，民生证券研究院

2009 年，日本科学家 Tsutomu Miyasaka 首次用钙钛矿光伏电池进行发电，其电能转换效率仅为 3.8%；2019 年，钙钛矿电池实现跨越式突破，转换效率迅速提升至 25%；2022 年，德国亥姆霍兹柏林能源与材料研究中心（HZB）研发的钙钛矿串联电池转换效率高达32.5%，创造了当时钙钛矿电池最高纪录。2020—2022 年，钙钛矿/晶硅叠层电池转换效率进展情况如表 1－4 所示。

表 1－4　2020—2022 年钙钛矿/晶硅叠层电池转换效率进展情况

序号	国家	单位	技术特点	效率（%）	年份
1	德国	亥姆霍兹柏林能源与材料研究中心（HZB）	界面和光学方面的改进实现了最高光电压	32.5	2022
2	中国	曜能科技	—	32.44	2022
3	瑞士	瑞士洛桑高等理工学院	在制绒的硅表面利用混合蒸汽/溶液处理技术	31.33	2022
4	德国	亥姆霍兹柏林能源与材料研究中心（HZB）	纳米纹理的正面和背面，带有介电反射器	29.8	2021
5	英国	牛津光伏公司等	双面制绒硅底电池	29.52	2020
6	德国	亥姆霍兹柏林能源与材料研究中心（HZB）	纳米纹理的正面	29.1	2020
7	中国	中国科学院宁波材料所	TOPCon 为底电池	28.2	2021
8	中国	南开大学	倒金字塔陷光结构、溶剂工程、匹配顶/底电池电流	27.0	2020

1.3.5　光伏组件

光伏组件（也叫太阳能电池组件、太阳能电池板）是基于电池整合的具有封装及内部联结的，能单独提供直流电输出的、最小不可分割的光伏电池组合装置。光伏组件作为最小有效发电单位，在光伏电站中承担着光电转换的功能，是光伏发电系统中的核心部分。光伏组件的作用是将太阳能转化为电能，送往蓄电池中存储起来或推动负载工作。

光伏组件由一定数量的光伏电池片通过导线串并联连接并加以封装而成，其核心部件光伏电池片单片发电量有限，需经串联和封装为组件，才能作为电源使用。电池片互联决定了组件的电性能，目前，光伏组件的标准电池片数量为60 片或72 片，对应以 10 条或 12 条铜线作为汇流条将其连接起来，6 组互联为一个光伏组件。光伏组件产品的使用寿命至少为 25 年，需保证它的环境耐受性，并具备一定的机械性能，因此在电池片互联后，一般需按照钢化玻璃、EVA、电池片、背板以从下到上的顺序，经过层压的方式封装在一起，背板与钢化玻璃将电池片和EVA封装在内部，通过铝边框和硅胶密封边缘保护。光伏组件主要包括光伏玻璃、胶膜、电池片、背板、铝边框、接线盒、硅胶等核心组成部分。

光伏玻璃的作用是保护发电主体（如电池片），为超白布纹钢化玻璃，厚度为3.2mm，在太阳能电池光谱响应的波长范围内（320～1100nm）透光率达91%以上，耐紫外光线的辐射，透光率不下降。钢化玻璃做成的组件可以承受直径25mm的冰球以23m/s的速度撞击。

EVA胶膜作为太阳能电池的密封剂来黏结固定钢化玻璃和发电主体（如电池片），具有较高的透光率和抗老化能力。暴露在空气中的EVA易老化发黄、降低组件的透光率，从而影响组件的发电质量，透明EVA材质的优劣将直接影响到组件的寿命。除了EVA本身的质量外，组件厂家的层压工艺影响也是非常大的，如EVA胶连度不达标，EVA与钢化玻璃、背板粘接强度不够，都会引起EVA提早老化，影响组件寿命。

市场上主流的电池片是晶体硅太阳能电池片与薄膜太阳能电池片，两者各有优劣。晶体硅太阳能电池片设备成本较低，但消耗电池片成本较高，晶体硅太阳能电池片在室外阳光下发电比较适宜；薄膜太阳能电池设备成本较高，消耗和电池成本较低，光电转换效率相对晶体硅电池片高，弱光效应较好，在普通灯光下也能发电，如计算器上的太阳能电池。

背板一般使用TPT、TPE等材质，需要具备密封、绝缘及防水性能。背板必须耐老化，大部分组件质保期限均为25年，光伏玻璃、铝合金一般都没问题，关键在于背板和硅胶是否能达到要求。

铝合金边框为保护层压件，抗机械冲击能力强，起到一定的密封、支撑作用。

接线盒保护整个发电系统，起到电流中转站的作用。如果组件短路，接线盒能够自动断开短路电池串，防止烧坏整个系统。接线盒中最关键的是二极管的选用，根据组件内电池片的类型不同，对应的二极管也不相同。

硅胶起密封作用，用来密封组件与铝合金边框、组件与接线盒交界处。有些生产企业使用双面胶条、泡棉来替代硅胶，而国内普遍使用硅胶，工艺简单，方便，易操作，且成本很低。

光伏组件制备的具体工艺流程可分为：焊接、层叠、层压、EL测试、装框、装接线盒、清洗、IV测试、成品检验、包装等，其中技术和价值量最高的环节为焊接和层压，如图1－22所示。

在市场需求持续提升和技术研发不断进步的双重因素推动下，中国光伏组件转换效率仍有进一步提升空间，主要将通过3个方面优化得以实现，即光学优化、电学优化、结构优化，如图1－23所示。

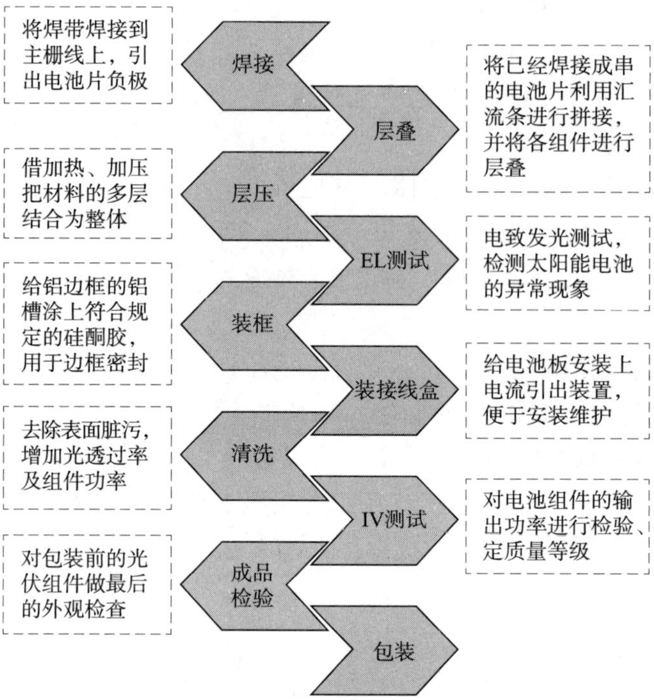

图1－22　光伏组件制备的具体工艺流程

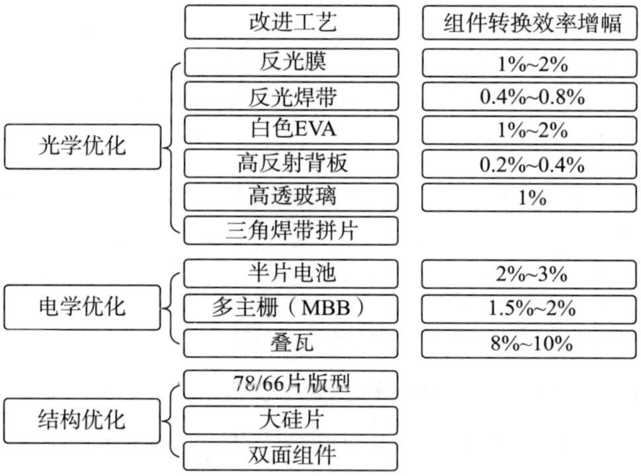

图1－23　光伏组件优化方式

资料来源：CPIA

光学优化影响组件转换效率的一大重要因素便是光照过程中的光学损失，其中主要涉及各类反射损失、漏光损失（电池片间）以及光吸收损失，因此通过对组件材料端的光学优化、降低光学损失可以有效提升组件效率。优化或更换组件材料降低光反射、提高光吸收，具体包括使用反光焊带/反光膜、白色 EVA、高反射背板、高透玻璃等；优化焊带和板块间的拼接技术减少空隙从而最大化光吸收能力，具体包括异构焊带、三角焊带拼片，以及板块互联技术等。

1.4 市场情况

1.4.1 主要企业

我国光伏产业已占据全球主导地位，到2022年，中国光伏累计装机量、新增装机量，已分别连续8年、10年位居全球首位。365光伏、365储能及智慧能源联合发布的“2022年全球光伏20强排行榜”“2021年全球光伏20强排行榜”显示，国外企业仅First Solar、韩华、SunPower入榜，其余入榜企业均为中国企业，如表1－5所示。隆基股份、通威股份、天合光能、晶澳科技、晶科能源、中环股份、阿特斯等头部企业市值不断上升。

表1－5 365光伏、365储能及智慧能源联合发布的全球光伏企业20强

序号	2022年全球光伏企业20强（综合类）			2021年全球光伏企业20强（综合类）		
	公司名称	所属国家	营业收入（百万美元）	公司名称	所属国家	营业收入（百万美元）
1	隆基绿能科技股份有限公司	中国	12694	隆基绿能科技股份有限公司	中国	8365
2	天合光能股份有限公司	中国	6977	协鑫（集团）控股有限公司	中国	5523
3	晶澳太阳能科技股份有限公司	中国	6478	晶科能源股份有限公司	中国	5380
4	晶科能源股份有限公司	中国	6410	天合光能股份有限公司	中国	4455
5	天津中环半导体股份有限公司	中国	6030	晶澳太阳能科技股份有限公司	中国	3961
6	通威股份有限公司	中国	5989	阿特斯阳光电力有限公司	中国	3476
7	阿特斯阳光电力有限公司	中国	5300	通威股份有限公司	中国	3448
8	协鑫（集团）控股有限公司	中国	4274	Hanwha Q Cells（韩华）	韩国	3218
9	特变电工股份有限公司	中国	3132	First Solar, Inc.	美国	2711
10	阳光电源股份有限公司	中国	2969	天津中环半导体股份有限公司	中国	2660
11	东方日升新能源股份有限公司	中国	2954	东方日升新能源股份有限公司	中国	2462
12	First Solar, Inc.	美国	2924	阳光电源股份有限公司	中国	2456
13	浙江正泰新能源开发有限公司	中国	2854	浙江正泰新能源开发有限公司	中国	2166
14	Hanwha Q Cells（韩华）	韩国	2634	信息产业电子第十一设计研究院科技工程股份有限公司	中国	2090

续表

序号	2022 年全球光伏企业 20 强（综合类）			2021 年全球光伏企业 20 强（综合类）		
	公司名称	所属国家	营业收入（百万美元）	公司名称	所属国家	营业收入（百万美元）
15	信息产业电子第十一设计研究院科技工程股份有限公司	中国	2133	特变电工股份有限公司	中国	1867
16	杭州福斯特应用材料股份有限公司	中国	1931	尚德新能源投资控股有限公司	中国	1686
17	尚德集团	中国	1819	上海爱旭新能源股份有限公司	中国	1480
18	上海爱旭新能源股份有限公司	中国	1756	中电科电子装备集团有限公司	中国	1299
19	新疆大全新能源股份有限公司	中国	1699	杭州福斯特应用材料股份有限公司	中国	1248
20	SunPower Corp.	美国	1323	SunPower Corp.	美国	1124

我国光伏制造企业具有领先优势。从 2012 年起，我国光伏企业不断发力，渐渐在全球范围内崭露头角，随着近几年的产能扩张及海外企业的产能关停或退出，2022 年多晶硅、硅片、电池片、光伏组件环节产量排名前 10 的企业中，中国光伏企业分别占有 7 个、10 个、10 个和 8 个席位，具有全面的领先优势。

2013—2022 年多晶硅环节产量前 10 企业变化情况如表 1－6 所示。2013 年全球多晶硅企业产量前 10 中仅有 4 家是我国企业，2018 年起我国多晶硅企业在其中占 7 家。

表 1－6　2013—2022 年多晶硅环节产量前 10 企业变化情况

年份	2013	2014	2015	2016	2017	2018	2019	2020	2021	2022
1	江苏中能	江苏中能	江苏中能	江苏中能	江苏中能	Wacker	江苏中能	四川永祥	四川永祥	四川永祥
2	Wacker	Wacker	Wacker	Wacker	Wacker	江苏中能	四川永祥	新疆大全	江苏中能	江苏中能
3	OCI	OCI	OCI	OCI	OCI	OCI	OCI	江苏中能	新疆大全	新疆大全
4	Hemlock	Hemlock	Hemlock	Hemlock	新特新能	新特能源	Wacker	Wacker	新特能源	新特能源
5	REC	REC	新特新能	新特新能	新疆大全	新疆大全	新特能源	新特能源	Wacker	Wacker
6	特变电工	特变电工	美国 REC	洛阳中硅	洛阳中硅	四川永祥	新疆大全	东方希望	东方希望	亚洲硅业
7	Tokuyama	洛阳中硅	Tokuyama	HKSilicon	Hemlock	洛阳中硅	东方希望	OCI	OCI	东方希望
8	MEMC	Tokuyama	洛阳中硅	亚洲硅业	四川永祥	Hemlock	亚洲硅业	亚洲硅业	亚洲硅业	OCI
9	大全	大全	大全	大全	HKSilicon	东方希望	Hemlock	Hemlock	Hemlock	Hemlock

续表

年份	2013	2014	2015	2016	2017	2018	2019	2020	2021	2022
10	亚洲硅业	四川瑞能	HKSilicon	四川永祥	亚洲硅业	亚洲硅业	内蒙古盾安	内蒙古东立	天宏瑞科	天宏瑞科
我国企业（家）	4	5	4	6	6	7	7	7	7	7

数据来源：CPIA，2023.5

2013—2022 年硅片环节产量前 10 企业变化情况如表 1 –7 所示。我国硅片企业一直处于行业领先地位，2017 年起全球硅片产量前 10 企业全部为我国企业。

表 1 –7　2013—2022 年硅片环节产量前 10 企业变化情况

年份	2013	2014	2015	2016	2017	2018	2019	2020	2021	2022
1	保利协鑫	保利协鑫	保利协鑫	保利协鑫	保利协鑫	保利协鑫	隆基	隆基	隆基	隆基
2	英利	英利	隆基	隆基	隆基	隆基	协鑫	中环	中环	中环
3	昱辉阳光	昱辉阳光	晶科	晶科	晶科	中环	中环	协鑫	协鑫	协鑫
4	台湾绿能	晶科	台湾绿能	晶澳	中环	晶科	晶科	晶科	晶科	晶科
5	旭阳雷迪	隆基	浙江昱辉	中环	旭阳雷迪	晶澳	晶澳	晶澳	晶澳	晶澳
6	赛维 LDK	绿能科技	英利集团	赛维 LDK	环太集团	荣德	荣德	京运通	京运通	高景
7	晶科	赛维 LDK	赛维 LDK	英利	晶澳	环太集团	阿特斯	阿特斯	阿特斯	京运通
8	Nexolon	天合	旭阳雷迪	昱辉阳光	天合	阿特斯	环太	锦州阳光	美科股份	阿特斯
9	隆基	Nexolon	荣德	台湾绿能	荣德	天合	京运通	天合	锦州阳光	双良节能
10	天合	环太集团	中环光伏	旭阳雷迪	英利	英利	无锡荣能	荣德	高景	弘元绿能
我国企业（家）	8	8	9	9	10	10	10	10	10	10

数据来源：CPIA，2023.5

2013—2022 年电池片环节前 10 企业变化情况如表 1 –8 所示。2013 年全球电池片产量前 10 企业有 5 家为我国企业，2018 年起已变为 9 家，仅有韩华为海外企业，且其排名逐年下滑，2022 年电池片产量前 10 均为中国企业。

表 1－8　2013—2022 年电池片环节产量前 10 企业变化情况

年份	2013	2014	2015	2016	2017	2018	2019	2020	2021	2022
1	英利	晶澳	晶澳	天合	天合	晶澳	通威	通威	通威	通威
2	常州天合	英利	天合光能	晶澳	晶澳	通威	晶澳科技	隆基	隆基	隆基
3	晶澳	天合	韩华	韩华	韩华	韩华	隆基	爱旭科技	晶澳	爱旭科技
4	新日光	茂迪	茂迪	晶科	阿特斯	天合光能	韩华	晶澳	爱旭科技	天合
5	晶科	韩华	晶科	茂迪	晶科	晶科	爱旭科技	晶科	天合	晶科
6	茂迪	新日光	英利	英利	通威	阿特斯	天合光能	天合	晶科	晶澳
7	韩华	晶科	新日光	顺风（含尚德）	顺风（含尚德）	广东爱旭	晶科	润阳悦达	润阳悦达	润阳悦达
8	昱晶	昱晶	阿特斯	通威	广东爱旭	隆基绿能	阿特斯	韩华	阿特斯	江苏中润（含中宇）
9	阿特斯	阿特斯	顺风	阿特斯	茂迪	顺风（含尚德）	东方日升	阿特斯	韩华	阿特斯
10	SunPower	海润	昱晶	新日光	英利	东方日升	江西展宇	山西潞安	捷泰	捷泰
我国企业（家）	5	6	6	7	8	9	9	9	9	10

数据来源：CPIA，2023.5

2013—2022 年光伏组件环节产量前 10 企业变化情况如表 1－9 所示。2013 年全球光伏组件产量前 10 企业中有 5 家为海外企业，2020 年起仅有韩华和 First Solar 两家为海外企业。

表 1－9　2013—2022 年光伏组件环节产量前 10 企业变化情况

年份	2013	2014	2015	2016	2017	2018	2019	2020	2021	2022
1	英利	天合	天合	晶科	晶科	晶科	晶科	隆基	隆基	隆基
2	天合	英利	阿特斯	天合	阿特斯	晶澳	晶澳科技	晶科	晶澳	天合
3	阿特斯	阿特斯	晶科	晶澳	天合	韩华	韩华	晶澳	天合	晶科
4	晶科	晶澳	晶澳	阿特斯	晶澳	隆基绿能	阿特斯	天合	晶科	晶澳
5	First Solar	晶科	韩华	韩华	韩华	天合	隆基	阿特斯	阿特斯	阿特斯
6	韩华	First Solar	英利	协鑫集成	协鑫集成	阿特斯	天合光能	韩华	韩华	东方日升
7	晶澳	韩华	First Solar	First Solar	乐叶	协鑫	东方日升	东方日升	东方日升	正泰
8	SunPower	夏普	协鑫集成	英利	东方日升	东方日升	First Solar	First Solar	First Solar	韩华

续表

年份	2013	2014	2015	2016	2017	2018	2019	2020	2021	2022
9	京瓷	SunPower	SunPower	乐叶	英利	First Solar	越南光伏	无锡尚德	无锡尚德	First Solar
10	Solar Frontier	京瓷	东方日升	苏州腾晖	越南光伏	越南光伏	协鑫	协鑫	正泰	无锡尚德
我国企业（家）	5	5	7	8	9	8	8	8	8	8

数据来源：CPIA，2023.5

1.4.2 主要市场

根据中国光伏行业协会数据显示，2022 年中国光伏产品出口总额（硅片、电池片、组件）约为 512.5 亿美元，同比增长 80.3%，再创历史新高。其中，组件出口额达 423.6 亿美元，占出口总额的 82.7%。10 年来，我国光伏组件累计出口额超过 2000 亿美元，组件累计出口量超过 575GW。

我国光伏产品出口大幅增长的主要原因是欧洲、印度、巴西等海外市场需求旺盛。我国光伏产品出口主要有两条线路。

一条是中国到荷兰再到全欧洲，由于部分欧洲国家没有出海口，出于对物流成本的考虑，地理位置优越、物流业高度发达的荷兰便成为进口组件转口贸易的首选。

2022 年，欧洲是我国光伏产品最主要的出口市场，约占光伏组件出口额的 55%，占比较 2021 年提高了 10.9 个百分点。作为欧洲光伏组件出口的中转站，荷兰持续在我国光伏组件出口的细分市场中位列第一。在需求攀升的欧洲市场，西班牙、德国、波兰市场需求增长尤为明显。欧洲由于俄乌冲突，天然气供应短缺造成能源紧张，加速了其能源转型的进程，以至于欧洲在 2022 年上半年对中国光伏产品需求尤为强劲。

另一条是通过东南亚地区的工厂完成制造装配后出口至美国。为降低成本，我国光伏企业大多选择在东南亚地区布置产能，为相关海外市场提供光伏产品供应。晶澳科技、隆基股份已在东南亚地区布局相应产能，打造的东南亚光伏产业链条日趋完善，逐步成为全球光伏产品的重要生产地，而东南亚地区恰恰是美国进口光伏的大本营。

1.4.2.1 原材料

我国多晶硅进口呈现“价增量减”态势。2022 年，我国国内多晶硅产量约为 81.1 万吨，同比增长 65.5%；进口多晶硅金额达 25.8 亿美元，同比增长 38%；进口多晶硅数量为 8.7 万吨❶，同比下降 20.9%。

❶ 进口多晶硅每吨 2965.5 美元，约合人民币 20462 元。

2022 年，我国多晶硅主要进口来源地分别为德国、马来西亚、日本、美国、韩国、挪威，其中德国和马来西亚合计进口数量占 87%，如图 1－24 所示。德国是我国最大的多晶硅进口来源地，进口金额达 15. 5 亿美元，占比为 60%，同比增长 58. 7%；进口数量达 4. 8 万吨，同比下降 6. 3%。从马来西亚进口多晶硅居第二位，进口金额达 6. 9 亿美元，同比增长 21. 3%；进口数量达 2. 3 万吨，同比下降 2. 3%。

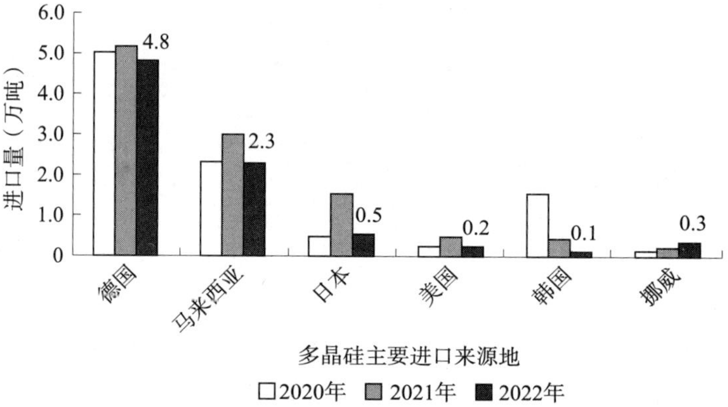

图 1－24　2020—2022 年我国进口多晶硅数量变化情况

数据来源：中国海关，制图：机电商会光伏分会

2022 年，我国硅片对越南、马来西亚、泰国出口大幅增长，如图 1－25 所示。2022 年，我国光伏硅片产量约为 357GW，同比增长 57. 5%；硅片出口量为 36. 3GW，同比增长 60. 8%。据中国海关统计，2022 年我国出口光伏硅片达 50. 5 亿美元，同比增长 49. 8%。越南、马来西亚、泰国、韩国、新加坡、柬埔寨、德国等是我国硅片主要出口市场，出口金额占我国硅片总出口额的 97%。其中，越南、马来西亚、泰国是我国硅片重要的海外出口地，出口额达 35. 8 亿美元，同比增长 95. 6%，占海外市场份额的 70. 9%。

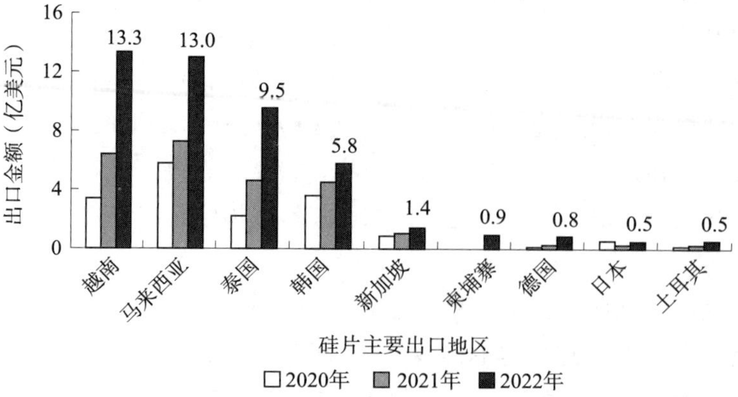

图 1－25　2020—2022 年我国硅片出口地区变化情况

数据来源：中国海关，制图：机电商会光伏分会

1.4.2.2 电池片和组件

2022 年，我国光伏电池片产量约为 318GW，同比增长 60.7%，电池片出口量约为 23.8GW，同比增长 130.7%。电池片出口额达 37.4 亿美元，前五大出口市场分别为土耳其、印度、柬埔寨、泰国、韩国，合计占出口市场份额的 75%，如图 1－26 所示。

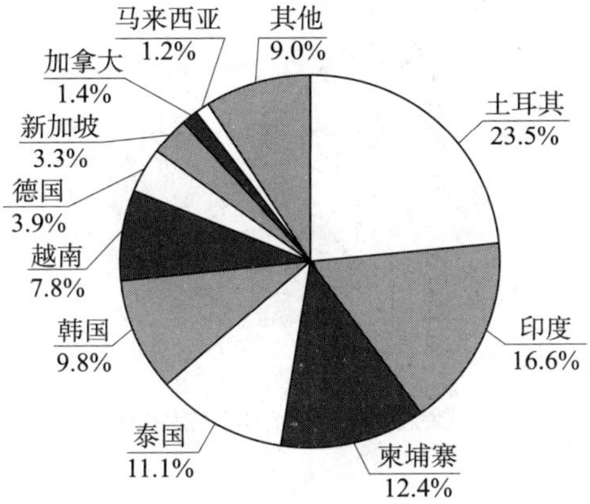

图 1－26　2022 年我国电池片出口市场分布情况

数据来源：CPIA，2023.4

2022 年，我国光伏电池片对土耳其的出口额为 8.9 亿美元，占市场份额的 23.5%，居第一位；对印度的出口额为 6.3 亿美元，占市场份额的 16.6%，居第二位。我国电池片对土耳其出口翻倍增长。对土耳其出口激增的主要原因是受欧洲光伏产品需求的拉动和本土分布式光伏项目利好政策的带动，土耳其本土组件需求旺盛。据土耳其当地媒体报道，土耳其从 2022 年开始增加可再生能源在能源生产中的占比份额，最高产能增长将出现在太阳能生产领域，约为 1GW，进而拉动了我国电池片出口的增长。

我国光伏组件海外市场受全球能源转型的影响需求持续旺盛。2022 年，我国光伏组件产量达 288.7GW，同比增长 58.8%；出口量约为 153.6GW，同比增长 55.8%；出口额达 423.6 亿美元，同比增长达 55.9%。2022 年 12 月我国光伏组件出口额为 26 亿美元，同比下降 1.7%，环比下降 6.4%；出口量约为 10.7GW，同比增长 13.5%，环比下降 1.7%。

荷兰、巴西、西班牙是 2022 年我国组件出口的前三大市场，如图 1－27 所示。其中，对荷兰出口光伏组件金额为 112.8 亿美元，占市场份额的 26.7%，居第一位。俄乌冲突导致能源危机，引发欧洲对光伏发电需求的暴增，我国对欧洲出口额达 225.1 亿美元，占整体出口市场的 54.6%，出口量为 84GW，2022 年初有机构预测欧洲全年装机量在 48.2GW，但实际装机量已超预期。

2022 年我国对巴西出口光伏组件金额达 47.8 亿美元，占市场份额的 11.3%，居第二位。巴西为美洲地区的主要进口国，产业呈爆发式增长，市场需求旺盛。受到巴西中央政府第 14300 号法案的影响，巴西在 2023 年开始对小型分布式项目征收电网使用费，由于巴西当地的分布式项目占整体安装量超过 65%，此法案显著影响市场并形成大规模抢装潮，使得巴西成为2022年中国组件出口的最主要国家之一，占中国组件总出口额的11.3%，仅次于作为欧洲市场转运港口的荷兰。

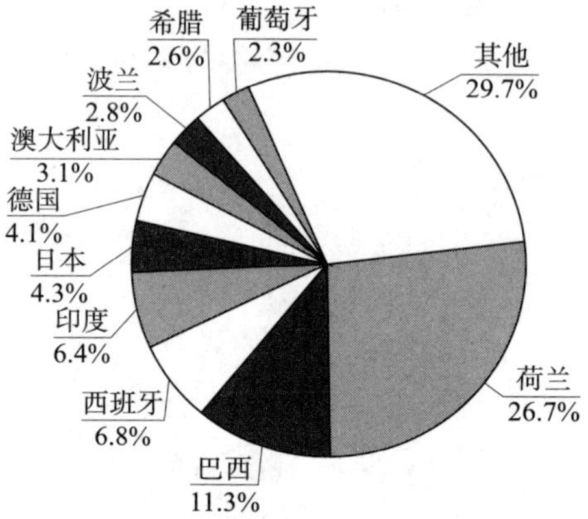

图1-27　2022年我国组件出口市场分布情况

数据来源：CPIA，2023.4

2022年我国对印度出口光伏组件金额达24.2亿美元，占出口份额的6.4%，居第四位。印度受4月开始课征BCD关税政策的影响有较大波动，一季度进口需求暴增，4月1日关税生效后，我国对印度光伏出口骤减至冰点。

1.4.2.3　逆变器

我国逆变器出口稳定增长。2022年，我国逆变器出口额超89.8亿美元，同比增长75.2%。伴随光伏项目需求拉动，逆变器出口增长明显，创历年新高。荷兰始终保持中国逆变器第一大出口市场，我国对荷兰的出口额约为26.4亿美元，同比增长134.4%，占市场份额的29.4%；对巴西的出口额约为8亿美元，同比增长45.5%，占市场份额的8.9%，居第二位；对德国的出口额约为6.3亿美元，同比增长105.7%，占市场份额的7.0%，位列第三，如图1-28所示。

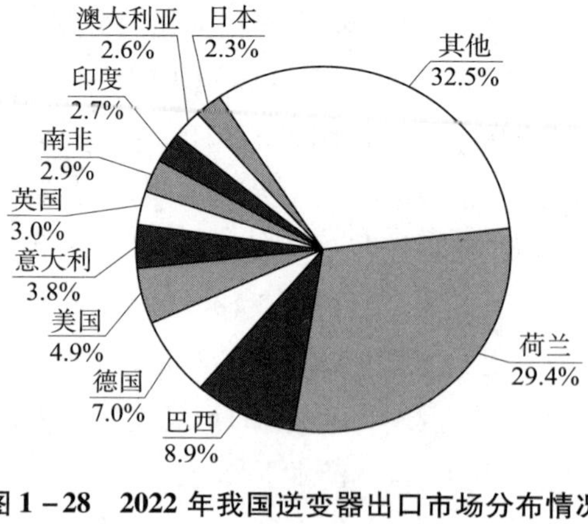

图1-28　2022年我国逆变器出口市场分布情况

数据来源：CPIA，2023.4

1.4.3 当前供需情况

1.4.3.1 供应链情况

2022年，在全球应用市场需求的拉动下，全球光伏产品生产规模进一步扩大，如表1－10所示，产能分布情况如图1－29所示。多晶硅方面，2022年全球多晶硅产能为134.1万吨，同比增长73.3%，增长部分几乎全部来自中国；产量为100.1万吨，同比增长55.9%。硅片方面，全球产能约为664.0GW，同比增长60.0%；产量为381.1GW，同比增长63.6%。电池片方面，全球产能为583.1GW，同比增长37.7%；产量为366.1GW，同比增长63.5%。组件方面，全球产能为682.7GW，同比增长46.8%；产量为347.4GW，同比增长57.3%。

表1－10 2022年全球光伏产品产能、产量及中国产品全球占比

产品	多晶硅	硅片	电池片	组件
全球产能	134.1万吨	664GW	583.1GW	682.7GW
中国大陆产能在全球占比	87.0%	97.9%	86.7%	80.8%
全球产量	100.1万吨	381.1GW	366.1GW	347.4GW
中国大陆产量在全球占比	85.6%	97.4%	90.3%	84.8%

数据来源：CPIA，2023.5

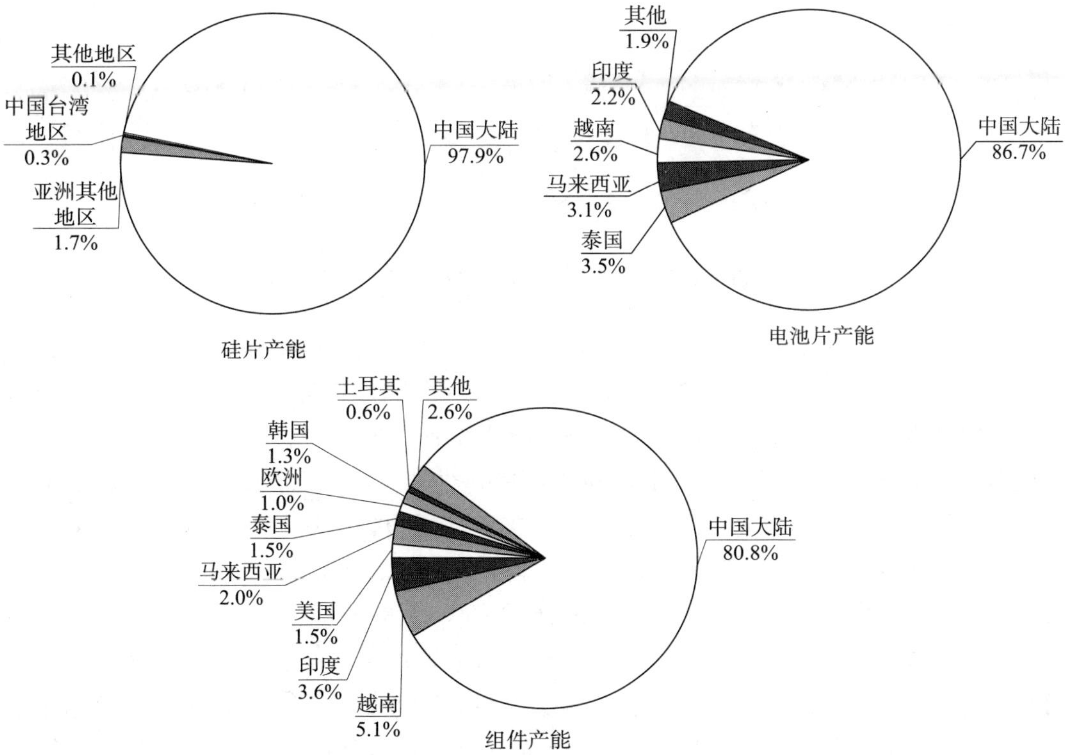

图1－29 2022年全球硅片、电池片、组件产能分布情况

全球光伏产业中心进一步向中国转移。2022 年，中国光伏头部企业凭借着晶硅技术及成本控制方面的优势，使低成本先进产能持续释放。制造端除硅片产能占比与 2021 年基本持平外，其他环节的产能、产量全球占比均实现不同程度增长。

从产品价格来看，随着下游环节扩产进程的加快，阶段性供需错配导致 2021 年以来国内逐渐出现硅料供应紧张的局面，光伏级多晶硅现货价格中枢持续攀升，如图 1－30 所示。2022 年，光伏装机仍保持着高景气度，8 月现货价格已突破 38 美元/千克，达到全年峰值，加大了中下游企业成本的压力；进入第四季度，随着硅片龙头企业推动产品降价、降低开工率，叠加持续的硅料产能释放预期，光伏级多晶硅现货价格出现拐点信号，短期内回落较大。2023 年 1 月 4 日，中国有色金属工业协会硅业分会（以下简称硅业分会）再度发布多晶硅采集价格，其中单晶致密料价格降至 17.62 万元/吨，较高位跌幅已超过 40%，且价格跌幅和跌速超预期，大多一线上下游企业处于僵持观望中，市场供大于求态势逐步显现；1 月 18 日，硅业分会公布多晶硅价格止跌企稳。2023 年，国内仍有大规模新建硅料产能释放，供需关系逐步转变，硅料价格进一步下降。

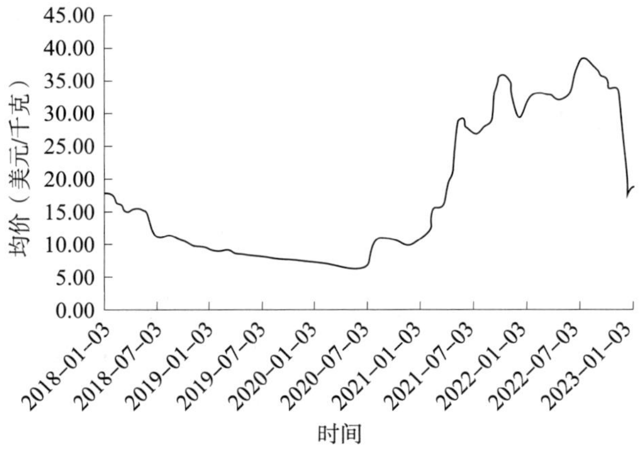

图 1－30　2018—2023 年光伏级多晶硅现货均价走势

数据来源：WIND

硅片环节具有较高的行业壁垒和集中度，头部企业议价能力较强，能够在一定程度上将原料端产生的成本压力传导至下游电池片环节。如图 1－31 所示，2021 年以来，在硅料采购成本快速上涨的情况下，硅片价格亦呈波动上升态势；2022 年第四季度，随着硅料价格的下降且部分厂商面临一定的去库存压力，硅片价格有所回落。2023 年 1 月，硅片市场供应和库存仍处相对高位，部分企业进一步降低开工率，根据硅业分会公布的数据，166mm、182mm 和 210mm 单晶硅片价格较 2022 年 12 月降幅均超过 30%。整体来看，硅片头部企业能够保证原材料采购的相对可控，并维持较高的市场份额，有效增强了抗风险能力和综合竞争力，但全产业链的降价潮仍对硅片价格形成了一定冲击，未来加速布局大尺寸、薄硅片的企业有望获得更为稳定的盈利水平。

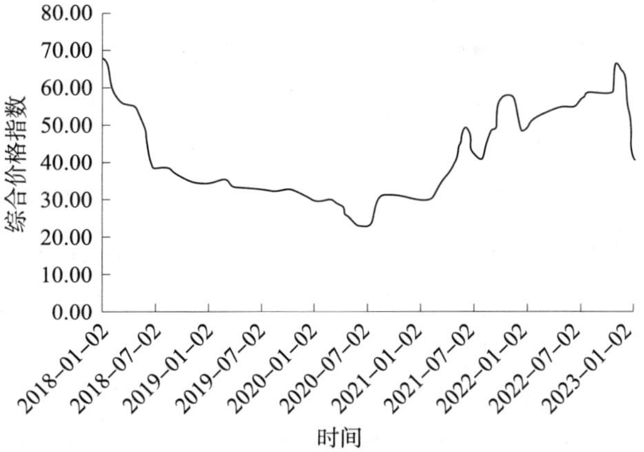

图 1－31　2018—2023 年硅片综合价格指数❶

数据来源：SOLARZOOM

与行业壁垒较高的硅料、硅片环节相比，电池片和组件环节行业集中度较低，2021 年前五大企业的市场集中度分别为 53.9% 和 63.4%，市场竞争更为激烈。受此影响，在近两年硅料、硅片均明显涨价的情况下，电池片和组件现货均价涨幅有限，如图 1－32 所示。在近期上游价格下行时，电池片和组件均价亦同步回落，生产企业的盈利空间受到挤压。但从长期来看，随着龙头企业加速多环节产能布局，加之近期原料供应成本下降，阶段性供需矛盾有望得到缓解，未来产业链中游环节的盈利水平或将迎来边际改善。

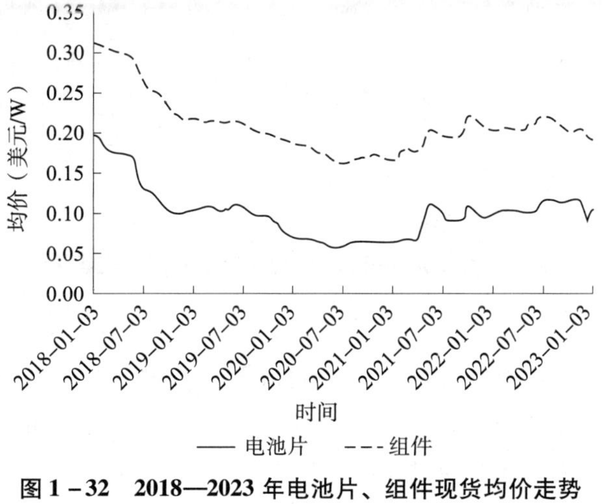

图 1－32　2018—2023 年电池片、组件现货均价走势

数据来源：WIND

❶ 以 2014 年 5 月 30 日为 100。

1.4.3.2 装机情况

全球已有众多国家提出了“碳中和”的气候目标，发展包括光伏在内的可再生能源已成为全球共识，推动了全球光伏市场继续保持高速增长。博鳌亚洲论坛发布的《可持续发展的亚洲与世界2022年度报告》中提到，截至2021年12月底，全球已有136个国家、115个地区、235个主要城市和2000家顶尖企业中的682家制定了碳中和目标。碳中和目标已覆盖了全球88%的温室气体排放、90%的世界经济体量和85%的世界人口。

2022年，全球光伏新增装机容量达230GW，创历史新高，如图1－33所示。2022年全球新增光伏装机容量排名前10的国家，如图1－34所示，中国依然保持领先地位，光伏新增装机容量达87.41GW，同比增长59.3%。中国新增光伏装机容量自2013年以来已连续10年保持全球第一。欧盟27国新增装机容量达41.4GW，同比增长近47%；其中，德国是欧洲增量最大的光伏市场，其次是西班牙。而美国已连续多年成为全球第二大光伏装机市场，2022年光伏发电占美国新增发电量的50%，光伏新增装机容量约20.2GW，同比下降约14.4%。印度新增装机容量为13.96GW，同比增长约35.9%。

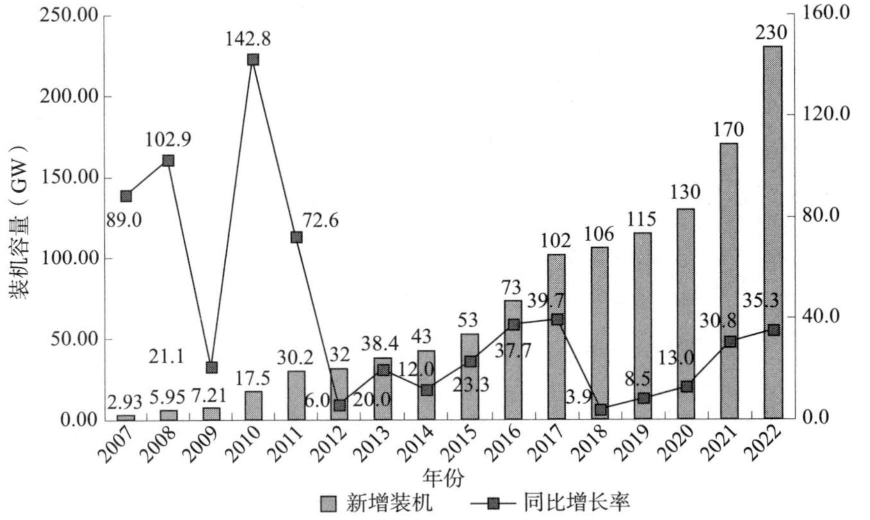

图1－33　2007—2022年全球新增光伏装机容量

数据来源：CPIA，2023.2

欧洲当前是中国光伏产品出口的第一大市场，超过一半的光伏组件被运往欧洲。2022年欧洲光伏产业协会（SolarPower Europe）在《欧盟光伏市场展望2022—2026》中指出，其对于欧盟未来光伏的快速发展充满信心，预计2023年新增装机将超过50GW，2024年新增装机将超过68GW，2026年新增装机将超过85GW。

2022年我国光伏新增装机容量、分布式装机容量、户用装机容量以及分布式装机容量在总装机容量中的占比均创历史新高。2022年，我国新增分布式装机约51.1GW，占全部新增装机的60%。户用装机达25.3GW，同比增长16.9%，占2022年我国新增光伏装机的28.9%。光伏发电量达4276亿kW·h，同比增长30.8%，光伏发电平均利用率达 98.34%，与 2021 年基本持平。2022 年我国光伏发电新增装机超过 200 万 kW 的地区排名如图 1－35 所示。

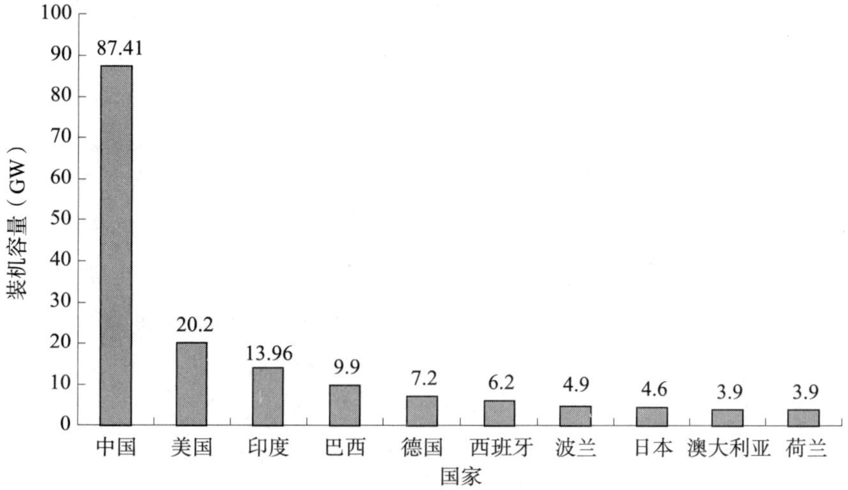

图 1－34　2022 年全球新增光伏装机容量排名前 10 的国家

数据来源：CPIA，2023. 2

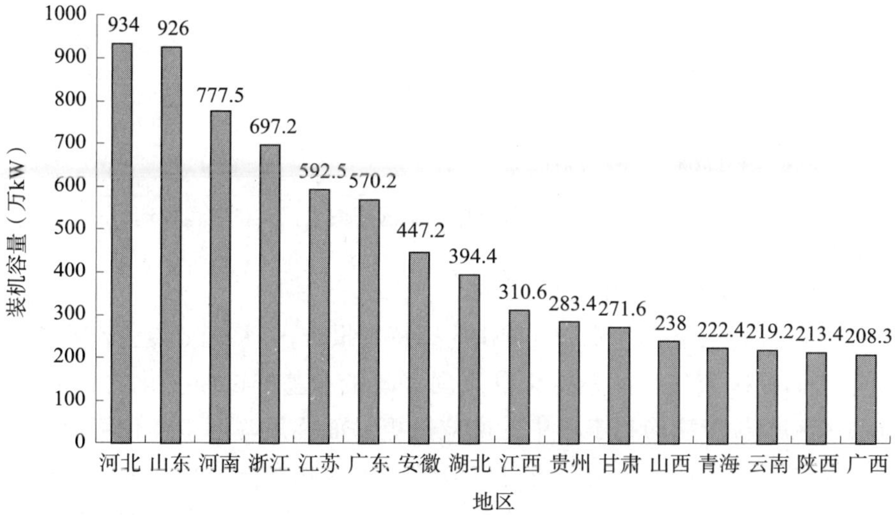

图 1－35　2022 年我国光伏发电新增装机容量超过 200 万 kW 的地区排名

数据来源：国家能源局，2023. 2

1.4.4　未来预期

1.4.4.1　全球光伏市场需求保持旺盛

2022 年以来，在俄乌冲突加剧能源危机、全球油气价格宽幅震荡的大背景下，能源独立的重要性愈发明显，海外光伏装机或保持旺盛需求，加之政策驱动下的国内市场，整条光伏产业链的投资力度有望持续加大。

在“2050年净零排放模型”（2050年前实现1.5℃温控目标）下，根据2022年12月国际能源署（International Energy Agency，IEA）发布的《2022年可再生能源——到2027年的分析与预测》（*Renewables 2022 Analysis and forecast to 2027*）中提出，在2022—2027年，全球可再生能源装机容量增长近2400GW，这比2021年预测增长了近30%，到2025年，可再生能源当年年度发电量将超过煤炭，成为全球最大的电力来源。

得益于我国光伏产业的技术基础和配套优势，目前产业链上各个环节的主要生产地均在中国，因此2023年国内光伏行业仍保持大规模、高质量发展态势，并进一步摆脱补贴依赖，市场化程度不断提升，同时对光伏产品需求提供有力支撑。

根据CPIA预测，在保守情况下，2025年全球和中国新增装机容量将分别达到324GW和100GW；在乐观情况下，2025年全球和中国新增光伏装机容量将分别达到386GW和125GW，如图1-36所示。预计2023—2025年，全球光伏年均新增装机容量将达到301~359GW，中国光伏年均新增装机容量将达到97~122GW。

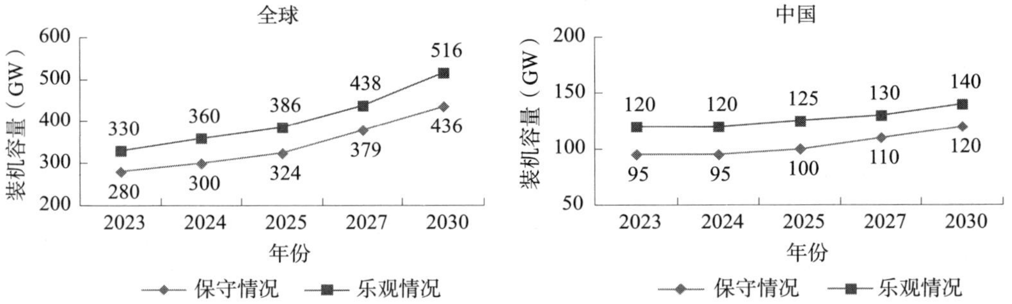

图1-36 2023—2030年全球及中国新增光伏装机容量预测

1.4.4.2 海外大力发展本土制造业

根据国际能源署发布的《光伏全球供应链特别报告》，将产业链生产集中在一个国家会使供应链面临国家外交关系变化以及国家政策和基础设施变化的风险，多晶硅、硅片、电池片和组件产能均趋于集中，供应链更易面临风险。多样化可以减少供应链的脆弱性并提供经济和环境机会，同时供应链的多样化和电力部门的去碳化可以迅速减少太阳能光伏制造业的排放。未来供应链需转向多元化，以增强供应链弹性。同时，国际形势和疫情冲击给产业链供应带来了重大挑战，产业安全风险日益上升为重要议题，各国都开始谋求建立独立自主、安全可控的产业体系，全球生产网络的格局也因此发生了深刻变化。

针对我国光伏产品的贸易壁垒政策，本质上是部分国家为削弱竞争对手、发展本国制造业的手段。在实施贸易壁垒政策的同时，欧盟、美国、印度、土耳其等国家和地区纷纷出台产业链本土化激励政策，通过补贴等方式大力扶持本国企业。在相关政策组合拳的影响下，据不完全统计，2022年美国、欧盟、印度等经济体规划的制造业新增产能超过了50GW，覆盖多晶硅、硅片、电池片、组件、支架等环节。未来5年，美国、印度和东盟光伏制造产能将大幅增加，硅片产能增加5倍，太阳能电池产能翻一番。全球供应链基本趋势是呈现区域化和短链化的，产业链接近消费地。IEA也在《2022年可再生能源——到2027年的分析与预测》报告中指出全球光伏供应链出现多元化的迹象，虽然中国仍然是光伏制造业的主导者，但到2027年，中国在全球光伏制造能力中的份额可能会从目前的90%下降到75%，如图1-37所示。

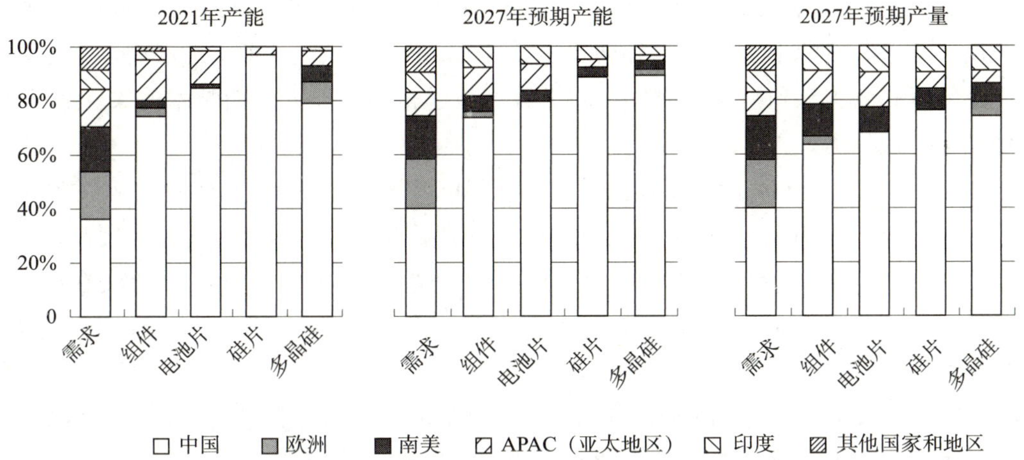

图1-37　2021—2027年国家和地区太阳能光伏产能和产量❶

低价在过去和现在一直是中国光伏制造业领先全球的王牌，然而未来的竞争绝不只限于成本。面对欧美的新型贸易壁垒，中国光伏必须建立更高层次的竞争力——供应链多元化、低碳化。

1.4.4.3　国内投资过热可能造成产能过剩

光伏行业火爆，吸引了众多产业资本跨界投资，而行业的低水平重复建设，使部分环节存在产能阶段性供大于求的风险。根据InfoLink Consulting统计，2022年底硅料、硅片、电池、组件的有效产能都已达到500GW以上。2022年底，仅前6家组件企业的产能就达到327GW。根据不完全统计，2022年宣布扩产的硅片、电池片、组件规划产能均超过500GW，多晶硅扩产产能超过500万吨，可满足下游1500GW的需求。这些数据只是部分扩产信息，投资热仍在持续。在现有产能的基础上，这些计划产能中只要50%落地，就可满足“2050年净零排放模型”下全球光伏装机需求，而且绰绰有余；这些计划产能是各国本土光伏制造业规划的几倍甚至是几十倍。这种情况引发贸易摩擦的可能性非常高。目前，我国组件出口占比在50%~60%，在当前产业规模基数不断增大的情况下，贸易摩擦带来的冲击也将会较大。

---

❶ APAC为除中国和印度之外的亚太地区；RoW为全球其他地区。2027年的产能和产量依据各国公开的政策和计划预测。

1.4.4.4 继续促进创新

随着全球光伏技术持续推进，多晶硅生产能耗显著降低，硅片大尺寸和薄片化发展趋势明显，N型电池推进速度加快，多家厂商在2022年投产规模化TOPCon电池和异质结电池产线，组件最高功率进一步提升，行业龙头企业通过布局大尺寸电池、高功率组件进一步降低了系统的用电成本，大尺寸、高功率组件市场占比快速提高。国内光伏电站投资成本略有降低，光伏企业上市融资速度明显加快。

欧美确实在光伏制造单个环节具备一定的实力，但中国具有光伏全产业链的优势，中短期内欧美制造业本土化政策导向难以给中国光伏市场产生实质性威胁。而中国光伏企业要看到欧美在前沿技术研发中的优势，长远布局，加大对新技术的关注和研究，避免被下一代颠覆型技术弯道超车。

2022年2月，欧洲光伏制造委员会（ESMC）发布《欧洲光伏制造业的经验教训》指出，2022—2023年是欧洲发展光伏制造业的窗口期。当前海运费用高涨，削弱了中国光伏产品的价格优势，同时HIT等新型电池需要新建产线，无法在旧产线的基础上升级，这重新设定了欧洲与中国光伏竞争的时间，且欧洲产品的碳足迹表现优于中国。

PV InfoLink最新研究也指出，欧洲光伏市场对于价格接受度更高，本土制造在布局N型技术路线与低碳足迹产品上将有可能取得先机。

因此，为了在国际贸易中占有主导地位，我国一方面要加强区域经济合作，积极参与国际经济规则的制定，这样才能在应对各种贸易保护主义时，尽可能地掌握话语权；另一方面要加大科研扶持，实现技术创新，引领行业标准，打造中国品牌，这样才能从根源上减少遭遇技术性贸易壁垒的可能性。

1.4.4.5 发展和加强回收能力

建立收集和回收的最低要求，支持改进太阳能光伏电池板设计的技术开发工作，以实现可回收、可重复使用和更高的耐用性。国务院《2030年前碳达峰行动方案》提到，推进退役动力电池、光伏组件、风电机组叶片等新兴产业废物循环利用。工信部等五部委《智能光伏产业创新发展行动计划（2021—2025年）》中也提出推动废旧光伏组件回收利用技术研发及产业化应用，加快资源综合利用。工信部等八部门联合印发的《关于加快推动对工业资源综合利用的实施方案》中指出，推动光伏组件、风电叶片等新兴固废综合利用技术研发及产业化应用。

制造光伏电池板的原材料的使用取决于所采用的技术。目前市场由晶体硅电池主导，这些电池基本上依赖于硅。此外，所有光伏组件的制造和安装都需要玻璃、铝和钢，铜则用于连接到电网。尽管由于技术的进步，材料依赖度将随着时间的推移而降低，但预计到2030年，对硅需求将增加4倍，然后趋于稳定。欧盟的政策旨在基于资源获取、循环经济和可持续性，建立与关键原材料相关的韧性。自2012年以来，欧盟立法一直呼吁光伏组件的回收、再利用和再循环。如今的回收行业可以提供高水平的循环利用，但仍需要进一步的创新。从 2025 年开始，达到其寿命终点的光伏电池板的数量将显著增加。这将需要通过设计新设备来确保可修复性和可回收性，并建立一个有效回收废旧材料的生态系统。

第2章　主要光伏市场政策环境

2.1　中　国

2.1.1　光伏相关政策

2020年9月，中国在第75届联合国大会上承诺将力争于2030年前二氧化碳排放达到峰值、2060年前实现"碳中和"。2020年12月，国家主席习近平在气候雄心峰会上宣布，2030年中国单位GDP二氧化碳排放将比2005年下降65%以上，非化石能源占一次能源消费比重达25%，风电、太阳能发电总装机容量达到12亿kW以上。

在"碳中和"目标的推动下，"十四五"期间国家对光伏领域的发展态度明确，产业支持政策与实施目标不断出台，未来将进一步加大在产业资金、技术、市场等方面的支持力度，助力我国光伏行业加速发展。

国家层面出台的与光伏发电直接或间接相关的政策，包括综合政策，可再生能源电力消纳保障机制，光伏发电项目管理政策，激励可再生能源电力开发和消费政策，参与电力市场、电价、绿证机制和绿电交易等。

2.1.1.1　综合政策

党的二十大报告明确要深入推进能源革命，加快规划建设新型能源系统。能源绿色低碳转型不仅仅是在能源领域，而且将会影响我国近中长期社会经济生活的各个方面，因此，可再生能源发展既需兼顾近中长期的系统的政策机制设计，也需要多个管理部门和多个领域政策的协同。2021年以来中国光伏发电行业的主要国家政策如表2－1所示。

表2－1　2021年以来中国光伏发电行业的主要国家政策

发布时间	发布单位	政策名称	主要内容
2023年2月	最高人民法院	《最高人民法院关于完整准确全面贯彻新发展理念 为积极稳妥推进碳达峰碳中和提供司法服务的意见》	在遵循法律解释规则的前提下，明晰碳市场交易相关主体间权责，提供涉碳案件重点的裁判基准，稳固碳市场业务创新的制度基础，为全国碳市场健康有序发展提供了坚实的法治保障

续表

发布时间	发布单位	政策名称	主要内容
2023年1月	工业和信息化部等六部门	《关于推动能源电子产业发展的指导意见》	提升太阳能光伏和新型储能电池供给能力，发展先进高效的光伏产品及技术。加快智能光伏创新突破，发展高纯硅料、大尺寸硅片技术，支持高效低成本晶硅电池生产，推动N型高效电池、柔性薄膜电池、钙钛矿及叠层电池等先进技术的研发应用，提升规模化量产能力
2022年12月	中共中央、国务院	《扩大内需战略规划纲要（2022—2035年）》	大幅提高清洁能源的利用水平，建设多能互补的清洁能源基地，以沙漠、戈壁、荒漠地区为重点加快建设大型风电、光伏基地，明确了未来建设大型风电、光伏基地成为能源基建的重中之重
2022年8月	国家能源局南方监管局	《广东、广西、海南省（区）分布式光伏发电项目并网指引（征求意见稿）》	着重推动简化分布式光伏并网办理程序，促进分布式光伏发电项目尽快并网发电
2022年8月	工业和信息化部、市场监管总局、国家能源局	《关于促进光伏产业链供应协同发展的通知》	鼓励企业结合市场需求，加快技术研发和智能创新升级；避免产业趋同、恶性竞争和市场垄断，不得囤积倒卖电站开发等资源；严厉打击光伏行业领域哄抬价格、垄断、制售假冒伪劣产品等违法违规行为等
2022年8月	工业和信息化部、发展改革委、生态环境部	《工业领域碳达峰实施方案的通知》	鼓励企业、园区就近利用清洁能源，支持具备条件的企业开展“光伏+储能”等自备电厂、自备电源建设；研究退役光伏组件、废弃风电叶片等资源化利用的技术路线和实施路径等
2022年8月	国家能源局	《户用光伏建设运行指南（2022年版）》	为更好地推动户用光伏行业健康有序发展，向广大用户普及户用光伏行业知识

续表

发布时间	发布单位	政策名称	主要内容
2022 年 8 月	工业和信息化部等五部门	《加快电力装备绿色低碳创新发展行动计划》	推动 TOPCon、HIT、IBC 等晶体硅太阳能电池技术和钙钛矿、叠层电池组件技术产业化，开展新型高效、低成本光伏电池技术研究和应用，开展智能光伏试点示范和行业应用
2022 年 7 月	住房和城市建设部、国家发展改革委	《关于印发“十四五”全国城市基础设施建设规划的通知》	因地制宜推动城市分布式光伏发展。发展能源互联网，深度融合先进能源技术、信息通信技术和控制技术，支撑能源电力清洁低碳转型、能源综合利用效率优化和多元主体灵活便捷接入
2022 年 6 月	国家发展改革委等九部门	《“十四五”可再生能源发展规划》	2025 年，可再生能源年发电量达到 3.3 万亿 kW · h 左右，风电和太阳能发电量实现翻倍
2022 年 6 月	工业和信息化部等六部门	《工业能效提升行动计划》	推动智能光伏创新升级和行业特色应用，创新“光伏 +”模式，推进光伏发电多元布局。加大节能装备产品供给力度，大力发展高效光伏、大型风电、智能电网和高效储能等新能源装备
2022 年 6 月	生态环境部、国家发展改革委等	《减污降碳协同增效实施方案》	到 2025 年，减污降碳协同推进的工作格局基本形成；到 2030 年，减污降碳协同能力显著提升，助力实现碳达峰目标。实施可再生能源替代行动，大力发展风能、太阳能、生物质能、海洋能、地热能等。大力发展光伏建筑一体化应用，开展光储直柔一体化试点

续表

发布时间	发布单位	政策名称	主要内容
2022 年 5 月	财政部	《财政支持做好碳达峰碳中和工作的意见》	到 2025 年，财政政策工具不断丰富，有利于绿色低碳发展的财税政策框架初步建立，有力支持各地区各行业加快绿色低碳转型。2030 年前，有利于绿色低碳发展的财税政策体系基本形成，促进绿色低碳发展的长效机制逐步建立，推动碳达峰目标顺利实现等
2022 年 5 月	国务院	《关于促进新时代新能源高质量发展的实施方案》	推进高效太阳能电池、先进风电设备等关键技术突破，加快推动关键基础材料、设备、零部件等技术升级。2025 年，公共机构新建建筑屋顶光伏覆盖率力争达到 50%，到 2030 年风电、光伏规划总装机容量达到 12 亿 kW 以上
2022 年 4 月	国家能源局、科技部	《"十四五" 能源领域科技创新规划》	提出聚焦大规模高比例可再生能源开发利用，研发更高效、更经济、更可靠的水能、风能、太阳能、生物质能、地热能以及海洋能等可再生能源先进发电及综合利用技术，支撑可再生能源产业高质量开发利用等
2022 年 3 月	国家能源局	《2022 年能源工作指导意见》	大力发展风电光伏。充分利用油气矿区、工矿场区、工业园区的土地、屋顶资源开发分布式风电、光伏。扎实推进在沙漠、戈壁、荒漠地区的大型风电光伏基地中，建设光热发电项目

续表

发布时间	发布单位	政策名称	主要内容
2022 年 3 月	国家发展改革委、国家能源局	《“十四五”现代能源体系规划》	全面推进风电和太阳能发电大规模开发和高质量发展，优先就地就近开发利用，加快负荷中心及周边地区分散式风电和分布式光伏建设；有序推进风电和光伏发电集中式开发，加快推进以沙漠、戈壁、荒漠地区为重点的大型风电光伏基地项目建设。到 2025 年，非化石能源消费比重提高到 20% 左右，非化石能源发电量比重达到 39% 左右，电气化水平持续提升，电能占终端用能比重达到 30% 左右
2022 年 3 月	住房和城乡建设部	《“十四五”建筑节能与绿色建筑发展规划》	到 2025 年，全国新增建筑太阳能光伏装机容量达到 0.5 亿 kW 以上。城镇建筑可再生能源替代率达到 8%，建筑能耗中电力消费比例超过 55%；推进新建建筑太阳能光伏一体化设计、施工、安装，鼓励政府投资公益性建筑，加强太阳能光伏应用
2022 年 2 月	国家发展改革委、国家能源局	《以沙漠、戈壁、荒漠地区为重点的大型风电光伏基地规划布局方案》	以库布齐、乌兰布和、腾格里、巴丹吉林沙漠为重点规划建设大型风电光伏基地，明确到 2030 年，规划建设风光基地总装机规模约 4.55 亿 kW
2022 年 2 月	中共中央、国务院	《中共中央　国务院关于做好 2022 年全面推进乡村振兴重点工作的意见》	推进农村光伏、生物质能等清洁能源建设，巩固光伏扶贫工程成效，在有条件的脱贫地区发展光伏产业等
2022 年 2 月	国家发展改革委、工业和信息化部等部门	《关于印发促进工业经济平稳增长的若干政策的通知》	实施好沙漠戈壁荒漠地区大型风电光伏基地建设，鼓励中东部地区发展分布式光伏，推进广东、福建、浙江、江苏、山东等海上风电发展，带动太阳能电池、风电装备产业链投资

续表

发布时间	发布单位	政策名称	主要内容
2022 年 2 月	国家发展改革委、国家能源局	《关于完善能源绿色低碳转型体制机制和政策措施的意见》	以沙漠、戈壁、荒漠地区为重点，加快推进大型风电、光伏发电基地建设，对区域内现有煤电机组进行升级改造，探索建立送受两端协同为新能源电力输送提供调节的机制，支持新能源电力能建尽建、能并尽并、能发尽发。在农村地区优先支持屋顶分布式光伏发电以及沼气发电等生物质发电接入电网，电网企业等应当优先收购其发电量
2022 年 1 月	工业和信息化部、住房和城乡建设部等五部委	《智能光伏产业创新发展行动计划（2021—2025 年）》	到 2025 年，光伏行业智能化水平显著提升，产业技术创新取得突破。新型高效太阳能电池量产化转换效率显著提升，形成完善的硅料、硅片、装备、材料、器件等配套能力。智能光伏产业生态体系建设基本完成，与新一代信息技术融合水平逐步深化，推动光伏产业与新一代信息技术深度融合等
2021 年 12 月	工业和信息部	《“十四五”工业绿色发展规划》	鼓励发展大尺寸高效光伏组件、大功率海上风电装备等新能源装备。推动智能光伏创新升级和行业特色应用。到 2025 年，工业产业结构、生产方式绿色低碳转型取得显著成效，绿色低碳技术装备广泛应用，能源资源利用效率大幅提高，绿色制造水平全面提升，为 2030 年工业领域碳达峰奠定坚实基础
2021 年 12 月	国家能源局、农业农村部等	《加快农村能源转型发展助力乡村振兴的实施意见》	建设分布式风电和光伏发电，支持村集体以公共建筑屋顶、闲置集体土地等入股，参与项目开发，增加村集体收入

续表

发布时间	发布单位	政策名称	主要内容
2021 年 10 月	国务院	《国务院关于印发 2030 年前碳达峰行动方案的通知》	全面推进风电、太阳能发电大规模开发和高质量发展，坚持集中式与分布式并举，加快建设风电和光伏发电基地。加快智能光伏产业创新升级和特色应用
2021 年 10 月	中共中央、国务院	《关于推动城乡建设绿色发展的意见》	加快提升光伏产业智能制造水平，推动互联网、大数据、人工智能等与光伏产业深度融合，鼓励特色行业智能光伏应用，促进我国光伏产业迈向全球价值链中高端
2021 年 10 月	中共中央、国务院	《中共中央　国务院关于完整准确全面贯彻新发展理念做好碳达峰碳中和工作的意见》	开展建筑屋顶光伏行动，大幅提高建筑采暖、生活热水、炊事等电气化普及率
2021 年 6 月	国家能源局综合司	《国家能源局综合司关于公布整县（市、区）屋顶分布式光伏开发试点单位的通知》	为加快推进屋顶分布式光伏发展，拟在全国组织开展整县（市、区）推进屋顶分布式光伏开发试点工作，申报试点的县（市、区）党政机关建筑屋顶总面积可安装光伏发电比例不低于 50%；学校、医院、村委会等公共建筑屋顶总面积可安装光伏发电比例不低于 40%；工商业厂房屋顶总面积可安装光伏发电比例不低于 30%；农村居民屋顶总面积可安装光伏发电比例不低于 20%
2021 年 5 月	国家能源局	《国家能源局关于 2021 年风电、光伏发电开发建设有关事项的通知》	制定发布各省级可再生能源电力消纳责任权重和新能源合理利用率目标；建立保障性并网、市场化并网等多元保障机制，2021 年户用光伏发电国家财政补贴预算额度为 5 亿元

续表

发布时间	发布单位	政策名称	主要内容
2021年3月	工业和信息化部	《光伏制造行业规范条件(2021年本)》	在生产布局与项目设立、资源综合利用及能耗、智能制造和绿色制造、环境保护、质量管理、安全生产和社会责任等方面对光伏制造企业提出了明确要求，其中规定多晶硅组件和单晶硅组件（双面组件按正面效率计算）的平均光电转换效率分别不低于17%和19.60%
2021年3月	十三届全国人大四次会议表决通过	《中华人民共和国国民经济和社会发展第十四个五年规划和2035年远景目标纲要》	推进能源革命，建设清洁低碳、安全高效的能源体系，提高能源供给保障能力。加快发展非化石能源，坚持集中式和分布式并举，大力提升风电、光伏发电规模
2021年2月	国务院	《国务院关于加快建立健全绿色低碳循环发展经济体系的指导意见》	建立健全绿色低碳循环发展经济体系，促进经济社会发展全面绿色转型，提升可再生能源利用比例，大力推动风电、光伏发电发展，因地制宜发展水能、地热能、海洋能、氢能、生物质能、光热发电
2021年2月	国家发展改革委	《关于引导加大金融支持力度促进风电和光伏发电等行业健康有序发展的通知》	金融机构按照商业化原则与可再生能源企业协商展期或续贷，按照市场化、法治化原则自主发放补贴确权贷款，对补贴确权贷款给予合理支持
2021年1月	工业和信息化部、国家能源局等	《智能光伏产业创新发展行动计划（2021—2025年）》	2025年，光伏产业智能化水平显著提升，支撑新型电力系统能力显著增强，智能光伏特色应用领域大幅拓展

2.1.1.2 促进消纳和消费

继续强化可再生能源电力消纳保障机制，落实国家非化石能源、可再生能源发展目标，建立如电网保障消纳、市场化自主消纳、分布式发电交易消纳等多元消纳保障机制，推动源网荷共担消纳责任。中国光伏发电有关促进消纳和消费的部分政策如表2-2所示。

表2-2 中国光伏发电有关促进消纳和消费的部分政策

出台时间	发文机关	文件名称	主要内容
2022年8月	国家发展改革委办公厅、国家能源局综合司	《关于2022年可再生能源电力消纳责任权重及有关事项的通知》	各省（自治区、直辖市）按照非水电消纳责任权重合理安排本省（自治区、直辖市）风电、光伏发电保障性并网规模。严格落实西电东送和跨省跨区输电通道可再生能源电量占比要求，2023年的占比原则上不低于2022年实际执行情况
2022年8月	国家发展改革委、国家统计局、国家能源局	《关于进一步做好新增可再生能源消费不纳入能源消费总量控制有关工作的通知》	不纳入能源消费总量的可再生能源，现阶段主要包括风电、太阳能发电、水电、生物质发电、地热能发电等可再生能源。以各地区2020年可再生能源电力消费量为基数，“十四五”期间每年较上一年新增的可再生能源电力消费量，在全国和地方能源消费总量考核时予以扣除

2.1.1.3 项目管理和建设

光伏发电项目建设和管理方面要继续建立和实施并网多元保障机制，且项目备案要注重提高效率。在具体项目开发上，沙漠戈壁大型风光和西南水风光一体化等基地建设和分布式开发并重。中国光伏发电有关项目管理和建设的部分政策如表2-3所示。

表2-3 中国光伏发电有关项目管理和建设的部分政策

出台时间	发文机关	文件名称	主要内容
2022年5月	国家发展改革委等部门	《关于发布〈可再生能源效能标杆水平和基准水平（2022年版）〉的通知》	规范新能源新建项目效能管理、鼓励引导企业科学开展存量项目技改升级

续表

出台时间	发文机关	文件名称	主要内容
2022年11月	国家能源局综合司	《关于积极推动新能源发电项目应并尽并、能并早并有关工作的通知》	要求各电网企业在确保电网安全稳定、电力有序供应前提下，按照“应并尽并、能并早并”原则，对具备并网条件的风电、光伏发电项目，切实采取有效措施，保障及时并网，允许分批并网，不得将全容量建成作为新能源项目并网必要条件。同时，各单位要加大统筹协调力度，加大配套接网工程建设，与风电、光伏发电项目建设做好充分衔接，力争同步建成投运
2022年11月	国家能源局	《关于印发〈光伏电站开发建设管理办法〉的通知》	适用于集中式光伏电站的行业管理、年度开发建设方案、项目建设管理、电网接入管理、运行监测等。分布式光伏发电管理另行规定

2.1.1.4 电价补贴

中国光伏发电有关电价补贴的部分政策如表2-4所示。2022年户用光伏国家电价补贴退出，光伏发电实现全面平价上网，新备案项目继续执行当地燃煤基准价。对有电价补贴的可再生能源发电存量开展补贴核查，安排财政资金预算减小补贴缺口，解决补贴拖欠问题。光伏发电等新能源项目配建储能有望在电力市场获得收益。

表2-4 中国光伏发电有关电价补贴的部分政策

出台时间	发文机关	文件名称	主要内容
2022年4月	国家发展改革委价格司	《关于新建风电、光伏发电项目延续评价上网政策的函》	2022年，对新核准陆上风电项目、新备案集中式光伏电站和工商业分布式光伏项目（以下简称新建项目），延续平价上网政策，上网电价按当地燃煤发电基准价执行。新建项目可自愿通过参与市场化交易形成上网电价，以充分体现新能源的绿色电力价值

续表

出台时间	发文机关	文件名称	主要内容
2022年5月	国家发展改革委办公厅、国家能源局综合司	《关于进一步推动新型储能参与电力市场和调度运用的通知》	要建立完善适应储能参与的市场机制，鼓励新型储能自主选择参与电力市场，坚持以市场化方式形成价格，持续完善调度运行机制，发挥储能技术优势，提升储能总体利用水平，保障储能合理收益，促进行业健康发展
2022年9月	国家发展改革委办公厅、财政部办公厅、国家能源局综合司	《关于明确可再生能源发电补贴核查认定有关政策解释的通知》	对建设时间跨度大的风电项目上网电价的确定、关于风电项目纳入补贴项目容量的认定、关于风电项目核准规模是否超出规划规模的认定作出有关解释说明

2.1.1.5 绿电绿证交易和参与电力市场

在“碳达峰”“碳中和”提出后，国内绿证需求迅速增大，2022年绿证交易量呈数量级增加，对促进绿电消费和消纳起到了一定作用。绿证核发范围扩大为全部可再生能源电力，用电企业可以根据需求自行选择合适的绿证。光伏发电等新能源2022年以多种方式参与电力市场且范围和规模逐步扩大。中国光伏发电有关绿电绿证交易的部分政策如表2－5所示。

表2－5 中国光伏发电有关绿电绿证交易的部分政策

出台时间	发文机关	文件名称	主要内容
2022年9月	国家发展改革委办公厅、国家能源局综合司	《关于推动电力交易机构开展绿色电力证书交易的通知》	在目前绿证自愿认购和绿色电力交易的基础上积极支持电力交易机构按照有关政策规定，通过双边协商、挂牌、集中竞价等多种方式组织开展绿证交易，引导更多市场主体参与绿证与绿色电力交易，促进可再生能源消费
2022年9月	国家发展改革委办公厅、国家能源局综合司	《关于有序推进绿色电力交易有关事项的通知》	进一步完善有利于促进绿色能源生产消费的市场体系和长效机制，稳妥有序推进绿色电力交易，推动绿色能源发展

续表

出台时间	发文机关	文件名称	主要内容
2022年12月	国家发展改革委、国家能源局	《关于做好2023年电力中长期合同签订履约工作的通知》	加强能源产供储销体系建设，规范有序做好电力中长期合同签订履约工作，充分发挥中长期合同压舱石、稳定器作用，保障电力平稳运行；确保市场主体高比例签约、强化分时段签约、优化跨省区中长期交易机制、完善市场价格形成机制、建立健全中长期合同灵活调整机制、强化中长期合同履约和监管、强化保障措施
2022年12月	国家发展改革委办公厅	《关于进一步做好电网企业代理购电工作的通知》	《国家发展改革委办公厅关于组织开展电网企业代理购电工作有关事项的通知》的延续性文件
2023年2月	国家发展改革委、财政部、国家能源局	《关于享受中央政府补贴的绿电项目参与绿电交易有关事项的通知》	享受国家可再生能源补贴的绿色电力，参与绿电交易时高于项目所执行的煤电基准电价的溢价收益等额冲抵国家可再生能源补贴或归国家所有；发电企业放弃补贴的，参与绿电交易的全部收益归发电企业所有

2.1.1.6 全国部分省（自治区、直辖市）发展目标

“十四五”期间，我国部分省（自治区、直辖市）均提出了光伏行业的发展目标，如表2-6所示，大部分省份对光伏行业在“十四五”期间的光伏新增装机量及累计装机量均作出了明确计划。

表2-6 “十四五”期间我国部分省（自治区、直辖市）的光伏发展目标

省（自治区、直辖市）	“十四五”期间光伏发展目标
北京	重点领域新增光伏发电装机70万kW，整区屋顶分布式光伏试点新增光伏发电装机120万kW
上海	力争光伏新增装机270万kW
广东	新增装机容量约2000万kW
福建	新增装机容量约300万kW
吉林	光伏装机800万kW以上

续表

省（自治区、直辖市）	“十四五”期间光伏发展目标
广西	新增集中式光伏并网装机规模不低于 1000 万 kW，新增分布式光伏并网装机规模不低于 300kW
云南	每年开发规模 1500 万 kW 以上
重庆	全市清洁能源装机占比达到 50%
山东	光伏装机规模达到 5700 万 kW 以上
内蒙古	新增光伏装机 3262 万 kW
青海	光伏累计装机目标为 4580 万 kW
甘肃	光伏累计装机达到 4169 万 kW
黑龙江	可再生能源装机达到 3000 万 kW
河南	新增并网装机容量 1000 万 kW 以上
浙江	新增光伏装机 1200 万 kW 以上
四川	新增太阳能发电 1000 万 kW 以上
宁夏	建设 1400 万 kW 光伏项目
贵州	推进 5 个百万级光伏基地建设，光伏发电累计装机 3100 万 kW
江苏	光伏总装机 2600 万 kW，新增量 916 万 kW
西藏	光伏新增装机 863 万 kW 以上
天津	新增光伏装机约 400 万 kW
辽宁	光伏计划新增装机 6GW，总投资 305 亿元
湖南	全省风电、光伏发电装机规模达到 2500 万 kW 以上
湖北	光伏新增装机 500 万 kW
海南	实现海上风电、光伏等新增装机 520 万 kW
陕西	积极发展光电，加快陕北风光储氢多能融合示范基地建设
江西	聚焦光伏等领域，打造世界级新能源产业集聚区
安徽	打造国内领先的光伏产业链集群
山西	全力培育光伏等潜力型新兴产业
新疆	有序发展分布式光伏发电

2.1.2 知识产权相关政策

2.1.2.1 知识产权战略规划

知识产权战略是我国实现创新驱动发展的重要支撑，我国发布的部分知识产权政策如表 2－7 所示。加强涉外知识产权风险防控体系建设，是维护知识产权领域国家安全的必然要求。尤其在全球科技竞争日益升温的今天，知识产权作为科技创新和国际贸易的核心要素、国家发展的战略性资源和国际竞争力核心要素的作用更加凸显。自中美贸易摩擦开始以来，涉外知识产权纠纷频发，知识产权战略成为我国开放发展、科技创新以及企业“走出去”战略的关键因素。

表2-7 我国发布的部分知识产权政策

发布时间	政策发布部门	政策名称	相关内容
2018年	国家知识产权局	《“互联网+”知识产权保护工作方案》	加强知识产权保护的决策部署，充分运用“互联网+”相关技术手段创新知识产权保护方式，提升保护水平和效果
2018年	国务院	《中国与世界贸易组织》	我国履行知识产权保护承诺，建立健全知识产权法律体系，执法力度不断增强，鼓励中外企业开展正常技术交流合作，依法保护在华外资企业合法知识产权，知识产权保护效果明显
2018年	国务院	《知识产权对外转让有关工作办法（试行）》	技术出口、外国投资者并购境内企业活动中涉及本办法规定的专利权、集成电路图设计专有权、计算机软件著作版权、植物新品种权等知识产权对外转让的，需要按照本办法进行审查
2019年	国务院	《优化营商环境条例》	加强知识产权保护，依法严厉惩治侵犯知识产权的违法犯罪行为，推动建立知识产权侵权惩罚性赔偿制度，充分保障知识产权权利人的合法权益
2019年	国务院知识产权战略实施工作部际联席会议办公室	《2019年深入实施国家知识产权战略加快建设知识产权强国推进计划》	在深化知识产权领域改革、加大知识产权保护力度、促进知识产权创造运用、深化知识产权国际交流合作方面，明确2019年推进国家知识产权战略实施的6大重点任务、106项具体措施
2020年	国家知识产权局	《关于进一步加强知识产权维权援助工作的指导意见》	提出维权援助工作要坚持需求导向，服务国家战略；坚持探索创新，强化公益服务；坚持协同共建，促进合作共享。同时提出力争到2025年，知识产权维权援助覆盖范围基本合理，服务水平适应需求，工作机制得到健全，服务质量有效提升，支撑保障有力加强，机构队伍稳定壮大，社会服务满意度显著提高

续表

发布时间	政策发布部门	政策名称	相关内容
2020 年	国务院反垄断委员会	《关于知识产权领域的反垄断指南》	以列举的方式就知识产权领域可能产生的反垄断争议问题作出了较为详细的规定；提到了知识产权领域特有的 6 类垄断协议类型；设置了安全港规则
2021 年	国家知识产权局	《重大专利侵权纠纷行政裁决办法》	针对《中华人民共和国专利法》第七十条新增的重大专利侵权纠纷的行政裁决的具体规定，界定了何种纠纷属于“重大专利侵权纠纷”，规定了哪些可以由国家知识产权局进行处理，以及处理的具体流程和规则
2021 年	中共中央、国务院	《知识产权强国建设纲要（2021—2035 年）》	是国家战略在知识产权领域的具体体现，《纲要》提出了两个明确的阶段性目标，并针对立法、执法、司法保护、行政保护、转化、社会环境、参与全球治理等方面作出纲领性规定
2021 年	国家知识产权局	《国家知识产权局关于促进和规范知识产权运营工作的通知》	包括提高认识、促进运营、规范管理和工作保障等方面的内容；明确了以转化实施为目标的知识产权运营导向，并以此为主线，从制度激励、服务供给、供需对接、有序流转、融资支撑、科学评估以及环境营造等方面针对性地提出了具体政策措施
2021 年	国务院	《“十四五”国家知识产权保护和运用规划》	推动知识产权融入产业创新发展，培育专利密集型产业。完善绿色知识产权统计监测，推动绿色专利技术产业化，支撑产业绿色转型。加强知识产权海外维权援助，建立国际知识产权风险预警和应急机制，建设知识产权涉外风险防控体系
2022 年	全国人大	《中华人民共和国科学技术进步法（2020 年修订）》	建立以企业为主体、以市场为导向，企业同科学技术研究开发机构、高等学校紧密合作的技术创新体系，引导和扶持企业技术创新活动。培育具有影响力和竞争力的科技领军企业。国家加强引导和政策扶持，多渠道拓宽创业投资资金来源，对企业的创业发展给予支持

续表

发布时间	政策发布部门	政策名称	相关内容
2023 年	国家市场监管总局	《禁止滥用知识产权排除、限制竞争行为规定》	扩充了“滥用知识产权排除、限制竞争行为”的内涵；健全了利用行使知识产权的方式实施垄断行为的认定规则；加强了对知识产权领域典型、特殊垄断行为的规制
2023 年	国家市场监管总局	《关于标准必要专利领域的反垄断指南（征求意见稿）》	明确涉及标准必要专利的行为是否排除、限制竞争应遵循的基本原则，以及界定涉及标准必要专利的相关商品市场和相关地域市场的原则；引入了信息披露、FRAND 原则、善意谈判等规则，并针对滥用救济措施行为做了规定

2008 年国务院颁布《国家知识产权战略纲要》，标志着我国开始从战略层面部署知识产权政策，知识产权公共政策建设进入战略时期。

2020 年 6 月，国家知识产权局印发的《关于进一步加强知识产权维权援助工作的指导意见》中指出，要完善海外维权援助服务，加强海外知识产权纠纷应对指导，加强国家海外知识产权纠纷应对指导中心建设，强化海外知识产权纠纷预警防范，推动海外信息服务平台建设，提升企业海外知识产权风险防控意识和纠纷应对能力。支持具备条件的维权援助机构建设国家海外知识产权纠纷应对指导中心地方分中心。

2021 年是中国第十四个五年计划的开局之年，同时也是中国的知识产权制度建设走向新的历史时期和发展阶段的一年。

2021 年 8 月，国家知识产权局发布《关于促进和规范知识产权运营工作的通知》（以下简称《通知》）。这是国家知识产权局第一次就知识产权运营工作制定系统、全面的政策文件，对全系统相关工作具有重要的指导意义，对有关各界的运营活动也将产生广泛的引导作用。《通知》中提到，创新主体、市场主体可以结合实际条件与需求，加强自身运营机构建设，完善融入研发经营全过程的运营机制，积极对接知识产权融资、评估、转移对接等专业服务机构，密切关注各地知识产权运营政策措施和项目支持信息，主要依靠公平的市场竞争，合理借助专业服务与政策资源支持，提高研发与生产的效率、水平，研发生产更多技术新、设计精、商誉好的产品，实现知识产权市场利益最大化，有效推进知识产权向现实生产力转化。

2021 年 9 月 23 日，我国发布了《知识产权强国建设纲要（2021—2035 年）》，提出了 2025 年和 2035 年两个明确的阶段性目标，并针对立法、执法、司法保护、行政保护、转化、社会环境、参与全球治理等方面作出纲领性规定。

2021 年 9 月 24 日，为贯彻落实党中央、国务院关于知识产权工作的决策部署，全面加强知识产权保护，国家知识产权局随之发布《“十四五”国家知识产权保护和运用规划》（以下简称《规划》）。《规划》提出，要提高知识产权转移转化成效，支撑实体经济创新发展。要推动在重点产业领域和产业集聚区建设知识产权运营中心；分级分类开展企业、高校、科研院所知识产权优势培育和建设工作。要健全绿色技术知识产权保护制度，完善绿色知识产权统计监测，推动绿色专利技术产业化，支撑产业绿色转型。另外，《规划》还提出要加强知识产权保护国际合作，便利知识产权海外获权，加强知识产权海外维权援助。随着技术变革和经济全球化的加速推进，标准和专利日益融合，技术专利化、专利标准化已经成为高技术企业的共识，标准必要专利作为技术标准和知识产权相结合的产物，在帮助企业引领产业发展的同时，也强化了技术保护，实现了利益最大化。行业必要标准专利已经成为国际产业竞争的战略工具。

2023 年 6 月，国家市场监管总局发布了新修订的《禁止滥用知识产权排除、限制竞争行为规定》，并起草了《关于标准必要专利领域的反垄断指南（征求意见稿）》，表明了我国对标准必要专利领域的关注和对其重要程度的认可。

2.1.2.2 知识产权相关法律法规

我国知识产权法主要包括《中华人民共和国商标法》《中华人民共和国专利法》《中华人民共和国著作权法》《中华人民共和国反不正当竞争法》等基础法律制度，以及《中华人民共和国植物新品种保护条例》《集成电路布图设计保护条例》《地理标志产品保护规定》等相关法律规范。其中《中华人民共和国专利法》保护的对象是发明创造，包括发明专利、实用新型专利和外观设计专利。《中华人民共和国商标法》保护的对象是商标，商标是识别某商品、服务或与其相关具体个人或企业的显著标志。《中华人民共和国著作权法》保护的是具备独创性的文学、艺术和自然科学、社会科学、工程技术等作品。《中华人民共和国反不正当竞争法》是保护经营者和消费者的合法权益，制止不正当竞争行为。我国主要知识产权相关法律法规，如表 2－8 所示。

此外，我国已经加入诸如《保护工业产权巴黎公约》《商标国际注册马德里协定》《专利合作条约》等世界主要的知识产权保护协定或条约，从法律制度建设和国际义务承诺来看，我国在知识产权保护范围和保护水平上已经与国际惯例接轨。

表 2－8 我国主要知识产权相关法律法规

类别	知识产权相关法律法规
综合类	《中华人民共和国民法典》知识产权编
	《中华人民共和国刑法》分则第三章第七节“侵犯知识产权罪”
	《最高人民法院　最高人民检察院关于办理侵犯知识产权刑事案件具体应用法律若干问题的解释》
	《中华人民共和国民法典》合同编“技术合同”
	《中华人民共和国反垄断法（2022 修正）》第八章第六十八条
	《中华人民共和国对外贸易法》第五章“与对外贸易有关的知识产权保护”
	《中华人民共和国侵权责任法》

续表

类别	知识产权相关法律法规
专利权类	《中华人民共和国专利法》及其实施细则
	《最高人民法院关于审理专利纠纷案件适用法律问题的若干规定》
	《最高人民法院关于对诉前停止侵犯专利权行为适用法律问题的若干规定》
	《国防专利条例》
	《国家标准涉及专利的管理规定（暂行）》
商标权类	《中华人民共和国商标法》及其实施条例
	《最高人民法院关于审理商标案件有关管辖和法律适用范围问题的解释》
	《最高人民法院关于审理商标民事纠纷案件适用法律若干问题的解释》
	《最高人民法院关于审理涉及驰名商标保护的民事纠纷案件应用法律若干问题的解释》
	《驰名商标认定和保护规定》
	《集体商标、证明商标注册和管理办法》
著作权类	《中华人民共和国著作权法》及其实施条例
	《最高人民法院关于审理著作权民事纠纷案件适用法律若干问题的解释》
	《最高人民法院关于审理计算机网络著作权纠纷案件适用法律若干问题的解释》
	《最高人民法院关于审理涉及计算机网络域名民事纠纷案件适用法律若干问题的解释》
	《著作权集体管理条例》
	《计算机软件保护条例》
	《信息网络传播权保护条例》
商业秘密类	《中华人民共和国反不正当竞争法》
	《最高人民法院关于审理不正当竞争民事案件应用法律若干问题的解释》
	《关于禁止侵犯商业秘密行为的若干规定》
其他类	《中华人民共和国知识产权海关保护条例》
	《中华人民共和国海关关于〈中华人民共和国知识产权海关保护条例〉的实施办法》
	《展会知识产权保护办法》

2.2 欧　洲

2.2.1 光伏相关政策

欧盟在应对全球气候变暖挑战时是站在前列的，2018 年 11 月首次提出到 2050 年实现“碳中和”。2021 年 6 月，欧洲理事会正式通过《欧洲气候法案》，首次将 2050 年“碳中和”目标写入法律，将政治承诺转变为法律义务和投资诱因，并确保经济和社会的所有部门都为这一目标作出贡献。欧盟委员会根据《欧洲绿色协议》，于 2021 年 8 月 14 日召开发布会，发布“适应 55”（Fit for 55）一揽子立法提案，旨在 2030 年前降低欧盟成员国的碳排放量，到 2030 年将其温室气体排放量相对 1990 年减少至少 55%，并在 2050 年实现气候中和。为了实现这一目标，欧盟采取了一系列措施，包括扩大可再生能源的比例、扩大欧盟碳市场、停止销售燃油车，并设立碳边境调节机制（CBAM）、修改欧盟碳排放交易系统（EU-ETS）等共计 12 项新法案。

2.2.1.1 促进本土光伏产业发展

为了保障能源安全和减少对外依存度，2022 年 3 月 29 日，欧盟委员会提出一项名为 REPowerEU 的能源转型计划。同时，作为此计划的一部分，还提出了《欧盟太阳能宪章》（*EU Solar Energy Strategy*）。2023 年 3 月 16 日，欧盟委员会发布《净零工业法案》（*Net-Zero Industry Act*）和《关键原材料法案》（*Critical Raw Materials Act*）议案，旨在确保欧盟在全球绿色工业技术方面处于领先地位。

1. REPowerEU 的能源转型计划

REPowerEU 的能源转型计划旨在通过加快可再生能源产能部署、能源供应多样化、提高能效等措施，到 2030 年实现欧洲的“碳中和”目标，并摆脱对俄罗斯等外部能源供应商的依赖。针对光伏的发展，还专门制定了《欧盟太阳能宪章》，计划到 2025 年光伏并网装机量达到 320GW，2030 年达到 600GW；并实施“屋顶太阳能计划”，分阶段在公共和商业建筑以及住宅建筑上安装太阳能电池板。

根据 REPowerEU 的能源转型计划，欧盟将投入 3000 亿欧元（约合 2.4 万亿元人民币）用于能源转型项目，包括节约能源、扩大可再生能源、发展绿色氢气。欧盟委员会提议将具有约束力的能效目标从 9% 提高到 13%，并加强建筑物、交通运输、工业等领域的节能措施。欧盟委员会还提议在 2030 年将可再生能源在总体能源消费中的比例从 40% 提高到 45%，并在太阳能光伏、风力发电、生物质等领域增加投资。

同时，2022 年 12 月 9 日，欧盟还成立了欧洲光伏产业联盟（EU ProSun），以支持欧洲太阳能产业在全球市场中保持竞争力。欧洲光伏产业联盟用于推动对欧盟太阳能制造业的投资。该联盟由工业界人士、研究机构、协会和其他相关方共同发起，支持欧洲到 2025 年在整个太阳能光伏价值链上达到 30GW 本土制造能力的目标。这个目标，相当于目前每年约 4.5GW 制造能力的 6 倍多。欧盟光伏产业联盟是太阳能制造链中各利益相关者的协调机构。根据联盟的说法，欧洲光伏产业联盟将实施一个“七点战略”行动计划：①确定扩大制造规模的“瓶颈”并提供建议。②拓展融资渠道，包括建立太阳能光伏制造的商业化途径。③为发展和吸收提供一个合作框架。④维持国际伙伴关系和有弹性的全球供应链。⑤支持太阳能光伏研究和创新。⑥促进循环性和可持续性措施。⑦探索和培养光伏制造业的熟练人才队伍。在这七项行动计划的基础上，联盟的优先事项将是为内部太阳能光伏制造项目调动私人和公共资金，从而扩大产能，确保可持续的公平竞争环境并刺激对可持续光伏产品的需求。

2. 《净零工业法案》和《关键原材料法案》

《净零工业法案》旨在打造全球清洁技术制造和绿色就业的发源地。该法案是欧盟《绿色协议产业计划》的一部分，重点加强净零技术制造业的弹性和竞争力，推动能源系统安全可持续转型。该法案提出，到2030年欧盟本土战略性净零技术整体制造能力接近或达到欧盟部署需求的40%，加快推进欧盟2030年气候和能源目标及2050年气候中和，同时提高欧盟工业竞争力，创造高质量就业机会，支持欧盟实现能源独立。该法案定义的战略性净零技术包括：太阳能光伏发电和太阳能热能，陆上风电和海上可再生能源，电池和储能，热泵和地热能，电解槽和燃料电池，生物气/生物甲烷，碳捕集、利用与封存，电网技术，可持续替代燃料技术，先进核能技术、核燃料循环废料最小化、小型模块化反应堆等。

《关键原材料法案》旨在支持欧盟制造绿色技术所需的关键矿物供应，目标是促进欧盟获得安全、多样化、负担得起和可持续的原材料供应，支持欧盟更大的开采、加工和回收能力。欧盟委员会根据经济重要性和供应安全性，将锰、镁、锶等34种原材料确认为“关键原材料”（CRM）。欧盟计划到2030年，每年至少10%的关键原材料提取、40%的关键原材料加工、15%的关键原材料回收来自欧盟内部。同时规定来自单一第三方国家的战略原材料消耗量不应超过65%。

《净零工业法案》与《关键原材料法案》和电力市场改革一起，为减少欧盟对高度集中进口的依赖制定了一个明确的欧洲框架。欧盟《净零工业法案》被认为可能会在未来限制中国向欧盟出口电池、风能和太阳能设备，这违背了多边贸易体系的“市场原则和基本规则”。《净零工业法案》还需要经过欧洲议会和欧盟理事会的讨论和同意，才能通过并生效。按照美国《通胀削减法案》（IRA）的情况，美国不会对母公司的注册地进行溯源调查。也就是说，相关企业如果在欧洲或者东南亚有工厂（产能），也是可以规避《净零工业法案》内关于某一国家的产品在欧洲市场份额不得超过65%的限制内容。

2.2.1.2 可持续发展方面

1. 碳足迹

欧盟为了阻击中国光伏企业在欧洲的绝对优势，以鼓励本土光伏企业的发展，要求进入欧盟的光伏设备进行“碳足迹”认证，设置国际贸易的技术壁垒，将对设备企业带来较大的挑战。

碳足迹（CFP），标示着某个公司、家庭或个人的“碳耗用量”，是一种新的用来测量某个公司、家庭或个人因每日消耗能源而产生的二氧化碳排放对环境影响的指标。简言之，碳足迹就是“个人、组织、活动或产品直接或者间接导致的温室气体排放总量”。确定碳足迹是减少碳排放行为的第一步，并能为组织改善减排状况设定基准线。

《欧盟电池与废电池法规》是欧盟在2020年12月提出的，又被称为欧盟《新电池法》。欧盟《新电池法》提案历程，如图2－1所示。

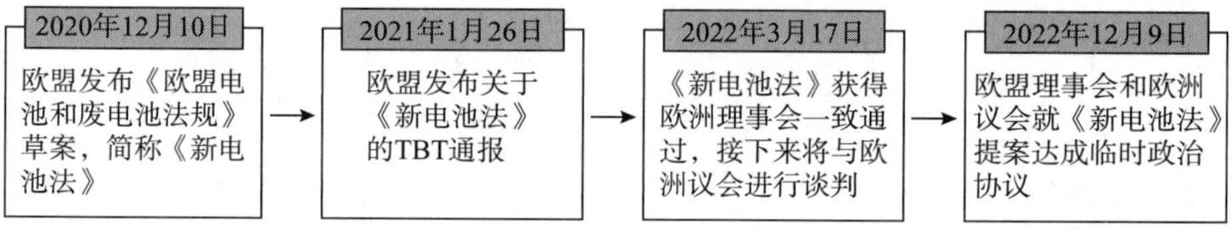

图2－1　欧盟《新电池法》提案历程

《新电池法》提出电池更具可持续性、循环性和安全性的系列要求，包括：碳足迹规则、最低回收含量、性能和耐久性标准等。

根据电池在市场上的碳足迹声明值的分布，将确定碳足迹性能等级，实现市场差异化。其中A类是碳足迹生命周期影响最低的最佳类别。委员会将根据性能等级确定容量在2kW·h以上的工业电池的最大生命周期碳足迹阈值。届时超过碳足迹阈值的电池可能将不能出口欧盟。

《新电池法》的附录Ⅱ中给出了碳足迹的计算方法：①委托产品环境足迹（PEF）方法；②相关产品环境足迹类别规则（PEFCRs）；③反映生命周期评价领域的国际协定和技术进展。生命周期碳足迹的计算应基于特定工厂生产特定型号电池的物料清单、能源和辅助材料，特别是电子元件（如电池管理单元、安全单元）和正极材料，它们是电池碳足迹的主要贡献者。且碳足迹声明应针对特定生产地点生产的电池型号，用于生产电池模型的物料清单或能源组合的变化需要对该电池模型的碳足迹进行新的计算。

2024年7月1日起，电动汽车电池、轻型运输工具电池和工业电池将要求申报碳足迹；2025年1月1日起，电动汽车电池、轻型运输工具电池和工业电池将要求碳足迹性能等级（2024年12月31日之前欧盟委员将会发布分级方法）。2027年7月1日起，电动汽车电池、轻型运输工具电池和能量高于2kW·h的工业电池将有最大生命周期碳足迹阈值的要求（2025年7月1日之前欧盟委员将会确定碳足迹阈值）。

碳足迹贯穿电池全生命周期，涉及原材料、生产、供应链、应用和回收利用多个方面。欧盟《新电池法》与碳关税都格外关注产品的碳排放，对电池碳足迹声明、性能等级、阈值以及回收材料都做了更加严格和明确的要求。目前我国电池行业没有成熟的碳足迹核算标准与方法研究，电池碳足迹数据基本是空白的。无论是前期的碳足迹数据申报，还是后续的碳足迹等级与碳足迹阈值的规定，都将对产品销售价格与出口带来巨大挑战。

2. 欧盟ESG政策法规

欧盟是全球范围内ESG的先行者和领导者，欧盟ESG发展起步于对联合国问题的回应，强调对经济发展的新驱动，关注对可持续发展指标的持续评估和监测，注重多方共识和共同行动，指导和引领企业ESG管理和ESG投资的模式。

2014年10月，欧盟发布了《非财务信息报告指令》，首次将ESG纳入政策法规，强制要求规模超过500名员工的企业管理报告中必须包含非财务内容，且至少涉及环境、社会和员工问题、尊重人权、反贪污和贿赂问题，但对ESG三项议题的强制程度有所不同，对环境议题明确了需强制披露的内容，而对社会责任和公司治理议题仅提供了参考性披露范围。2018年，欧盟提出《可持续金融信息披露条例》，强制要求欧盟金融市场参与者披露ESG信息，本身位于欧盟外但是在欧盟市场内发行金融产品的机构也受其约束，进一步规范了金融实体及ESG投资。2022年6月，欧盟通过《公司可持续发展报告指令》（CSRD），正式取代了此前的《非财务信息报告指令》，要求所有大型企业和上市公司都必须提供可持续发展报告，并明确需要报告的社会（Social）指标。《公司可持续发展报告指令》最早将于2024年1月1日起执行。这使得ESG规范从企业此前自愿遵守的“软法”转变为有约束力和可执行的“硬法”，在劳工权益和环境保护等方面提出了更高要求。2022年9月，欧盟发布《欧盟市场禁止强迫劳动产品条例》草案，进一步在社会（Social）范畴加强企业ESG合规及信息披露要求。

3. 欧洲碳排放交易体系

欧洲碳排放交易体系（EU-ETS）是世界上最大的碳排放交易市场，通过对各企业强制规定碳排放量，为全球减少碳排放量作出了巨大贡献。欧洲碳排放交易体系的关注重点已从能源产业减排扩大为各产业的减排：基准正在提高，免费配额出现削减，而包括路面交通和建筑在内的新行业也开始被纳入。

欧洲碳排放交易体系属于总量交易。总量交易是指在一定区域内，在污染物排放总量不超过允许排放量或逐年降低的前提下，内部各排放源之间通过货币交换的方式相互调剂排放量，实现减少排放量、保护环境的目的。欧盟排放交易体系的具体做法是，欧盟各成员国根据欧盟委员会颁布的规则，为本国设置一个排放量的上限，确定纳入排放交易体系的产业和企业，并向这些企业分配一定数量的排放许可权——欧洲排放单位（EUA）。如果企业能够使其实际排放量小于分配到的排放许可量，那么它就可以将剩余的排放权放到排放市场上出售，获取利润；反之，它就必须到市场上购买排放权，否则将会受到重罚。

欧洲碳排放交易体系虽然由欧盟委员会控制，但是各成员国在设定排放总量、分配排放权、监督交易等方面有很大的自主权。这种在集中和分散之间进行平衡的能力，使其成为排放交易体系的典范。

欧洲碳排放交易体系的开放性主要体现在它与《京都议定书》和其他排放交易体系的衔接上。欧洲碳排放交易体系允许被纳入排放交易体系的企业可以在一定限度内使用欧盟外的减排信用，但是，它们只能是《京都议定书》规定的通过清洁发展机制（Clean Development Mechanism，CDM）或联合执行（Joint Implementation，JI）获得的减排信用，即核证减排量（Certified Emission Reductions，CERs）或减排单位（Emission Reduction Units，ERUs）。在欧洲碳排放交易体系实施的第一阶段，CERs 和 ERUs 的使用比例由各成员国自行规定，在第二阶段，CERs 和 ERUs 的使用比例不得超过欧盟排放总量的6%，否则，欧盟委员会将自动审查该成员国的计划。

此外，通过双边协议，欧洲碳排放交易体系也可以与其他国家的排放交易体系实现兼容。例如，挪威二氧化碳总量交易体系与欧洲碳排放交易体系已于 2008 年 1 月 1 日实现成功对接。

借助于欧洲碳排放交易体系的实施，欧盟已培育出多层次的碳排放交易市场体系，并带动了碳金融产业的发展。碳排放交易市场与金融产业交互作用，形成良性循环。二氧化碳排放权商品属性的加强和市场的不断成熟，吸引了投资银行、对冲基金、私募基金以及证券公司等金融机构甚至私人投资者的竞相加入，碳排放管理已成为欧洲金融服务行业中成长最为迅速的业务之一。

2.2.1.3 绿色贸易壁垒

欧盟绿色新政主要包括《循环经济行动计划》和欧盟碳边境调节机制（Carbon Border Adjustment Mechanism，CBAM，业内普遍称之为碳关税）。其中循环经济行动计划和碳关税两者是互为补充的政策手段。可以简单理解为前者主要针对轻工业产品，而后者主要针对钢铁等高耗能、高排放产品；前者既适用于进口产品，也适用于欧盟本土生产的产品，而后者只是针对进口产品的措施。

1. 循环经济行动计划

2020 年 3 月，欧盟委员会发布了新版《循环经济行动计划》。该计划提出要在产品设计、信息披露、消费者权利、政府采购、企业责任等多个层面制定规则。针对电池、光伏、纺织、电子和建筑产品，会制定特别的“可持续”市场准入门槛。2022 年 3 月，欧盟委员会发布了《2022—2024 年生态设计和能源标签工作计划》。计划中描述的这三年的工作重点与欧洲绿色协议和“适应 55”减碳目标的发展相一致。其中提到将完成针对光伏组件、逆变器和系统的生态设计（Ecodesign）和能效标签（Energy Label）措施。

2023 年 3 月国际能源署 IEA PVPS TASK12 工作组春季会议上，欧盟专家表示：针对光伏组件的生态设计要求包括碳足迹、组件信息披露、可靠性、可拆卸性、可维修性、可回收性；能效标签要求在产品标签上必须体现供应商信息、能效等级、衰减性、组件面积和功率等信息。尤其值得注意的是，首次对于在欧盟国家使用的单晶、多晶以及碲化镉光伏组件产品全生命周期（包括原材料获取到组件制造以及出口到欧洲的整个物流过程）的碳足迹提出了更加具体的两级要求：等级一（1st threshold）25gCO_2/kW·h（date TBD）；等级二（2nd threshold）18gCO_2/kW·h（date TBD）。碳足迹核算基于 PEFCR（Product Environmental Footprint Category Rules）方法，以 gCO_2/kW·h为单位表示核算结果。

欧洲能源标签产品注册处（EPREL）通过扫描新能源标签上的二维码，提供有关投放欧盟市场的型号的详细信息。欧盟新能源标签示例，如图2－2所示。

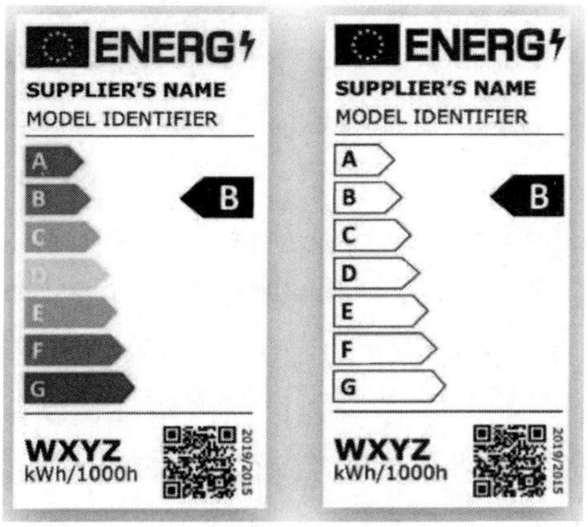

图2－2　欧盟新能源标签示例

2. 碳关税

作为欧盟“适应55”计划的一部分，2023年5月17日，欧盟碳边境调节机制（CBAM）法案正式生效。欧盟碳边境调节机制是对进口产品征收二氧化碳排放特别关税，又称碳边境调节税。

CBAM覆盖钢铁、水泥、化肥、铝和电力、化学品（氢、氨、氨水）和聚合物（塑料制品）领域，对部分国家或地区豁免缴纳有关税费，豁免范围主要包括已加入欧洲碳排放权交易体系的非欧盟国家或地区或者和欧洲碳排放权交易体系互认的国家或地区，但不包括中国。

CBAM纳税主体为欧盟的进口商。进口商需向欧盟CBAM行政机关进行注册登记，经批准后方能进口相关产品。CBAM不限制进口商进口各类货物的数量，但要求进口商在向欧盟进口特定种类货物时，应申报货物的碳排放量，并按照欧洲碳排放交易系统项下的碳排放价格，购买相应的CBAM证书（CBAM certificates）。

CBAM于2023年10月开始试运行，过渡期至2025年底，2026年1月1日正式起征。在过渡期内，欧盟进口商仅需每季度报送排放数据（当季进口产品总量、进口产品的直接和间接碳排放量、进口产品在原产国支付的碳排放成本等信息），不需要为进口产品缴纳碳关税。从2027年起，欧盟进口商需按要求提交相应数额的CBAM电子凭证，即开始征收碳关税。

CBAM采用全生命周期法来测算碳排放量，若企业无法准确核算，即默认碳排放强度为出口国生产同类型产品的企业中碳排放表现最差者（倒数10%）的平均碳排放强度；若企业不提供碳排放量的数据，则采用欧盟生产同类型产品的企业中碳排放表现最差者（倒数5%）的平均碳排放强度。CBAM的核查过程比现有的欧洲碳排放交易体系核查更复杂，因为欧洲碳排放交易体系核查的重点是设施级的排放。

2.2.1.4 反强迫劳动

2022 年 6 月 9 日，欧洲议会通过了《反强迫劳动海关措施决议》。该决议要求在欧盟各国海关采取措施禁止“强迫劳动的产品”进入欧盟市场，提出了要建立一份涉“强迫劳动”的企业和地区名单，目前名单尚未明确，预计将涉及包括光伏在内的多个行业。

当地时间 2022 年 9 月 14 日，欧盟委员会发布《欧盟市场禁止强迫劳工产品条例》草案，提议禁止所有强迫劳动的商品进入欧洲市场。本条例生效后，中国产品（尤其是此前被美国认为存在强迫劳动的光伏、纺织、番茄等产品）对欧盟的直接或间接出口可能受到限制或影响。除在双边层面围堵外，欧盟委员会还在世界银行等多边金融机构造势，企图将所谓“强迫劳动”条款纳入光伏电站项目的融资协议，拒绝对含新疆产品的光伏项目进行投融资，以削弱中国光伏企业在海外应用市场的竞争力。

《欧盟市场禁止强迫劳工产品条例》草案要点：①欧盟委员会的建议稿并非局限在所谓“涉疆强迫劳工”问题，而是在产业价值链的任何一个环节禁止强迫劳工的存在。②欧盟委员会建议稿未将主要执法权授予海关，而是规定由欧盟成员国指定主管机构负责本条例的实施，海关只负责执行主管当局作出的禁止强迫劳工产品的决定。③如果经济经营者证明了自身履行的强迫劳工尽职调查义务减轻、阻止和终止了强迫劳工风险，则主管当局不应发起正式调查。④欧盟委员会应组织外部专家提供一个已核实的关于特定地理区域或特定产品的强迫劳工风险数据库，包括与国家机构强迫劳工相关的数据库。根据这些数据库中的信息，欧盟成员国主管当局可以发起初始调查。

《欧盟市场禁止强迫劳工产品条例》草案与欧盟委员会此前发布的《强迫劳工尽职调查指南》和《公司可持续发展尽职调查指令草案》具有很强的关联性，表明欧盟对公司供应链尽职调查义务（尤其是强迫劳工尽职调查义务）的要求进一步提高。我国供应链涉及欧盟的企业，包括意图向欧盟销售产品的跨境电商平台，应密切关注欧盟相关立法进展，并及时调整合规安排。

2.2.1.5 欧洲主要国家政策

1. 德国

德国为欧盟第一大经济体，也是欧盟中光伏装机量最多的国家，截至 2022 年底，其光伏装机量达到了 68.5GW，2022 年新增装机量达 7.9GW。德国人均光伏装机量为 0.65kW，在全球主要国家中排名第一。德国光照资源一般，但是其光伏产业一直健康有序发展，得益于产业资金的支持、早期高补贴政策和审批流程简化等。

2000 年，德国发布了《可再生能源法》（EEG），是世界上最早提出“上网电价”概念的新能源法案。自 2009 年起，德国的上网电价补贴采取了“阶梯降价”的策略。德国 2011 年提出能源转型计划（Energiewende），旨在将以化石能源和核能为基础的传统能源供应体系转向以可再生能源为基础的新能源体系，其基本目标包括到2020年将可再生能源渗透率提高到35%，到2050年达到80%，其他目标包括全面弃核、到2029年全面普及智能电。

为应对能源危机，德国全面调整能源规划，于2022年7月的联邦议会通过了《可再生能源法》（EEG2023）修正案等一揽子能源法案，计划到2030年可再生能源发电占比从65%上调至80%，2035年开始电力供应基本实现碳中和。在政策方面，采取简化审批程序、取消可再生能源附加税、取消户用光伏所得税及增值税等措施，进一步提升光伏装机的经济性，刺激户用装机需求进一步爆发。当前德国对能源的需求不断上涨，对光伏的需求仍是刚性需求，未来德国光伏市场依然有巨大的发展前景。

2. 西班牙

截至2022年底，西班牙光伏总装机量为26.4GW，2022年新增装机量为7.5GW，是欧洲第二大光伏热门市场。西班牙地处南欧，光照资源非常丰富，全年日均光照时长超过4小时，远远领先于欧洲大部分国家。基于资源优势，西班牙政府推出了一系列政策来支持光伏行业发展，比如对建筑类光伏项目发放豁免许可、全面支持光伏自消费项目发展等。过去几年中，西班牙的光伏市场蓬勃发展，其地面电站发电已基本摆脱补贴，目前已成为全球最成熟的PPA市场之一。预计2023—2026年，西班牙新增光伏装机量将达到51.2GW。

3. 波兰

2020年，波兰是世界第10大、欧盟第2大产煤国。2021年，波兰83%的电力来源于化石能源，是欧盟国家中化石能源发电占比最高的国家。2021年2月，波兰通过了面向2040年波兰国家能源政策（EPP2040），EPP2040的重点是去化石能源，增加可再生能源发电比例。计划到2030年，将可再生能源发电比例提高到32%（2020年该比例为16.2%），意味着未来可再生能源发电占比要翻一倍。到2030年，煤电发电比例从2020年的70%降低到37.5%～56%；到2040年，降低到11%～28%；到2049年，关闭境内所有的煤矿。

近两年来，波兰光伏发展势头迅猛，其户用分布式装机增量很快。波兰政府对光伏提供了多种行之有效的鼓励政策。鼓励中小企业部门发展工商业光伏，独立解决其自身的能源需求；允许太阳能设备享受增值税减免和其他税收减免；稳定的电价政策及将太阳能确定为波兰能源政策的战略项目之一。这些政策确保了波兰的光伏行业将处于持续上升的态势。预计2023—2026年，波兰新增装机量将达到21.8GW。

绿证政策驱动。波兰从2005年开始实施绿证政策，要求传统发电商按照其发电量比例购买绿证，该比例由气候与环境部逐年调整。2016—2021年该比例由15%增长到19.5%，2022年降低到18.5%。波兰能源监管办公室（ERO）对可再生能源发电商每生产1MW·h绿色电力发放1个绿证，从项目并网起共发放15年。绿证在波兰电力交易所交易。2015 年，波兰颁布可再生能源法案（2021 年进行了修订），对绿证政策进行了较大幅度调整。绿证政策将至少执行到 2035 年，但 ERO 将不再为 2016 年 7 月后并网的项目发放绿证。对可再生能源推出新的支持政策，包括年度可再生能源项目竞拍机制，参加竞拍的项目给予 15 年的担保电价，实行差价合约模式，如果市场电价低于担保电价，政府将就差价给予补贴。波兰政府计划将该竞拍机制一直延续到 2027 年。

净计费政策。波兰政府于 2022 年 4 月 1 日取消了之前的净计量政策，推出了净计费政策。户用光伏微网富裕的电量按照批发价格卖给电网，户用系统电量不足时，从电网取电按照正常零售电价从电网购电，因为通常批发价格低于电网购电价格，所以新政实施后，户用光伏的吸引力有所下降。

税收优惠与财政补贴。波兰对于可再生能源电力免征消费税（其他电力要征收），装机容量小于 5MW 的项目减征并网费，小于 50kW 的微网项目不征并网费。同时对可再生能源电力进行优先调度。波兰为了鼓励光伏微网项目，推出了我的电力（My Electricity）项目，对于装机量在 2 ~ 10kW 的户用光伏项目给予融资资助。该项目的第 3 轮资助计划于 2021 年 10 月结束，对于户用业主最高提供 660 欧元的安装费用补贴。第 4 轮资助计划也将实行，并持续到 2025 年。对于农场主安装 10 ~ 50kW 的光伏微网项目，最多可以享受 5500 欧元的补贴。

4. 荷兰

截至 2022 年底，荷兰光伏装机总量为 18.0GW，2022 年新增装机量为 4GW。荷兰光伏主要以分布式为主。荷兰光伏市场的蓬勃发展，一是受到类似于波兰的净计量政策的影响；二是荷兰的低廉物流成本，转口贸易是荷兰对外贸易的主要支撑，荷兰进口的光伏产品成本低于其他欧洲国家和地区；三是受到有利的补贴政策刺激，工商业和地面电站在固定的电价情境下再给予非盈利部分补贴。荷兰自 2023 年起，取消户用光伏项目的增值税，进一步驱动光伏产业的快速增长。预计 2023—2026 年，荷兰新增光伏装机将达到 19.3GW。

5. 法国

法国作为欧洲能源消耗第二大国家，截至 2022 年底，其光伏装机量为 16.1GW，2022 年新增装机量为 2.7GW，与 2021 年相比减少 0.1GW，是欧盟 2022 年光伏新增装机量 10 强国中唯一负增长的国家。法国过去受政治动荡、罢工游行、电价便宜和缺乏激励政策等影响，其光伏发展远远落后于德国。2020 年法国颁布《多年度能源计划》，提出到 2023 年底，法国光伏装机量达到 20.1GW。同时，马克龙在 2022 年 2 月提出法国要在 2050 年前新增光伏装机 120GW。在这些政策的激励下，法国近两年来新增光伏装机量有了较大的提升。目前法国正在讨论可再生能源加速法案，以简化审批流程、出台激励措施，从而加快法国光伏行业的发展。欧盟光伏协会预计法国 2023—2026 年新增光伏装机量将达到 18.4GW。

目前国际上针对光伏产品的绿色门槛主要有两类：一是法国、韩国的碳足迹认证要求；二是瑞典、意大利的环境产品声明（Environmental Product Declaration，EPD）要求。EPD 比碳足迹认证的要求更高，可简单理解为 EPD 包含碳足迹要求，碳足迹是最基本的量化环境指标。

法国碳足迹认证是法国能源监管委员会（CRE）针对 100kW 以上的光伏产品进入法国市场最权威的认证，所有参与法国市场光伏组件招投标项目的企业都必须提供“简化碳排放评估”（ECS）的认证证书，简称“碳足迹”认证。产品碳足迹是指组织产品生产或服务提供等过程中系统的温室气体排放和清除的总和，一般采用生命周期评价的方法、计算的单一类型的气候变化指标，以二氧化碳当量表示，核算的温室气体范围包括二氧化碳（CO_2）、甲烷（CH_4）、氧化亚氮（N_2O）、氢氟碳化物（HFCs）、全氟碳化物（PFCs）、六氟化硫（SF_6）、三氟化氮（NF_3）七种类型。

2016 年起，法国能源监管委员会（CRE）将碳排放值列为 100kW 以上政府类招投标项目的竞标依据，碳排放值越低（一般要求小于 0.55t CO_2/MW），产品中标的可能性越高。由于国内电力排放因子更新滞后，且国外在招标时计算中国光伏产品碳排放量使用的电网排放因子具体数值不详，据多位业内人士反馈，该数据远高于实际情况。因此在同等条件下，中国光伏产品碳排放数值偏高。这导致中国光伏产品在法国的市占率远低于欧洲其他国家。如果法国的招标方式推广到欧洲其他国家，其对中国光伏企业的影响可能会大于当年的光伏“双反”。中国应重视欧盟的绿色壁垒，加快制定光伏产品碳足迹核算方法、完善数据库，推动中欧在光伏产品碳足迹方法论上的协调和互认。

2.2.2 知识产权相关政策

2.2.2.1 知识产权战略规划

第二次世界大战之后欧洲各国为了消除贸易壁垒，着手建立了统一的专利标准和专利保护制度。1973 年欧洲 13 国签订了《欧洲专利公约》（2007 年修订），之后一系列与“一体化”进程有关的文件和条约相继出台。随着“欧盟统一专利体系”在 2022 年底启动，欧洲知识产权“一体化”进程基本完成。

为了充分发挥知识产权在激励研发和保护创新方面的关键作用，巩固欧洲国家在知识产权密集型产业上的竞争优势，欧盟先后发布了《通用数据保护条例》（2018）、《可信赖的人工智能伦理准则》（2019）、《关于制定人工智能统一规则》（2021）、《数字单一市场版权指令（EU）2019/790》（2021）、《知识产权行动计划》（2021）、《欧盟芯片法案》（2022）等文件和立法提案，旨在从法律或规范上为解决已经或可能出现的知识产权问题提供可依据的解释和指引，并提出了对标准必要专利的必要性和透明度、中小企业知识产权创造能力、非农产品的地理标志的地域性和统一性、外观设计保护升级、打击盗版和假冒等问题的有效应对措施。

2.2.2.2 知识产权相关法律法规

1. 欧盟知识产权概况

目前，欧盟已经形成了涵盖专利、外观设计、版权、商标、地理标志、植物新品种、集成电路产品布图设计等知识产权类型的法律和制度。此外，欧盟是世界知识产权公约组织成员，签订了包括《马德里议定书》《伯尔尼公约》《商标法条约》《TRIPs协定》《国际植物新品种保护公约》等在内的大多数国际条约。

欧盟的知识产权法律体系由欧盟层面法律和成员国法律体系两部分组成，体现了区域上统一和区域内差异化特征。

专利方面，欧盟统一专利体系和各成员国的专利法共存，既可以通过成员国国内立法来获得专利保护，也可以通过欧洲专利局申请对所有成员国都有效的单一专利。

商标方面，《欧盟商标条例》的颁布和运转，使得欧盟商标由欧盟知识产权局负责注册和管理，在欧盟各成员国具有法律效力；成员国商标体系与欧盟商标体系并存且各有分工，如打击侵权行为职责归属成员国专门制定法院。

在提供工业设计保护方面，成员国法律与欧盟法律的规定基本趋同，但考虑成员国实际操作差异较大，规定涉及“复杂产品的零配件”的设计保护问题由成员国来决定。

在著作权领域，欧盟《著作权及相关权保护指令》、欧盟《单一数字市场版权指令》也实现了著作权区域保护的一体化。著作权的处罚和救济由成员国负责。

地理标志的法律法规分为两个部分：一是欧盟为农产品、食品及葡萄酒、烈酒的地理标志提供统一保护；二是成员国法律为非农产品的地理标志提供保护。

此外，在边境执法方面，欧盟通过制定《知识产权海关保护条例》，统一了其27国的边境执法标准。

欧盟国家的上述各种立法，其目的均在于确保单一市场内知识产权确权和保护的一体化，以解决知识产权地域性同单一市场内商品自由流动之间的内在矛盾。

2. 欧盟知识产权管理体系

欧盟知识产权管理体系，如图2－3所示。

（1）立法。欧盟的立法体系包括欧盟法和欧洲国内法。欧盟法优先于成员国的国内法。欧盟的主要决策立法机构为欧洲理事会、欧盟部长理事会和欧洲议会。

（2）司法。共同体法院体系由欧盟成员国法院和欧洲联盟法院组成。欧洲联盟法院负责审理起诉欧盟机构的诉讼案件和由成员国地方法院转交的涉及共同体法的请求权威意见的案件。

统一专利法院仅负责涉及欧洲专利和欧洲统一专利相关的专利案件，如侵权和无效诉讼等案件，并且欧洲统一专利法院仅对欧盟成员国开放。

在欧盟范围内，由于其较大的人员流动性和较高的贸易自由度，经常会涉及在欧洲多国同时发生侵权的行为。如果在每个发生侵权行为的国家都提起国内诉讼，将耗费大量的人力物力，并且将导致同一案件的判决不一致。跨境诉讼问题在欧盟境内主要依据《布鲁塞尔条例》来解决。依据《布鲁塞尔条例》，欧洲专利侵权诉讼可以挑选一个具有管辖权的法院来提起。由该法院作出的判决不需要其他国家的法院再次审理而得到承认并得以执行。

（3）行政确权。欧洲专利局是欧洲专利组织的下设机构，负责欧洲专利的审批和异议工作并提供国际专利检索服务。

欧洲内部市场协调局负责依据欧共体商标条例进行欧共体商标的管理工作，包括商标的注册事务与争议和撤销请求，以及负责根据欧共体外观设计条例处理外观设计的注册事务和无效请求。欧洲内部市场协调局自 2012 年起，负责管辖“欧洲知识产权侵权站”，即负责监控欧洲知识产权的侵权行为。此外，欧洲内部市场协调局还负责与知识产权相关的信息沟通、教育培训等事务。

欧洲各个国家的著作权集体管理组织负责著作权的管理。这些著作权集体管理组织在管理本国境内的著作权授权许可之外，也负责本国作品在欧盟范围的许可授予。

（4）行政执法。欧洲知识产权的行政执法主要依靠海关完成。海关负责对涉嫌侵权的物品的查扣。权利人还可以请求销毁物品，销毁由海关执行。

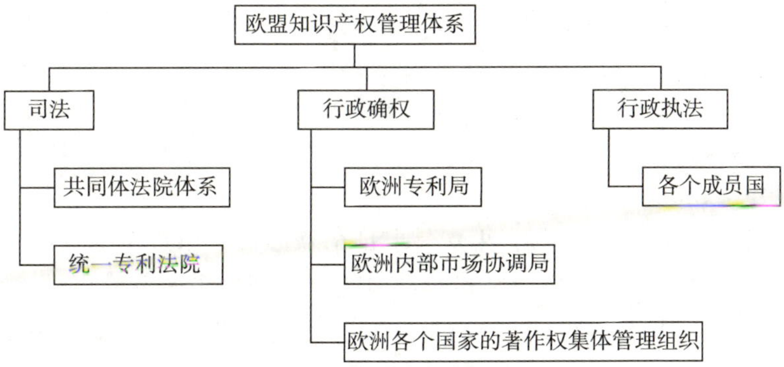

图 2－3　欧盟知识产权管理体系

3. 欧盟统一专利体系（EU Unitary Patent）

2013 年 2 月，欧盟 25 个成员国在布鲁塞尔签订《统一专利法院协定》（*Unified Patent Court Agreement*，UPCA），决定设立统一专利法院（Unified Patent Court，UPC），力求实现专利司法的统一，欧盟统一专利体系也随之得以确立。

2023 年 6 月 1 日，第一批欧洲统一专利，也叫单一专利开始正式授权。在 6 月 1 日生效的欧洲单一专利制度下，仅需申请人基于获得授权通知的欧洲专利，在授权公告后的一个月内向欧洲专利局（EPO）提交“单一专利效力请求”的申请，而不必经过多个欧洲国家的批准和翻译程序（在英语申请的前提下，仅需翻译成德文或法文），即可使该专利在签署了统一专利法院协议（UPCA）的欧盟成员国生效。此外，一件传统的欧洲专利被授权后如果想要进行无效程序，通常需要到各个成员国分别进行。而如果对单一专利提出专利无效请求，则在统一专利法院协议中进行无效程序，如果宣布该专利无效，则在签署了单一专利程序国家的所有成员国内，该专利均被无效。单一专利途径相较传统欧洲专利途径的不同，如表 2－9 所示。

表 2－9　传统欧洲专利途径与单一专利途径的比较

类别	传统欧洲专利途径	单一专利途径
生效程序	自欧洲专利授权后，需逐一向各具体生效国家提交生效请求，完成生效程序	自欧洲专利授权后，需向欧洲专利局提交一份“单一效力请求”
覆盖范围	44 个国家	25 个欧盟成员国
生效要求	需根据各生效国国家规定，提交各生效国官方语言的授权权利要求/说明书/全文文本的译文	在过渡期间，若欧洲专利是以英文提交的，则需将授权文本翻译成除英语以外的另一种欧盟语言
相关费用	①各生效国生效程序的相关费用； ②不同语言翻译文本产生的翻译费； ③分别向各生效国专利局缴纳因专利权维持所产生的相关费用	①欧洲专利以英文提交的，需将授权文本翻译成除英语以外的另一种欧盟语言的翻译费； ②向 EPO 逐年缴纳单一专利的年费
法院管辖	各生效国法院对各自国家具备相应管辖权	统一专利法院对参与单一专利制度的国家具备统一管辖权

统一专利法院（UPC）于 2023 年 6 月 1 日正式运行，用户可通过统一专利法院的电子案件管理系统提交案件。单一专利通过向欧洲专利局提交一份申请，可以在 25 个欧盟成员国获得专利保护，从而简化申请流程，降低申请成本。统一专利法院作为一个共同法院，通过提供更简单、更便捷、更有效的司法程序，为欧盟成员国裁决侵权和无效性争议，从而避免高昂的平行诉讼费用，增加法律的确定性。统一专利法院将对依据《欧洲专利公约》（UPC）授权的欧洲发明专利以及单一专利的侵权诉讼和无效诉讼拥有管辖权。该法院对专利纠纷作出的裁决将首先对 17 个协议批准国产生直接效力，包括德国、法国、比利时、保加利亚、丹麦、爱沙尼亚、芬兰、意大利、拉脱维亚、立陶宛、卢森堡、马耳他、荷兰、奥地利、葡萄牙、瑞典、斯洛文尼亚。

2022 年 6 月，欧洲专利局公布了新版《统一专利指南》，旨在为企业、发明人及其代理人提供通过欧洲专利局基于《欧洲专利公约》授予相应的欧洲专利之后，应如何取得欧洲统一专利的程序框架。欧盟统一专利法院特别委员会主席杰罗姆·德布鲁尔指出，特别委员会于 2021 年 10 月通过了一项旨在确保统一专利制度实施的工作方案，具体包括四个方面，即法律框架、财务框架、沟通、技术合作。

单一专利的覆盖范围更广，通常授权后维护的成本更低，且统一专利法院在参与过的跨境统一制法方面也具有更大的法律确定性和高效性。但与此相对应的，其统一效力也伴随着巨大的风险性，在有利于专利权人的快速审理机制下，单一专利将面临仅因一次诉讼而在所有成员国被无效的风险，而传统的欧洲专利则需要逐个到生效国提起诉讼程序，每个生效国所作出的决定并不影响该专利在其他国家的效力，对于专利权人而言具有更高的稳定性。

2.3 美 国

2.3.1 光伏相关政策

2021年底至今，美国通过并发布了多项重磅法案，包括《基础设施投资和就业法案》《购买美国货法案》《通胀削减法案》等，试图通过加强研发创新投入、强化本土制造竞争力、提高市场投资积极性、加快项目开发利用等方面促进本土光伏的发展。

2.3.1.1 发展目标

美国能源部在2021年初提出了未来十年内太阳能成本降低60%的目标，作为实现美国2035年前100%零碳电子的组合措施。美国政府在2021年底发布的《联邦可持续发展计划：通过联邦可持续发展促进美国清洁能源产业并创造就业机会》中，提出了2030年联邦资产实现100%零碳电力供应的目标。在2022年初白宫关于推动清洁能源发展的简报中，提出了将在2025年前实现公共土地开发25GW光伏、陆上风电和地热能的目标。

2022年2月，美国能源部发布了《保护供应链以实现清洁能源转型战略》，提出了面向本土需求提升本土光伏产能的目标，计划2年内光伏产能规划达到10GW，3年内达到15GW，5年内达到25GW，最终到2030年达到40GW。相应地，清洁能源产业将为美国提供超过40万个工作机会。2022年6月，拜登政府宣布进入能源紧急状态后，其政令中再次更新其光伏扩产目标，确保到2024年美国光伏组件的本土产能达到2250万kW/年，增加1500万kW。

2.3.1.2 促进本土光伏产业发展

1. 提供公共资金支持技术研发创新

2021年初，美国能源部太阳能技术办公室（SETO）提出了为期10年的自主计划，包括向光伏行业提供7000万美元的资助，主要用于支持钙钛矿和碲化镉（CdTe）的发展。

2023年4月20日，美国能源部（DOE）宣布为19个选定项目提供5200万美元，以及用于加强美国国内的太阳能供应链的1000万美元和用于将太阳能并入电网技术的3000万美元。这些研究、开发和示范项目旨在加强美国国内太阳能制造，支持太阳能电池板的回收利用，并开发新的美国制造的太阳能技术。此外，这项投资将有助于推广更便宜、更高效的太阳能电池，并推进碲化镉和钙钛矿太阳能制造，这两项技术对于太阳能供应链的多元化至关重要。

2. 提供各类补贴和税收返还

2022 年 8 月，美国拜登政府通过了《通胀削减法案》，2022 年 9 月美国《通胀削减法案》已正式成为立法。这项总计约 7400 亿美元的支出法案涉及应对气候变化、企业税收、医疗保健等内容。根据该法案，美国政府将在新能源和气候变化项目上提供高达 3690 亿美元的投资和税收抵免，目标是将 2030 年美国的温室气体排放量相对于 2005 年的水平减少 40%。该法案在光伏的供给与需求两端提供一系列税收及补贴措施，包括光伏制造端对太阳能光伏材料的制造税收抵免；同时通过提高税收抵免比例以及期限等条例来吸引光伏企业赴美建厂，刺激本土光伏需求。

《通胀削减法案》对太阳能光伏产业的政策支持有：一是税收抵免政策，延续了自 2006 年开始实施的针对风电、光伏产业的清洁电力投资税收抵免（ITC）❶，允许从联邦税收中扣除一定比例❷返还，要求抵免额度在 2032 年之前维持在 30%，到 2033 年降至 26%，到 2034 年降至 22%。二是延续了面向大型电站的清洁电力生产税收返还（PTC❸），2022 年的 PTC 为 0.026 美元/kW · h，可在项目投用后的 10 年抵免期内每年申请。三是面向先进制造业生产税收返还（Advanced Manufacturing Production Credit），可对在美国生产的太阳能组件和逆变器进行 10% 的税收返还，自 2023 年开始逐步降低。四是在低收入社区风光税收优惠政策方面，此前《BBB 法案》❹ 中可给予为低收入社区提供福利的太阳能和风能项目 10% 的信贷，《通胀削减法案》则直接给予符合标准的风电、光伏设施税收优惠规模增加 10% ~20%。五是从制造端角度来看，政策包括了在 2022—2029 年对光伏产业链各环节的税收抵免（2030—2033 年逐步退出）：硅料抵免额度为 3 美元/kg，硅片 0.05 美元/W，电池 0.04 美元/W，组件 0.07 美元/W，逆变器 0.025 ~0.11 美元/W，背板 0.4 美元/m^2。六是结合提供就业岗位的目标，采用现行工资❺和参与学徒项目的项目可获得 24% 的税收返还。

2023 年 5 月 12 日，美国财政部和国税局发布了关于《通胀削减法案》中光伏等产品本土保护的细则。本土太阳能项目的开发商可以为项目申请新的 IRA 补贴，即使项目中使用的组件包含中国制造的光伏电池。这也意味着，美国本土光伏制造商可以从中国进口光伏电池，并在本土组装成组件投入到光伏项目当中，以获得 IRA 税收 30% 的税收抵免，以及对本土制造项目进行额外 10% 的项目成本补贴。不过，新细则指出，美国太阳能开发商若想获得 IRA 提供的全部税收抵免，光伏项目中需要包含超 40% 由

❶ ITC（Investment Tax Credit）：安装可再生能源系统的用户可以按投资总额的一定比例抵免所得税。

❷ IRA 实施前，主要应用于风电项目，以及一些 2007 年以前建设的光伏项目。

❸ PTC（Production Tax Credit）：为售卖电力的能源生产者提供的可再生能源电力生产税收抵免。

❹ 2021 年 11 月 19 日，美国众议院通过《重建更好未来法案》（BBB 法案）。

❺ 针对特定地理区域内特定工种的工人，由政府部门制定其基本时薪和福利待遇，与政府部门或政府派出机构签订劳务合同，由聘用方按照标准支付现行工资。

美国本土开发、生产或制造的产品，并且以2022年为基准年，逐年提升5%至2025年须达到55%。

3. 金融财政支持

向《国防生产法案》授权5亿美元用于支持本土生产，安排10亿美元为偏远地区的清洁电力项目开发提供无息或低息贷款。依据IRA，美国环境保护署（EPA）于2023年2月成立了温室气体减排基金，通过赠款或财政援助的形式为低收入和弱势社区提供清洁能源；美国农业部（USDA）在安排65亿美元贷款的基础上，额外提供了3亿美元的资助，用于开发可再生能源项目、增加储能规模和提供就业。允许通过转让税收抵免进行融资，增加了小型项目通过投资基金或个人资金获得融资的机会。

4. 改善开发环境

2022年4月，白宫环境质量委员会（CEQ）公布了加强联邦土地建设基础设施环境审查的规则，将通过改革原有的《环境政策法案》为加快联邦土地上新能源项目提供支持。针对偏远地区的新能源项目，开发了Solar App，一方面缩短了户用光伏的审批周期，另一方面提高了当地政府对项目总体进展的跟踪了解。针对并网方案研究周期增加（2021年平均为3.7年）、大量项目排队（2021年共有超过30GW的光伏项目）的情况，2022年6月，美国联邦能源监管委员会（FERC）从加快并网周期、优化并网方案流程的角度提出了新的规则建议。

5. 增加开发应用规模

一是针对偏远地区，通过提供额外资助的方式增加可再生能源项目的开发和提供就业。二是充分利用联邦土地和联邦资产开发和利用可再生能源。例如，基于《购买美国货法案》，提出将国产比例作为联邦采购的最有效因素之一。三是在州层面继续推进可再生能源配额制[1]和其他强制开发和利用标准。例如，自2023年开始，美国加州将强制要求新建商业楼宇和高层居民建筑安装屋顶光伏，并匹配储能系统。

2.3.1.3 贸易壁垒

美国在提高光伏进口的贸易壁垒方面，一是通过既有的反倾销关税政策制造贸易壁垒；二是加快构建以环境、人权等ESG指标为衡量标准的新的贸易壁垒；三是通过加强与盟友合作，实现对中国优势产业的阻击。

1. 反倾销/反补贴（AD/CVD）关税

2012年，美国参众两院通过了关于对所谓“非市场经济国家”适用1930年关税法的反补贴税条款及相关问题的关税法修正案。由时任美国总统奥巴马签署的该修正案已正式成为法律并予以实施。

关税法修正案主要包括两部分内容：一是对所谓“非市场经济国家”适用反补贴

[1] CES（Clean Energy Standards）：清洁能源配额制标准即强制能源供给方（义务主体）在所供应的能源结构中必须提供一定比例的可再生能源。比如加州要求在2030年前将可再生能源比例提高到50%。

税条款；二是对来自所谓“非市场经济国家”的进口产品“双反”诉讼中的反倾销税进行调整，以避免“双重救济”。

进口产品同时进行反倾销、反补贴（以下简称“双反”）调查，是美国商务部（USDOC）的惯常做法。

反倾销税（Antidumping Duties），美国对一类（种）以低于公平市场价格出售给美国国内购买人的进口商品征收反倾销税，该公平市场价格系该商品通常在制造商所在国市场上出售的价格。

反补贴税（Courtervailing Duties）系用于抵消外国政府对出口到美国的商品提供补贴因而对美国产生不利影响而征收的关税，这些补贴使该商品的价格人为降低，因而给美国厂商带来经济伤害。

美国商务部（the Department of Commerce）、国际贸易委员会（the International Trade Commission）和美国海关共同参与反倾销、反补贴关税法的实施。美国国际贸易委员会对该倾销或补贴行为是否已经或将要使美国产业受到伤害一事进行认定，或对该行为是否会使某个产业在其起始阶段受阻作出判定。若调查属实，商务部负责确定对该商品应征的关税税率。海关即对该商品征收反倾销和反补贴关税。

2\. 201 条款

201 条款，又称为“保障条款”或“进口救济法案”，也称“例外条款”，是指现收在《美国法典》第 2251 ~ 2254 节的条款，这 4 节总的题目是“受进口损害的产业的积极调整”。该条款授权总统在来自其他国家的进口产品数量以致给国内产业造成严重损害威胁时，采取适当的救济措施以防止或补救损害并便利国内产业必要的调整。201 条款是面对公平却过度的外国竞争，允许其国内产业的代表，在因国外相同产品的大量进口而给本行业造成损害或损害之威胁时，向美国国际贸易委员会提起申请，以求保护的一种救济手段。

美国贸易代表 Robert Lighthizer 在一份声明中表示：“2011 年，美国商务部发现一些国家对生产者提供了补贴，生产商在美国的商品销售价格低于公平的市场价值，这些都损害了美国制造商的利益。2012 年美国实施了反倾销税和反补贴税，但这些制造商通过将生产转移到其他地区以逃避关税。”美国政府认为，这对美国的生产产生了重大的影响。

2018 年 1 月 22 日，特朗普政府公布了对太阳能电池、组件的 201 条款决议，将采取 4 年的全球保障措施。关税建立在一个逐年下降的规模上。在第一年，对进口太阳能组件和电池最多征收 30% 的关税，随后每年下降 5%，直到第四年达到 15%。前 2.5 kMW 的进口电池被排除在关税之外。

美国贸易代表办公室于 2019 年 6 月 12 日发布公告，给予双面光伏组件豁免 201 关税，即双面组件输往美国能够降低 25% 的税率成本。

2022 年 2 月 7 日，美国确认延长即将到期的光伏进口关税（201 关税）政策四年：针对全部海外组件进口，现行税率单面组件15%/双面组件0%，单面税率于第5~8年逐年递减。在细节方面，也作出了一定调整：其一是将双面组件排除在外；其二是将关税起征点从2.5GW提升至5GW，同时加入了邻国加拿大和墨西哥的免税供应途径。

3. “涉疆法案”

2021年开始，美国假借所谓“强迫劳动”问题，将矛头指向中国新疆光伏生产企业。2021年12月23日，美国总统拜登签署了“维吾尔强迫劳动预防法案”（*Uyghur Forced Labor Prevention Act*，以下简称“涉疆法案”）并正式实施。“涉疆法案”的核心概念为“可反驳的推定”（Rebuttable Presumption）原则，即除非得到美国当局的“无强迫劳动”的认证，否则一律推定凡在新疆制造的产品均使用了“强迫劳动”，除非进口商提供明确和令人信服的证据，证明货物并非全部或部分在中国新疆地区开采、生产或制造。2022年6月21日，“涉疆法案”中“可反驳的推定”正式生效，要求2022年6月21日后进口报关的货物须提供硅矿石相关的产地、采购和运输追溯信息。

2022年开始，美国便以“新疆问题”对中国进口商品在海关进行暂扣。2022年下半年以来，龙头组件厂或多或少均遇到过美国海关的WRO（暂扣令）。但是美国政府迫于内部光伏装机的压力，从2022年11月之后开始陆续放宽暂扣令的要求和条件，包括在2022年3月28日启动对东南亚四国光伏电池组件反规避调研之后，在6月6日表示对东南亚产能释放为期两年的关税豁免期。

4. 美国ESG政策法规

对于部分ESG议题，如特定污染物排放、安全生产和歧视，美国联邦和州两个层面都有诸多法规强制企业披露信息。2019年，纳斯达克证券交易所发布《ESG报告指南2.0》，就环境、社会和公司治理事项提出了披露要求，对各项指标包括的内容、计量方式、披露方式等进行了详细的说明。纽约证券交易所对上市公司应当披露的环境、社会和公司治理事项进行了举例说明。2022年3月，美国证券交易委员会发布拟议规则，首次要求披露气候相关风险和温室气体排放信息。此外，美国企业的ESG信息披露也来自企业的自主行为和关联企业的要求。例如，贝莱德要求所有接受其投资的企业自2020年起按照TCFD标准披露其气候变化相关信息。

5. 美国碳足迹相关贸易壁垒

EPEAT全称为电子产品环境评价工具（Electronic Product Environmental Assessment Tool），是全球领先的环境生态标签，由美国绿色电子委员会（GEC）组织实施，于2006年开始上线，通过评估产品生命周期内对环境的影响等级，为机构和消费者提供产品对比、评估和选择。EPEAT覆盖的领域目前包括计算机和显示器、影像设备、电视、手机、服务器以及光伏组件和逆变器，且针对各领域分别制定了不同的评价标准。EPEAT认证有助于推动光伏产业链向绿色、节能、环保等方向发展，对光伏行业形成了新的机遇与挑战。

2023年3月，国际能源署IEA PVPS TASK12春季会议上，美国专家表示，暂定自2023年9月起，产品以及制造商出现在注册表中首先必须满足现有标准NSF/ANSI 457—2019。此外，超低碳太阳能评估（New Criteria for the Assessment of Ultra - Low Carbon Solar）新准则EPEAT - ULCS - 2023将会添加到现有光伏组件EPEAT认证体系中，该准则包含三项光伏组件全生命周期的碳排标准：标准4.1（必须满足）要求光伏组件的低碳排放≤630 kg CO_2e/kWp；标准4.2（选择满足）要求光伏组件的超低碳排放≤400 kg CO_2e/kWp；标准4.3（选择满足）要求主要全生命周期数据可公开获得。碳足迹核算基于法国国家政府关于太阳能和风能设施招标规范（French national government specification for solar and wind power facility tenders）中的方法，以kg CO_2e/kWp为单位表示核算结果。

该标准一旦在EPEAT计划中启动，所有组件必须符合低碳标准条款的要求。之前已经纳入EPEAT认证体系的光伏组件产品必须在2023年9月30日（暂定）前满足EPEAT - ULCS - 2023标准的最低要求。

2.3.2 知识产权相关政策

2.3.2.1 知识产权战略规划

20世纪70年代，美国将知识产权战略上升为国家战略，此后一直不断地通过知识产权政策，以巩固和加强其国际竞争优势。进入21世纪后，美国发布的重要知识产权政策包括《美国创新战略》（2009年）、《知识产权企业与政府执法联合战略规划》（2010）和《21世纪国家知识产权战略》（2010）等。2017年美国发布了《知识产权企业与政府执法联合战略规划》，重点打击知识产权侵权行为，力图在全球范围内保护美国知识产权。在知识产权国际治理方面，美国1988年通过《美国联邦贸易与竞争法案》，利用“特别301条款”将贸易与知识产权捆绑在一起，并积极推动WTO框架下达成《TRIPs协定》和《关于争端解决规则和程序的谅解》协议，不仅在全球范围内施加知识产权高压，还综合应用“337条款”、海关保护以及国内司法保护，最大限度保护美国企业利益。2018年美国出台了《外国投资风险评估现代化法案》，扩大了对重点技术领域外国投资的审查权利和范围，并利用双边贸易或区域贸易协定、普惠制待遇（GSP）优惠附加条件以及国内法的“301条款”和“337调查”，向贸易伙伴或受惠国推行美国制定的知识产权保护标准，从而达到保护美国科技创新成果的目的。

2023年1月5日，美国总统签署《2022年保护美国知识产权法案》，拓展现有的民事诉讼程序、刑事程序、特别“301调查”以及“337调查”等知识产权保护措施，并进一步拓展政府部门行政监管与行政执法的权力，给出了12项针对相关主题的制裁措施和2项针对个人的制裁措施。一旦违反法案相关规定，企业可能被列入实体清单并面临资产冻结，同时个人面临人身风险。

在新技术和新产业领域，美国通过制定相应的知识产权战略，构建多元化、立体化知识产权政策体系，以维持和巩固其在全球的科技领先优势。

2023 年 1 月 6 日，美国专利商标局（USPTO）在其官网发布《2022—2026 年战略规划》草案并向公众征集意见。该战略规划提出了五个战略目标，包括推动美国包容性创新和全球竞争力；促进可靠知识产权的高效交付；促进知识产权保护，并避免新的和持续性的威胁；促进创新产生积极的影响；通过最大化地提高机构运营能力营造优质的员工和用户体验。

2.3.2.2 知识产权相关法律法规

1. 美国知识产权政策概况

美国法律是由联邦法体系和州法体系构成的，联邦政府和各州都有知识产权立法权。美国知识产权相关法律法规如表 2－10 所示。美国实行联邦法规统一管辖的专利法和版权法，但州法律也处理一些联邦法律未涵盖的问题。联邦和各州政府都有自己的商标法，在各州注册的商标只可在本地区使用，地理标志是以商标法的形式来保护的。而商业秘密是各州在《统一商业秘密法》的框架下根据本地实际情况进行调整并立法保护，因此各州的商业秘密立法存在一定差异性。

表 2－10 美国知识产权相关法律法规

序号	法律	相应的实施细则、法规
1	《美国专利法》	美国专利实施细则
		专利审查程序手册
		美国外观设计申请指南
		美国计算机相关发明的审查指南
2	《美国关税法》(1930)	
3	《美国商标法》	商标审查程序手册
4	《版权法》	
5	《统一商业秘密法》	
6	《反不正当竞争法》	

美国商标法实行“使用在先”原则，即商标的先使用者获得商标法律的保护。这是由于版权法的立法依据来自宪法的贸易条款，因此，必须先有贸易和商标的实际使用，才能获得法律保护。虽然美国引入了注册制度，但“使用在先”是申请注册的先决条件。在使用在先原则的基础上，商标可以注册，也可以不注册。不注册商标只要处于使用状态也可以获得法律保护；当因侵权而提起诉讼时，必须提供使用在先的证据。如果公司或个人的商标未经注册，商标的先使用者只能向法院要求停止商标侵权

者的使用行为，而不能获得相应的经济赔偿。

美国《反不正当竞争法》是联邦法、州法和司法部的各项指南和准则共同构成的法律体系，各州都有自己的《反不正当竞争法》。总的来看，美国各州主要通过立法来规范本地区的知识产权保护问题，通过加强区域之间的合作研究和专利申请，共享研究知识的网络，基于区域的国家发展项目缩小各区域创新竞争力的差距。

2. 美国知识产权管理体系

美国知识产权管理体系包括行政确权机构、司法机构和行政执法机构，如图2－4所示。

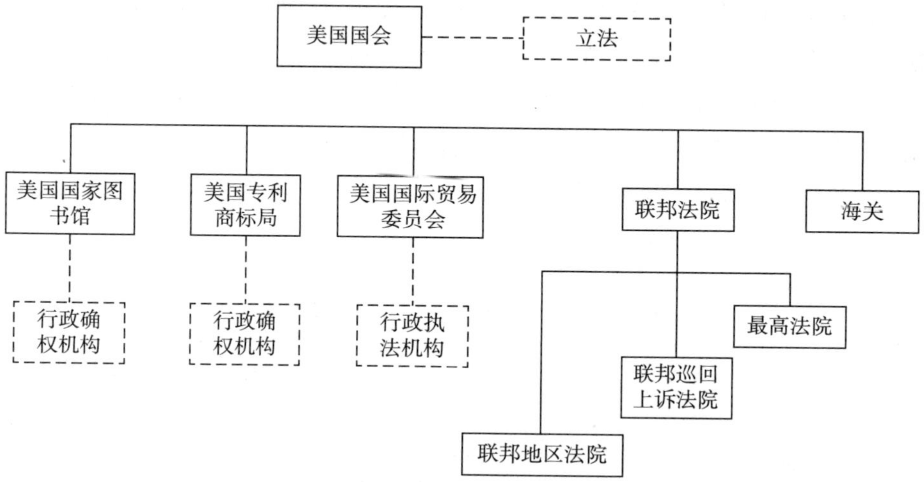

图2－4 美国知识产权管理体系

（1）行政确权

美国专利商标局主要承担专利、商标的登记、审查、公开等事务性工作。

美国国家图书馆下设的版权局，主要负责美国的版权登记管理。与我国一样，美国版权也是自动生成制度，但版权登记是提供法律保护的必要手段。

（2）司法

联邦地区法院负责审理涉及版权、注册商标、专利、植物品种、集成电路布图设计等知识产权侵权案件，联邦地区法院案件判决的上诉专属于联邦巡回上诉法院管辖。

当事人若对联邦巡回上诉法院之判决不服，可以向美国最高法院申请上诉。

（3）行政执法

美国国际贸易委员会（International Trade Commission，ITC）对根据《美国关税法》（1930）第337条款规定的案件（包括侵犯知识产权的进口商品的案件）拥有管辖权。美国海关有权对准备进口到美国的假冒或盗版商品实行扣押。

3. “337调查”

“337调查”是美国国际贸易委员会（ITC）依据《美国关税法》（1930）第337节

（现被汇编在《美国法典》第19卷第1337节）的有关规定，针对进口贸易中的知识产权侵权行为以及其他不公平竞争行为开展调查，裁决是否侵权及有必要采取救济措施的一项准司法程序。

“337调查”通常应当事人的申请发起，原则上也可由ITC自行发起。“337调查”虽然不是由司法机关负责，但其调查程序、调查方式与民事诉讼有许多相似之处。它由一名行政法官负责审理，一项完整调查的程序可大致分为以下阶段：申请、立案、证据开示程序、开庭、行政法官初裁、ITC复审、ITC终裁和总统审查以及上诉（向美国联邦巡回上诉法院提起）。

根据调查结果，若ITC认定被申请人向美国进口的物品或服务（统称产品）违反“337条款”，可应申请人的请求，针对这些产品发布有限排除令（Limited Exclusion Order）（ITC会禁止被告的侵权产品进入美国市场），或在满足特定条件的前提下发布普遍排除令（General Exclusion Order）（不分来源地禁止所有同类侵权产品进入美国市场），禁止侵权产品进入美国市场。此外，ITC还可发布禁止令（Cease and Desist Order），要求美国境内的批发商或零售商等停止销售相关侵权产品。

排除令由美国海关执行。美国海关可以没收所有试图出口到美国市场的侵权产品。对于不应诉的企业，行政法官会直接缺席判决，相关产品无法进入美国市场，已进入美国市场的产品无法继续销售。

涉及侵犯美国知识产权的“337调查”案件85%以上是针对专利侵权行为，少数调查涉及注册商标侵权、版权侵权、集成电路布图设计侵权和外观设计侵权等行为。其他不公平竞争案件的类型包括普通法商标侵权、虚假指定原产地、仿冒、虚假广告、侵犯商业秘密、商业外观侵权、违反反垄断法、商标淡化以及其他不公平竞争行为等。

涉案产品的制造商（无论是否直接对美出口产品）、将涉案产品进口至美国的进口商或在美国销售进口涉案产品的销售商或零售商，都可能成为“337调查”的被告。“337调查”是针对进口产品发起的调查，不要求ITC具有属人管辖权，因此，即使外国企业没有在美国直接设立分公司，而是通过中间商将产品销售到美国，也可能因为进口产品涉嫌侵权而成为“337调查”的被告。

就“337调查”及相关程序而言，美国专利商标局（USPTO）所发挥的作用在于反制策略中——鉴于USPTO是专利的授权机构，被申请人可以利用与USPTO有关的复审程序和干预程序对申请人进行相应的反击，即通过对申请人所持有专利的有效性或优先性进行相应的攻击或反驳，使调查转向有利于被申请人。

“337调查”具有发起简便、调查周期短、救济措施严厉、赔偿风险大、诉讼成本高、诉讼无需属人管辖权等特点。依据“337调查”相关规定和法律实践，行政法官会在“337调查”立案后的45日内确定结束调查的目标日期，通常情况下会设定在12～16个月内审结。

“337调查”属于行政救济，除了能迅速裁决后下达禁止令和排除令，并不给申请人以经济上的赔偿。所以，申请人往往会双管齐下，一边在 ITC 进行行政救济，一边在联邦地区法院提起民事侵权诉讼，以获得经济赔偿。

美国“337 调查”和民事诉讼均是针对侵犯知识产权的行为所采取的维权措施，但是“337 调查”基于其独特的特点，与美国知识产权民事诉讼仍有不同，具体区别如表 2－11 所示。

表 2－11　美国“337 调查”与知识产权民事诉讼的区别

类别	“337 调查”	知识产权诉讼
管辖主体	ITC	联邦地区法院
管辖权	不以属人管辖权为前提	以“原告就被告”原则的属人管辖权为前提
案件审理	由行政法官初步裁定，ITC 复审	由陪审团或者法官裁决
救济措施	可获得全面禁令，无须列举所有侵权人即可有效防止所有侵权产品的进口	停止侵权行为，获得损害赔偿
审理时限	程序耗时相对较短	审理时限较长
赔偿	ITC 无权作出经济赔偿	可判定损害赔偿
总统审查	总统基于公共利益作出裁决	总统无权对法院判决作出决定

4. “301 条款”

“301 条款”是美国《1974 年贸易关税法》第 301 条的俗称。该条款旨在通过加强美国贸易代表（代表总统）在双边、多边谈判中的地位，迫使对方接受美国的条件，为美国商品拓展出口市场，并营造有利于美国的国际贸易秩序。

“301 条款”又称为“单边报复制度的条款”“免责条款”。美国的“301 条款”有“一般 301 条款”“超级 301 条款”“特别 301 条款”之分。美国贸易法中的“301 条款”经历了《1974 年贸易关税法》、《1984 年贸易和关税法》、《1988 年综合贸易与竞争法》以及 1994 年 WTO 协定生效前国会修正案的一系列修改。目前统称的“301 条款”作为一个整体，是指修正后的《1988 年综合贸易与竞争法》第 1301 ~ 1303 节的全部内容，包含“一般 301 条款”（关于不公平措施）、“超级 301 条款”（关于贸易自由化）和“特别 301 条款”（关于知识产权）。

《1974 年贸易关税法》中第“301 条款”的主要含义是保护美国在国际贸易中的权利，是对其他被美国认定为贸易做法“不公平”、“不公正”或“不合理”的国家进行报复。根据这项条款，美国可以对它认为是“不公平”的其他国家的贸易做法进行调查，并可与有关国家政府协商，最后由总统决定采取提高关税、限制进口、停止有关协定等报复措施。在这一过程中，美国贸易代表可以不顾美国国内其他法律及国际条约准则的任何规定。该法另外设立“201 条款”，即“紧急保障措施条款”，允许美国政府征收惩罚性高额关税，在贸易争端中保护美国利益。

1988年，美国国会通过《1988年综合贸易与竞争法》对“301条款”作了修改，增设了“超级301条款”和“特别301条款”。“超级301条款”主要是针对限制美国产品和劳务进入其市场的国家，条款规定，从1989年开始，美国政府必须确定一些在实行“自由贸易”方面做得不让美国政府满意的国家，在每年的4月30日前确定一份名单，并与对方展开谈判，迫使对方在规定的期限内（一般为一年）采取开放市场的政策。否则，美国就会单方面对其展开贸易报复。

“特别301条款”是针对那些对知识产权没有提供充分有效保护的国家。“特别301条款”设立的目的是保护美国的版权、专利和商标。美国认为，一些国家大量复制或者仿制美国生产的药品、书籍、音像资料、计算机软件等知识产品，从而影响了美国的经济利益。该条款也要求美国政府在每年4月30日前必须确定一些在保护美国的知识产权方面做得不让美国政府满意的国家，公布其名单，并要求这些国家在一定时间内通过谈判与美国解决纠纷，否则会对其采取报复行动，主要是对这些国家向美国出口的产品征收高额关税。

美国贸易法中的“301条款”具有以下几个特点：第一，启动标准低。“301条款”启动贸易保护程序，并不需要外国贸易政策对美国商业造成实质的损害。第二，应用范围广。“301条款”涉及货物贸易、服务贸易、直接投资和知识产权各个领域。第三，应用地域广。它可被用于外国对美国商业利益在第三国市场上造成损害的情形。第四，报复措施多样。“301条款”赋予了美国贸易代表广泛的贸易报复手段。第五，报复迅速。依据《1988年综合贸易与竞争法》规定的“301条款”程序，美国可以在多边贸易机制准许其报复之前，对相关贸易伙伴进行报复。第六，与多边国际贸易争端机制存在程序性冲突。美国的“301条款”产生于关税与贸易总协定时期。根据《关税与贸易总协定》第23条的规定，发生贸易争端的国家应遵守《关税与贸易总协定》的争端解决机制。在冲突解决前，缔约方不会受到报复。而美国的“301条款”则允许美国政府先于多边贸易争端解决机制实施报复，因而它置美国国内法于国际法之上。

美国一方面利用广阔的国内市场和优惠条件吸引其他国家与美国发展贸易往来，另一方面又借助“301条款”的贸易制裁相威胁，迫使贸易伙伴接受美国的条件和标准。2023年4月26日，美国贸易代表办公室（USTR）发布了关于美国贸易伙伴保护和执行知识产权充分性和有效性的2023年《特别301报告》。《特别301报告》是对全球知识产权保护和执法状况的年度回顾，由美国贸易代表办公室基于对全球100多个国家具体状况进行研究并结合利益相关方的调查结果制作而成，并将29个贸易伙伴列入优先观察名单（Priority Watch List）或一般观察名单（Watch List）。2023年，中国再次被列入“优先观察名单”，这是中国连续第19年被列入“优先观察名单”。报告中提出中国的知识产权保护和执法仍然存在许多严重问题。例如，2022年，中国针对知识产权问题的改革步伐有所放缓。美国对中国措施的充分性和有效实施以及技术转让、商业秘密、恶意商标、假冒、网络盗版和地理标志等长期存在的问题表示担忧。此外，美国表示对中国将知识产权与市场支配地位联系起来的做法表示强烈关注。除中国外，报告还将阿根廷、智利、印度、印度尼西亚、俄罗斯、委内瑞拉6个国家列入“优先观察名单”，并称与这些国家展开密集的双边接触是未来的主题。

2.4 南美洲

2.4.1 光伏相关政策

1. 总体情况

南美洲（South America）位于西半球、南半球，是陆地面积第四大的大洲，南美洲人口有4亿多，世界排名第五，主要国家有巴西、阿根廷、智利、哥伦比亚等。南美洲各国经济发展水平和经济实力相差悬殊。巴西和阿根廷为经济最为发达的国家，加之委内瑞拉、哥伦比亚、智利和秘鲁，六国国内生产总值占全洲的90%以上。

随着美国光伏市场的增速放缓，巴西等国家的光伏产业迅速崛起。巴西、智利等国将净计量电价引入光伏定价机制。阿根廷等国还成立了可再生能源发展基金，对太阳能电池等先进技术创新给予公共资金支持。哥伦比亚等国启动了输电线路和电网改造升级工作。巴西等国家由于并无完整的供应链体系，主要通过免征电池、组件、逆变器和跟踪器的进口关税来推动国内太阳能产业发展。

近年来，南美国家财政赤字高挂，为调节基础设施建设需求与财政赤字之间的矛盾，南美国家纷纷出台PPP法案，并制定了大量财税优惠政策，以吸引外资。大部分南美国家采用税收减免政策，这些税收政策的利用，可极大地提高项目收益水平。比如阿根廷、哥伦比亚、乌拉圭、智利等国家采用了免除增值税政策；巴西、智利等国家免除了燃料税；阿根廷、乌拉圭等国家免除了所得税；阿根廷、巴西、厄瓜多尔等国家减免了进出口税等。阿根廷、哥伦比亚等国家还实施了加速折旧的政策鼓励可再生能源的发展。此外，南美洲还有许多国家成立了公共基金，为可再生能源项目提供长期低息贷款，支持能源的可持续发展，并提供能源效率及清洁技术研究的经费。

2. 巴西

巴西全年光照充足，太阳能资源丰富，是建设太阳能光伏电站非常理想的区域。巴西能源研究机构（EPE）预计到2022年，巴西安装屋顶光伏发电系统将达1.4GW。同时，巴西计划到2024年将其光伏发电装机规模增至7GW，约占总发电量的3.3%；到2050年，这个比例将达到18%。

目前巴西的水力发电仍占重要比重，不过世界范围内环境保护的呼声越来越高，在雨林区域新建水电站越来越难，而巴西城市化进程需要更多电力供应。为了满足电力需求，巴西政府为光伏企业提供了一系列优惠政策，如提供低息贷款、免征进口税等。近几年已经有中资企业进入巴西市场，建设了一些电站项目。不过，巴西的税收、劳工、法律政策比较复杂，政治、经济形势也不太稳定，这些都是需要考虑的因素。

受中长期减排目标和可再生能源竞争力持续提升的激励，近年来，巴西发展可再生能源意愿强烈。2021 年 12 月 15 日前后，巴西能源监管机构 Aneel 批准了一项针对多能互补电站的新法规，希望通过不断完善相关法律和监管体系，促进以风电、光伏发电为代表的可再生能源发展。据悉，巴西此次发布的新法案首先界定了多能互补电站的能源种类范围，明确支持以风电、光伏发电两种能源类型为主的电站，同时允许水电、热电厂的加入，鼓励不同能源组合协同发展，促使巴西更好地利用可再生能源。此外，新法案还颁布了此类电站的电价制定机制、电网准入门槛、售电合同的签订规则、过网费以及相关缴税优惠政策等。

2022 年 1 月，巴西政府出台新法规，为该国的分布式光伏电价引入新的定价机制。在此框架中，低于 5000kW 的光伏系统在 2045 年之前都将引入净计量电价。根据新法规，2045 年前，巴西境内装机容量低于 5000kW 的分布式光伏系统都将采用“净计量电价”。巴西太阳能协会执行主席 Rodrigo Sauaia 表示，新法规加强了巴西对分布式光伏系统的监管，以及政策实施的稳定性。未来，巴西分布式发电在总发电量中所占比例将越来越高，将逐步超过公用事业规模的光伏系统发电量。

进入巴西光伏市场先要取得认证，巴西的认证标准为 ABNT NBR 16149 & 16150&62116，小于 10kW 的逆变器需要列名（INMETRO LIST）。INMETRO 是巴西的国家认可机构（Accreditation Body），负责制定巴西国家标准。巴西的产品标准大部分以 IEC 和 ISO 标准为基础，需要把产品出口到巴西的制造商在设计产品时应该参考这两套标准。凡符合巴西标准及其他技术性要求的产品，必须加上强制性的 INMETRO 标志及经认可的第三方认证机构的标志，才能进入巴西市场。

3. 阿根廷

阿根廷计划到 2025 年，使可再生能源在国内能源结构中的比重达到 20%，有望成为南美最具吸引力的可再生能源市场。为了实现该目标，未来几年阿根廷预计将进行一系列可再生能源的拍卖，预计到 2025 年，将拍卖 1000 万 kW 可再生能源。2016 年 10 月，阿根廷政府通过竞争性拍卖发行了 110 万 kW 的可再生能源项目，包括40 万 kW 的太阳能项目。2017 年 11 月，阿根廷政府授予 1408MW 发电容量的项目，并承诺将容量扩至 2000MW，预计可再生能源项目的投资额将达 25 亿 ~30 亿美元，其中 556. 8MW 来自太阳能。为了支持阿根廷这项 RenovAr 方案下的清洁能源项目，世界银行批准了一项 2. 5 亿美元的新担保方案，以促进该国自然资源的可持续利用开发。同时，阿根廷政府发行国库债券达 44. 98 亿元，用于成立可再生能源发展基金 Foder，为阿根廷可再生能源项目提供资金支持。

4. 智利

智利政府提出了煤炭退役计划，根据智利《2012—2030 年国家能源发展战略报告》，未来将着力发展水电和非传统可再生能源（生物质能、风能、太阳能），预计产能将翻番达 48GW，可再生能源将占能源结构的 58%，光伏将占新增产能的 2/3，至 2040 年将达 19GW。

智利目前的光伏政策主要包括招标、净计费、税收减免、公共太阳能屋顶计划等。其中净计费政策适用于 100kW 以下的小型项目，财政部通过资金补贴的形式来鼓励可再生能源的发展，而公共太阳能屋顶计划则由智利能源部推动，旨在节省公共建筑的能源使用成本。该计划会优先考虑辐射率更高、电价更高的地区。

智利电力系统经过从 1978 年开始到 1982 年结束的彻底改革，从发电、输电、配电，到电力交易，全部私有化运作，政府负责制定能源政策，管理电力市场的各类交易，不介入企业经营行为。国家电力委员会（CNE）负责用电招标和线路特许经营权授予等，并拥有一套科学、即时、全自动验算的定价系统，根据电网用电需求，按边际成本从低到高顺序上网，通常优先级顺序为：径流式水电→水库式水电站→光电→风电→煤电→天然气→液化天然气→柴油。计价及支付机制总体为：美元计价、比索支付模式，新能源竞拍标的为：电量（20 年）、容量（20 年）。

2.4.2 知识产权相关政策

由于存在经济和技术发展相对落后，法律制度相对不完善，以及政府执法力度不足、执法权受行政干预压制等问题，南美地区知识产权保护情况普遍不理想。

1. 巴西

巴西建立了较为完备的知识产权制度，其相关法律基本与国际接轨。巴西的知识产权法律涵盖发明和实用新型专利、工业品外观设计、商标、著作权（含计算机软件）、地理标志、植物新品种、集成电路布图设计等知识产权种类。巴西关于专利、工业品外观设计、商标、地理标志的立法都在《工业产权法》中，著作权和植物新品种则单独立法。

巴西国家工业产权局（Instituto Nacional da Propriedade Industrial，INPI）隶属于巴西经济部（Ministério da Economia），负责发明和实用新型专利申请的审查和授权，以及商标、计算机软件、地理标志、集成电路布图设计等知识产权的登记注册。

在知识产权侵权救济方面，巴西知识产权权利人有权阻止第三方的任何侵权行为，其维权措施主要包括：①自力救济，向侵权行为人发送警告函。②行政救济，行政保护措施（含海关保护措施）。③司法救济，主要包括民事诉讼和刑事诉讼。前述维权措施各有侧重，侵权救济的效果有所不同。自力救济中的警告函是具有战略性和象征性特征的救济措施，不具有强制力。通过行政救济，权利人可自行或通过行业组织向联邦警察局等部门申请调查侵权行为。针对进出口过程中的侵权假冒行为，权利人可以向海关部门申请保护，但巴西海关尚未建立覆盖全国范围的知识产权海关保护系统，且海关保护措施主要打击商标、软件、著作权侵权行为，保护力度有限。司法救济中的诉讼具有威慑力和强制力，但诉讼存在索赔程序烦琐、耗时较长、成本较高等问题。

巴西的知识产权案件分别由联邦法院和州法院管辖，针对国家工业产权局的行政诉讼由联邦法院管辖，其他案件在州法院起诉。根据巴西《工业产权法》第241条中规定，允许司法机构设立特别法庭审判有关知识产权案件的权力。里约热内卢州设立了专门法院处理与商标和专利相关的一审和上诉案件。

2. 阿根廷等四国政策

阿根廷、智利、秘鲁和委内瑞拉均制定了本国的工业产权法、著作权法，设立了相关主管单位，均加入了《巴黎公约》以及《TRIPs协定》；除委内瑞拉和阿根廷外，其他两国加入了《专利合作条约》（PCT）。

四国的专利类型均包括发明专利、实用新型专利以及外观设计专利，专利申请语言均为西班牙语。对于实用新型专利，均只要求新颖性及实用性。阿根廷的外观设计专利保护期限为15年，其他国家为10年。中国申请人在当地提交专利申请需委托代理机构，但各国要求有所不同，而且在委托代理机构签署委托书时，各国要求也不尽相同。其中在阿根廷、委内瑞拉签署委托书时，需经申请人签署后进行公证，并需要经大使馆认证，而智利、秘鲁则仅需申请人签署即可。同时，在上述几个国家申请专利时，如发明人并非申请人，则需发明人签署转让协议。在审查程序方面，专利申请形式审查合格公布后有一个专利异议期，在此期间，任意第三方可提出异议程序。

就商标而言，传统的文字和图形都可以作为商标获得注册，人名、公司名称或者商号、广告标语或者口号，通常也以文字的形式出现，作为商标在前述五国获得注册，但是未经本人许可使用其人名注册商标的行为是被禁止的。广告标语和口号在以上四国都可以注册，而在中国则往往由于缺乏显著性被驳回。对于三维标志，除智利以外，在其他三国都可以注册；颜色组合标志，在阿根廷、秘鲁都可以作为商标注册，不过，在秘鲁注册颜色组合商标，要求颜色组合要有轮廓；声音商标只有在秘鲁才能注册；气味作为新型的标志，只有在秘鲁才可将其作为商标注册。地理标志在委内瑞拉的商标法中没有明确规定，而在秘鲁，地理名称是不可以作为商标申请注册的；集体商标，除在智利和委内瑞拉没有明确规定以外，在其他两国属于可注册的商标类型。虽然智利也允许“一标多类”的注册申请，但是智利商标法要求商品和服务不可以共存于一件申请中，其他国家尚未实行“一标多类”的注册申请。

3. 防范措施

虽然近年来南美地区在促进知识产权保护、提高公众保护意识方面有所进步，但在知识产权保护和执法方面仍存在诸多问题，不利于知识产权密集型产业的发展。在专利申请和授权方面，南美各国存在保护范围、期限、审查时间长等问题。例如，阿根廷不对审查中的专利提供保护，而是从专利授权日开始提供保护。在知识产权执法方面，南美国家政府的知识产权执法效力仍显不足。例如，阿根廷存在警察行使职权不力、起诉拖延、案件手续繁多的问题，即便在最终审判阶段，侵权者也难以受到有威慑作用的处罚。

鉴于南美地区知识产权保护不力，进入南美地区的企业应当高度警惕知识产权问题，并采取有效的防范措施。

（1）对于即将在南美地区销售或提供的产品，积极获取知识产权，包括商标权、专利权、外观设计或著作权，并履行一定的手续，如著作权登记。

（2）执行南美地区的一些特殊的知识产权保护要求，例如有些南美国家要求已取得专利权或商标注册的产品必须在产品或其包装上清楚标注，否则不利于侵权处理。

（3）积极利用知识产权海关登记，向海关部门提供所有必要的信息（例如知识产权产品特征，授权进口商/出口商和商业化渠道等），以便于假冒产品的查验。

（4）与熟悉并掌握本地市场和法规的当地代表和律师紧密合作，规划全面而有效的策略。

（5）预先委托当地律师监控产品情况，以便其发现侵权问题时，能够迅速针对侵权及时采取措施。

（6）与其他知识产权权利人联合，共同应对知识产权问题等。

2.5　东南亚

2.5.1　光伏相关政策

1. 整体情况

东南亚清洁能源种类多样，水能、地热、太阳能、风能、潮汐能资源丰富。东南亚各国致力于发展可再生能源，在东盟（包括文莱、柬埔寨、印度尼西亚、老挝、马来西亚、缅甸、菲律宾、新加坡、泰国和越南）和各国层面都制定了可再生能源发展目标，如表2-12所示。东盟在《东盟能源合作行动计划（2016—2025）》（APAEC 2016—2025）中提出，到2025年可再生能源在一次能源供给结构中的占比达到23%和可再生能源装机占比达35%，能源强度较2005年水平降低30%。现阶段东盟各国也在国家能源规划和政策中设置了可再生能源发展目标。各国制定的发展目标中，老挝、菲律宾、印度尼西亚、柬埔寨、缅甸和泰国等可再生能源资源丰富的国家的发展目标均高于东盟总体目标，而文莱、越南等国基于本国可再生能源发展情况，所制定的发展目标低于东盟总体目标。据东盟能源中心（ACE）估计，在各国都充分实现其国家能源效率和可再生能源目标的情景下，到2040年可再生能源的装机总量将达到37%，其中光伏将是所有电力中发展最快的一种，年均增长率将达到10.4%。

表 2-12　东盟十国的可再生能源目标

国家	官方目标
文莱	到 2035 年，可再生能源发电量占总发电量的 30%
柬埔寨	到 2030 年，水电占装机总量的 55%，生物质和太阳能分别占 6.5% 和 3.5%
印度尼西亚	提高新能源和可再生能源在一次能源供应中的份额，到 2025 年达到 23%，到 2050 年达到 31%
	从 2021 年到 2030 年，可再生能源占新增发电量的 52%
老挝	到 2025 年，可再生能源占一次能源消费总量的 30%
马来西亚	到 2025 年，可再生能源占装机总量的 31%
缅甸	到 2025 年，可再生能源占装机总量的 20%
菲律宾	到 2030 年，可再生能源装机容量达到 1500 万 kW，其中新增光伏 28.4 万 kW，地热 149.5 万 kW
新加坡	到 2030 年，可再生能源装机容量达到 2GW
泰国	到 2037 年，可再生能源占终端能源消费总量的比例达到 30%
	到 2037 年，将可再生能源发电装机容量占比提高到 36%，可再生能源发电量占比提高到 20.1%
	到 2036 年，将可再生能源在交通燃料消耗中的份额提高到 25%
越南	到 2030 年，可再生能源在一次能源供应总量中的份额达到 15%～20%，2050 年达到 25%～30%
	到 2030 年，太阳能光伏和风能装机容量为 31～38GW
	到 2030 年，海上风电装机容量为 4GW，到 2045 年为 36GW

尽管东南亚各国政府已承诺减少对化石燃料的依赖，并设定了实现“碳中和”的目标。但由于东南亚各国对化石能源依赖程度高、清洁能源发展目标实现难度大，国际能源署表示，这些国家目前的政策可能无法帮助其实现目标。

东盟各国制定了多种支持政策和激励机制，鼓励可再生能源发展，实施清洁化转型，如表 2-13 所示。基于不同国情和可再生能源市场成熟度，各国还实施了上网电价、竞标/拍卖、自消费方案、优惠贷款、资本补贴等激励措施。

表 2-13　东盟十国的可再生能源支持政策和激励机制

国家	可再生能源发展目标	上网电价	自消费方案	竞标/拍卖	税收激励	优惠贷款	资本补贴	绿证
文莱	√							
柬埔寨	√			√				

续表

国家	可再生能源发展目标	上网电价	自消费方案	竞标/拍卖	税收激励	优惠贷款	资本补贴	绿证
印度尼西亚	√	√	√	√	√	√		
老挝	√				√			
马来西亚	√	√	√	√	√	√		
缅甸	√				√			
菲律宾	√	√	√		√			√
新加坡	√		√	√	√			
泰国	√	√	√	√	√	√	√	
越南	√	√	√		√			

印度尼西亚、泰国、菲律宾等国主要通过税收减免、固定价格售卖、电力折扣和降低安装价格等措施最大限度地推动分布式光伏项目。此外，越南、新加坡等国还积极布局漂浮式光伏项目，充分挖掘水面光伏发展的潜力。

随着太阳能在全球范围内的成本竞争日益增强，越南等国通过设置价格上限开发平价项目等方式逐步降低了对光伏项目的经济激励。马来西亚等为加强太阳能产业与电力市场整合，采用 FIP 制度对 FIT 政策进行了替代。越南、菲律宾等积极引入 PPA 机制，用以激励国内电力消费者购买绿电，以此助力无补贴光伏项目的发展。

此外，菲律宾、泰国、印度尼西亚、马来西亚等对东南亚之外的外商直接投资施加了相关限制。

2. 印度尼西亚

印度尼西亚（以下简称印尼）是世界第四人口大国，也是东盟十国中经济规模最大的国家。根据《巴黎协定》，印尼承诺到 2030 年将温室气体（GHG）总排放量限制在 20.3×10^{8}t，到 2060 年实现零碳排放。同时，印尼政府承诺将可再生能源份额从目前的 13% 提至 2025 年的 23%、2050 年的 31%。2021 年 5 月 7 日，印尼国家电力公司（PLN）宣布 2023 年后不再新建燃煤电厂。

根据印尼《2021—2030 年国家电力发展规划》（RUPTL），到 2030 年印尼将实现 4.5GW 的新增光伏电站（不含屋顶光伏）。印尼有 2246 座使用年限超过 15 年的柴油发电机组（1778MW），印尼能源和矿产资源部（MEMR，以下简称印尼能矿部）计划到 2026 年使用光伏 + 储能全部替代上述老旧柴油发电机组。

印尼能矿部对可再生能源项目 PPA 电价机制的改革也在敲定当中。由于当前的定价基准仍然以区域电价 BPP 为准，因此项目所在地的选择仍然是投资方考虑的重要因素，像爪哇、巴厘和苏门答腊等电力消费中心，由于煤电占主流使得区域电价偏低而妨碍了可再生能源发展。目前印尼政府正在积极制定政策，将可再生能源电价改为上网电价补贴模式，这将对可再生能源投资者带来更大的吸引力和更高的利润空间。

为支持以上可再生能源目标和开发措施，印尼政府从监管角度采取积极举措，旨在有效提升清洁能源的利用率，以吸引对可再生能源的投资。

一是放宽了以下电力行业投资的所有权，允许100%外资控股：①容量超过1MW的各类能源发电（容量低于1MW的仍然禁止外商投资）；②输电；③配电。二是给予屋顶光伏扶持政策。印尼的屋顶光伏潜力为32.5GW，印尼政府计划2025年装机容量达到3.6GW。为实现这一目标，印尼能矿部颁布新规，进一步放松了对屋顶光伏开发商将太阳能发电设备出租给消费者并收取租金作为相关电费的监管。同时，将余电上网计量系数从此前的65%上调为100%，以大幅度降低消费者电费负担。三是明确了新能源和可再生能源的采购路径。2020年8月，印尼国家电力公司（PLN）颁布条例，规定了向新能源和可再生能源发电厂购电的程序、要求和技术采购文件。可再生能源行业的独立发电厂（IPP）首先要通过资格预审进入供应商名单，再通过公开招标获得可再生能源发电资格。四是商业模式更加有利于降低成本。不同于传统电力的购买必须通过"建设、拥有、经营和转让"方式完成，印尼政府允许可再生能源电力IPP与印尼国家电力公司（PLN）谈判后，采用"建设、拥有和经营"模式，购电协议到期之后，IPP不必向PLN转让项目。因此，项目用地可以采用租赁方式而非购买方式，这可能会降低投资成本，提高项目的盈利能力。

2.5.2 知识产权相关政策

2.5.2.1 知识产权战略规划

东南亚各国是"一带一路"海上丝绸之路沿线的重要国家。1995年12月，东盟各国共同签订了《东盟知识产权合作框架协议》，并成立了东盟知识产权合作工作组，旨在促进区域知识产权发展与合作，在尊重和承认各国知识产权保护独有性的基础上，同意建立区域性知识产权规则。

新加坡、马来西亚、文莱和越南四国加入了《跨太平洋伙伴关系协定》（*Trans-Pacific Partnership Agreement*，TPP），《跨太平洋伙伴关系协定》是目前重要的多边国际经济组织，TPP十分重视贸易中对知识产权的保护，并且很多规定与中国关于知识产权的规定不一致。中国与新加坡、马来西亚、文莱和越南四国的经济贸易过程中将无法撇开TPP给中国带来的负面影响。

在"一带一路"建设中，中国与东盟各国的经贸合作越发紧密频繁，但因为成员国各自发展水平差异较大，中国与东盟各国的关系各有侧重。2002年11月，中国和东盟在柬埔寨金边签订了《中国—东盟全面合作框架协议》，该协议指出要将知识产权合作摆在更加突出、重要的位置上。为落实该协议，中国与东盟在2004年11月签订了《中国—东盟全面经济合作框架协议争端解决机制协议》，该协议明确了中国与东盟之间的知识产权争端的磋商、协调与仲裁流程，但并未从法律协调层面明确规定知识产权争端的解决机制。为弥补这一不足，《中国—东盟知识产权领域合作谅解备忘录》和《中国—东盟关于技术法规、标准和合格评定程序谅解备忘录》于2009年生效。

《区域全面经济伙伴关系协定》（以下简称RCEP）于2022年1月1日正式生效实施，RCEP的15个成员国包括东盟十国，以及中国、日本、韩国、澳大利亚、新西兰。RCEP采用关税“统一减让”和“国别减让”模式，并通过简化通关手续和发展跨境电子商务的方式促进货物贸易自由化、便利化，区域内90%以上的货物贸易最终将实现零关税，中国1/3的对外贸易将实现自由化。

由于知识产权是RCEP内容最多、篇幅最长的章节，而RCEP也是我国迄今已签署自贸协定所纳入的涉及知识产权内容最全面的协定，因此我国企业在与RCEP成员国进行贸易时，首先要特别关注RCEP知识产权章节中相关内容。该章节内容涵盖了著作权、商标、地理标志、专利、外观设计、遗传资源、传统知识和民间文艺、反不正当竞争、知识产权执法、合作、透明度、技术援助等广泛领域。有专家指出，RCEP知识产权章节是在《TRIPs协定》基础上，对区域内知识产权整体保护水平的全面提升，因此企业在进行贸易活动时务必要了解该框架下的“游戏”规则。

为帮助我国相关产业和企业在享受RCEP红利的同时，更好地应对来自RCEP的更高标准、更严规则和更强竞争，2022年1月24日，商务部、发改委、工信部、人民银行、海关总署、市场监管总局联合印发了《关于高质量实施〈区域全面经济伙伴关系协定〉（RCEP）的指导意见》，围绕RCEP知识产权、电子商务、货物贸易、服务贸易等领域的开放承诺与规则，提出推动贸易投资高质量发展、提升产业竞争力、推进国际标准合作、提升营商环境等重点任务，为地方和企业有针对性对接协定各领域规则提供全面指引。

2.5.2.2 知识产权相关法律法规

因东盟各国历史、文化和社会发展等的不同，知识产权法律制度也存在较大差异。在专利保护方面，东盟国家已经全部加入WIPO和WTO，除缅甸外的其他9国已经是《专利合作条约》《保护工业产权巴黎公约》缔约国，新加坡、文莱及2017年新加入的柬埔寨都是《工业品外观设计国际注册海牙协定》的成员国。在商标保护方面，除马来西亚和缅甸外的8个成员国都成为《马德里协定》的缔约国。

新加坡的知识产权保护水平在全球领先，但柬埔寨、老挝、缅甸等国作为最不发达国家，在知识产权保护方面还存在较大差距。

从保护客体来说，新加坡、缅甸、文莱仅保护发明，不保护实用新型，外观设计单独立法保护；菲律宾、越南、柬埔寨、老挝、泰国均进行保护，印尼和马来西亚通过专利法保护发明和实用新型（印尼称其为简单专利），外观设计另行立法保护。各国专利的保护期限也不尽相同。东盟十国均建立了商标制度和版权保护制度。

以专利保护和侵权执法情况为例，新加坡拥有专门的专利权法对侵犯专利权行为进行判决。泰国有由知识产权局、警方联合成立的国家专利委员会，可对侵权者的侵权行为进行处理。印尼则设立了知识产权总署，被侵权者可以在知识产权总署对专利侵权行为进行申诉，向商业法院提出上诉。菲律宾成立了处理侵权问题的国家专利委员会，由法院根据本国专利法规定的侵权行为进行判决，再由知识产权局公布并登记侵权行为，情节严重的须负刑事责任。越南知识产权案件采取联合办案形式，由法院、知识产权局、海关、警察机关等来处理侵犯知识产权的行为。在马来西亚、文莱、柬埔寨，人们可以对侵权行为提起诉讼。老挝的专利纠纷处理方式主要包括仲裁调解、行政协助、通过处理委员会对经济纠纷进行补救、通过法院诉讼方式解决国际争端。缅甸于2019年3月通过新《专利法》，在商务部下设知识产权局，大力改善知识产权政策环境。由此可见，中国企业在进入东盟国家时应该提前了解不同国家的知识产权法规以避免触犯，当被侵权时也能及时进行维权。

第3章　光伏产业专利分析

本章主要基于专利数据库，结合光伏行业各技术分支的关键词和IPC/CPC分类号，建立专利检索策略，对光伏产业专利申请情况进行分析。针对同一申请人基于标准申请人为统计口径进行申请人的专利分析。数据检索范围是2000年1月1日—2022年12月31日公开的发明和实用新型专利。本章具体包括光伏产业专利总体情况、光伏重点技术专利情况、标准与专利融合情况三个部分。

3.1　光伏产业专利总体情况

本节将对光伏行业专利总体情况进行分析，构建光伏产业整体检索式，涵盖光伏产业相关技术，包括原材料、电池片、光伏组件、逆变器以及光伏支架五个主要技术分支[1]。对同一申请号的公开文本和授权文本进行合并处理，最终确定的专利总申请量为366557件，其中在中国公开的有182392件。

3.1.1　全球光伏专利分析

3.1.1.1　申请趋势分析

全球光伏行业专利中，发明专利申请量为265895件，占比72.5%；实用新型专利为100662件，占比27.5%。全球及我国申请人近23年（2000—2022年）光伏专利申请趋势如图3-1所示[2]，主要专利来源国的专利申请趋势如图3-2所示。

从图3-1可以看出，全球范围的光伏行业专利申请趋势可分为四个阶段，具体如下：

1. 早期（2006年以前）

光伏的历史始于1839年光生伏特效应的发现。直到1954年，美国贝尔实验室研制出光电转换效率达6%的晶体硅光伏电池，光伏电池才开始具备实用价值。1997年，《联合国气候变化框架公约的京都议定书》获得通过，该法案要求缔约国根据本国情况采取控制温室气体排放的措施，并推进研究和开发使用新能源和可再生能源的创新技

[1] 相关检索要素详见附录光伏行业总体情况专利检索要素表。

[2] 其中2022年的数量下降，原因在于截至检索时间，部分在该年份申请的专利文献还未公开，该年专利申请量并非完整数据，在此仅列出不做分析。

术，为新能源产业的发展带来了机遇。

在这个阶段，全球专利年申请量均低于5000件，增长十分缓慢，处于缓慢发展期。由图3-2可以看出，日本在光伏领域早期表现突出，2006年以前年专利申请量均占当年全球申请量的四成以上，领先于全球其他国家。除日本外，美国和德国在早期也进行了一定的专利布局，而我国的专利布局起步明显落后于全球趋势，年申请量在2003年刚刚突破百件。

2. 快速发展期（2007—2011年）

2004年，德国对《可再生能源法》进行了修订，完善了上网电价补贴政策，随后欧洲各国相继出台光伏政府补贴政策，刺激了全球光伏市场需求的爆发式增长。在政策引导和市场需求的双重驱动下，2007—2011年全球范围专利申请量快速增长，该阶段申请量年均复合增长率达38.2%。

从图3-2看，日本、美国、韩国和德国的专利申请量在2011年达到了历史最高值，其中日本仍保持领先地位。我国在这个阶段的专利申请量经历了超高速增长，年均复合增长率高达71.2%，为我国融入全球发展趋势进行了技术储备。在此阶段，我国年专利申请量与日本的差距逐渐缩小，并于2012年超越日本，开始成为光伏行业专利申请量最多的国家。

3. 退潮洗牌期（2012—2013年）

2012—2013年，全球专利申请量出现明显下滑。其中，2013年全球申请量增长率低至-16.6%，我国申请量也出现了负增长（-12.35%）。这一期间，受欧美债务危机的影响，欧美经济持续低迷，欧洲各国对光伏市场的补贴政策大幅削减，光伏市场容量萎缩，欧洲新增装机量在2012年出现近10年来首次下滑，并在2013年继续大幅度下滑。同时，2012年欧美针对我国出台了一系列的“反倾销和反补贴”政策，我国光伏企业失去了产业链中的成本优势，大量依赖出口欧美市场的企业停产倒闭。前期光伏行业的爆炸性增长亦导致了阶段性产能过剩，产品价格大幅下滑，几乎全行业陷入亏损，全球光伏行业面临退潮与洗牌。

4. 平缓发展期（2014—2021年）

为了抵御欧美“双反”政策的影响，激发我国国内市场的有效需求，从2013年6月开始，我国政府陆续出台了光伏“国六条”、《国务院关于促进光伏产业健康发展的若干意见》等政策，提出进行产业调整和升级，大力推广分布式光伏，完善电价和补贴政策，以支持国内光伏产业健康发展。在我国政府的大力支持下，我国生产厂商逐渐走出困境，开始接过主导光伏产业发展的接力棒，赶超日韩和欧美厂商，带动全球光伏产业进入第二轮的成长期。从图3-1可以看出，全球专利申请量从2014年开始恢复平缓增长，光伏行业开始复苏。结合图3-2可知，日本、美国、韩国和德国的专利年申请量在该阶段仍然呈下降的趋势，这与一些日本和欧美厂商开始陆续退出光伏市场有关；全球专利申请量的增长主要来源于我国的申请，我国年专利申请量占全球的比例从2014年的40.8%逐渐上升至2021年的82.6%，成为光伏行业专利申请的主导力量。

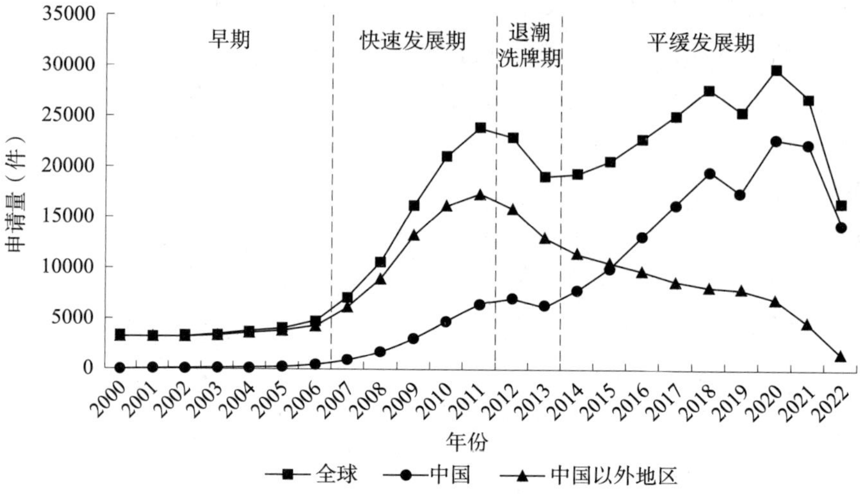

图3-1　全球及我国专利申请趋势

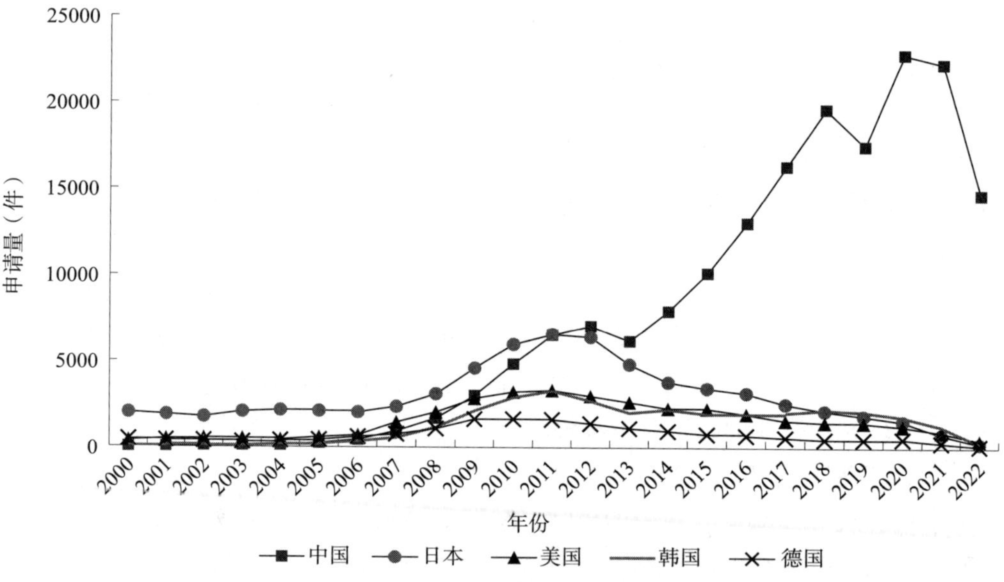

图3-2　主要来源国专利申请趋势

3.1.1.2　地域分析

1. 主要来源国

从技术来源角度来看，我国光伏产业的专利申请量为175458件❶，占全球光伏专

---

❶ 本章涉及中国的申请数据均不包括港澳台地区。

利申请量的近一半（47.9%），是全球专利申请量最大的来源国，如图3-3所示。日本在光伏领域起步较早，早期便有许多大型公司集团（例如夏普公司、三菱公司、信越公司等）在光伏行业进行密集专利布局，因此日本申请量占到全球光伏总量的19.1%，位列第二。再次是美国，申请量占到全球光伏总量的9.8%。中国、日本、美国、韩国和德国作为最主要来源国，其专利申请量合计占全球专利申请量的九成（90.1%）。

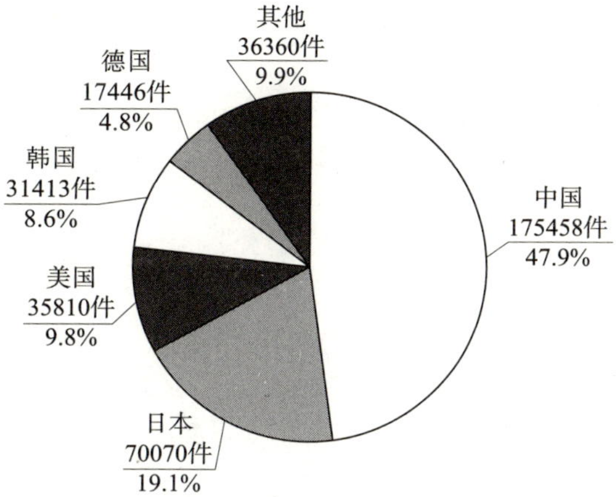

图3-3 主要来源国的专利申请量及占比

2. 主要公开国及地区

申请人在某个国家或地区的专利布局情况与申请人对该国或地区市场的重视程度密切相关。从图3-4可知，在中国的专利公开量最多，占到全球专利公开量的近一半（49.8%）；其次是日本，占到全球专利公开量的11.9%；再次是美国，占到全球专利公开量的9.4%。上述三个国家的专利公开量占到全球公开专利量的七成（71.1%）。

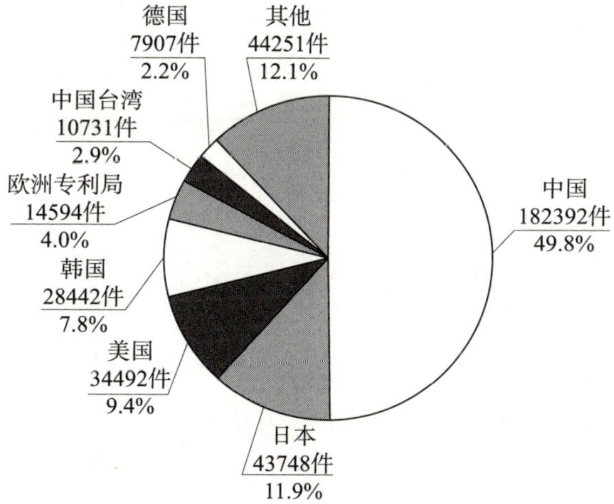

图3-4 主要公开国及地区的专利公开量及占比

3. 各国域外布局情况

主要技术来源国的域外布局情况如图 3－5 所示，其中域外布局占比 = 某国域外申请量/该国总申请量。作为欧洲专利组织的成员国，德国域外布局占比高达 68.3%。美国和日本在域外布局力度也很大，域外布局占比分别达到 59.9% 和 46.7%。韩国申请人也进行了一定的域外布局，其域外布局占比为 29.8%。虽然我国是全球专利申请量最大的来源国，但我国申请人主要在国内布局，域外申请量仅有 6122 件，域外布局占比仅为 3.5%。

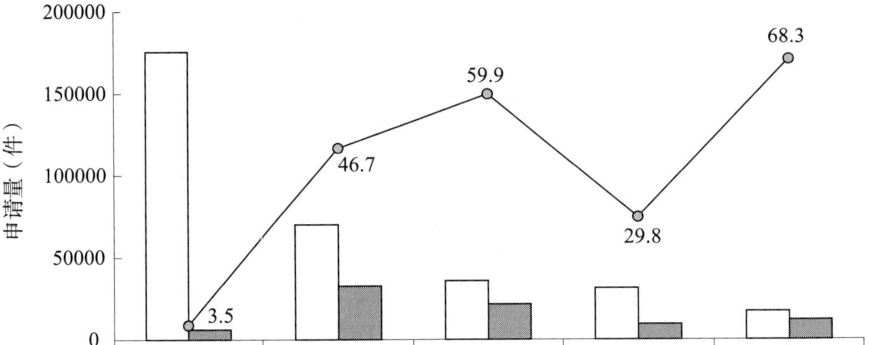

技术来源国	中国	日本	美国	韩国	德国
□ 总申请量（件）	175458	70070	35810	31413	17446
■ 域外申请量（件）	6122	32710	21434	9366	11918
—○— 域外布局占比（%）	3.5	46.7	59.9	29.8	68.3

图 3－5　主要技术来源国的域外布局情况

3.1.1.3　主要申请人排名分析

全球专利申请量排名前 20 的申请人如图 3－6 所示。图 3－6 显示，光伏领域最主要的创新主体是企业。光伏龙头企业充分利用专利布局抢占技术制高点，控制核心技术和产品市场。韩国有乐金集团和三星集团两家企业入榜，其中乐金集团的专利申请量超过 6000 件，位列第一。日本企业的专利申请表现优异，有 13 家日本企业入榜；其中日本的夏普公司、三菱公司、信越公司、三洋公司和松下集团的专利申请量均在 2500 件以上。阿特斯、隆基股份和晶科能源三家中国企业入榜。此外，美国的 SunPower 公司和德国的瓦克公司也进入榜单。

3.1.1.4　主要技术分支情况分析

本节对全球光伏行业的总体技术构成进行了分析，包括原材料、电池片、光伏组件、逆变器、光伏支架五个主要技术分支。

1. 主要技术分支专利申请量及类型分析

全球光伏行业各主要技术分支的专利申请量及专利类型分布情况如图 3－7 所示。从专利申请量来看，电池片和光伏组件技术分支的专利申请量均超过了 90000 件，光伏支架分支的专利申请量为 75053 件。原材料和逆变器分支的专利申请量相对较少，分别为 30836 件和 4433 件。

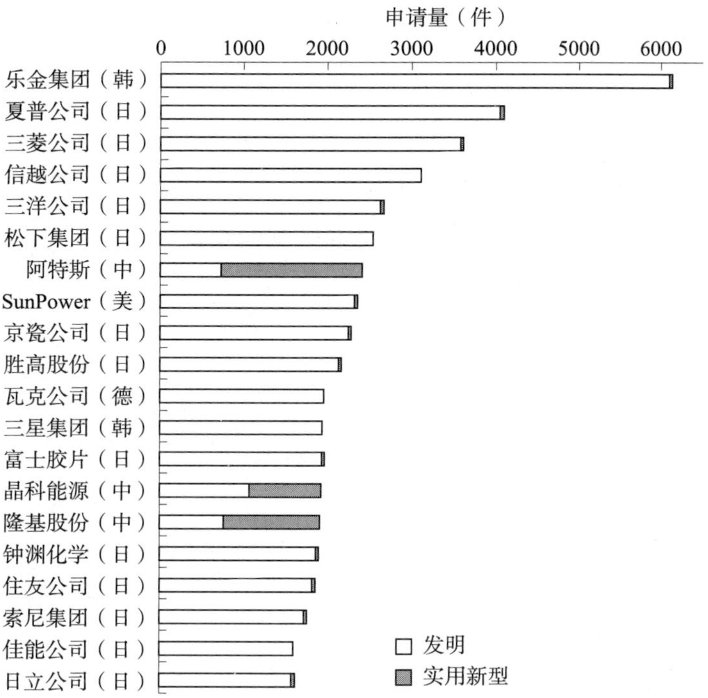

图3-6　全球专利申请量排名前20的申请人

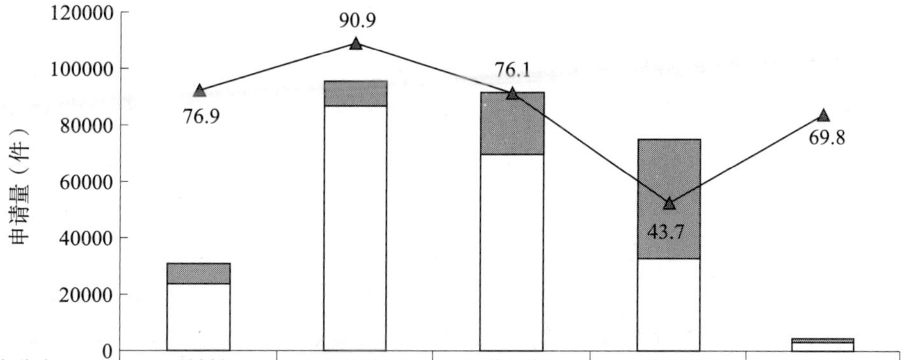

技术分支	原材料	电池片	光伏组件	光伏支架	逆变器
实用新型（件）	7134	8723	21868	42272	1337
发明（件）	23702	86752	69708	32781	3096
申请总量（件）	30836	95475	91576	75053	4433
发明占比（%）	76.9	90.9	76.1	43.7	69.8

□ 发明　■ 新型　—▲— 发明占比

图3-7　全球光伏行业各主要技术分支的专利申请量及类型分布情况

从专利类型来看，电池片分支在具有最高专利申请量的同时，其发明占比也高达90.9%，高于其他四个分支。原材料、光伏组件和逆变器分支亦具有较高的发明占比，分别为76.9%、76.1%和69.8%。光伏支架分支虽然专利申请量较高，但有一半以上为实用新型专利，发明占比远低于其他四个技术分支。

2. 主要技术分支专利申请趋势

全球光伏行业各主要技术分支的专利申请趋势如图3－8所示❶。在早期（2006年以前），光伏行业的专利申请主要集中在电池片、光伏组件和原材料分支，光伏支架和逆变器分支的专利申请量很少，各个技术分支增长趋势平缓。

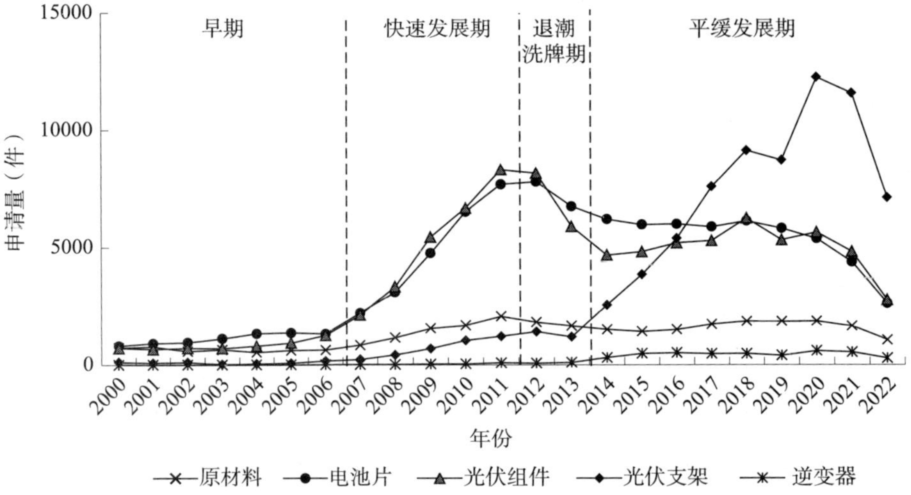

图3－8　全球光伏行业各主要技术分支的专利申请趋势

进入快速发展期（2007—2011年）后，电池片和光伏组件分支专利申请量出现爆发式增长，其间年均复合增长率分别高达42.2%和46.0%，并先后于2011年和2012年达到专利申请量的历史峰值，该阶段光伏行业专利申请总量中有81.6%来自这两个技术分支。在这个阶段，原材料和光伏支架分支亦呈现增长趋势，但这两个分支前期专利申请量基数较低，相较于电池片和光伏组件分支，年专利申请量仍然较低。

在退潮洗牌期间（2012—2013年），除逆变器以外，其他四个主要技术分支的专利申请量在2013年均出现了较明显的下滑。进入平缓发展期（2014—2021年）后，光伏支架分支的专利申请量大幅增长，其间年均复合增长率高达32.9%，成为该阶段光伏行业专利申请最主要的增长来源，是目前专利布局的热点；在这个阶段，其他四个技术分支专利申请量增长平缓，电池片和光伏组件领域仍然是光伏行业重要的技术来源分支。

3. 主要技术来源国的技术分支构成

主要技术来源国的技术分支构成如图3－9所示。从图3－9中可以看出，中国申请

❶ 其中2022年数量下降，原因在于截至检索时间，部分在该年份申请的专利文献还未公开，该年专利申请量并非完整数据，在此仅列出不做分析。

人对这五个主要技术分支进行了大量布局，各技术分支的专利申请量均领先于其他国家。在各主要技术来源国中，电池片和光伏组件分支均占有较大比例，这两个技术分支的申请量分别占到中国、日本、美国、韩国、德国各国所有技术分支申请总量的38.6%、58.2%、73.9%、69.4%、59.4%。除电池片和光伏组件分支外，日本申请人还对原材料分支进行了重点布局，该分支专利申请量仅次于中国，占到全球原材料分支总量的27.6%。中国申请人在光伏支架分支专利申请量是最多的，该分支专利申请量占到中国申请总量的1/3（33.57%）。

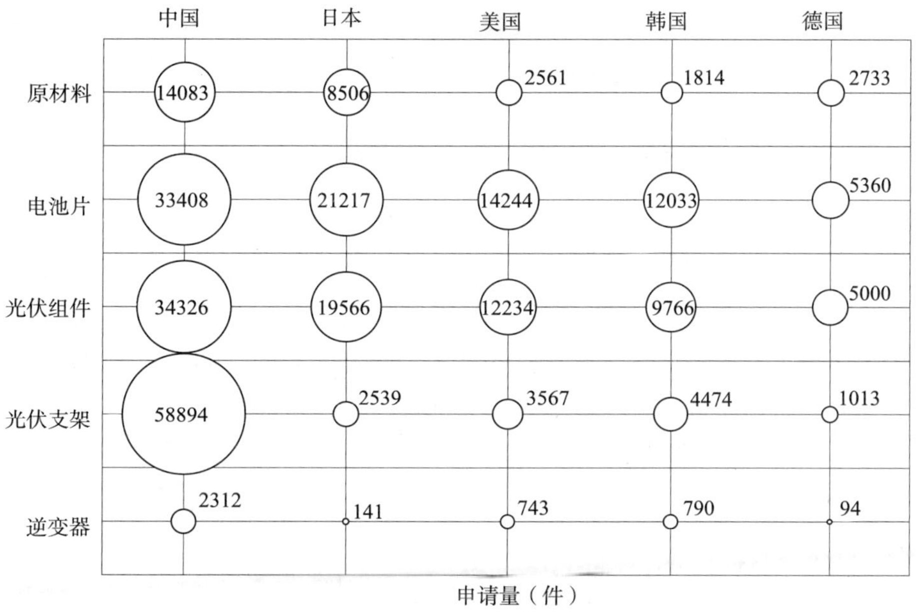

图3-9　主要技术来源国的技术分支构成

3.1.1.5　PCT申请

很多国家的域外布局都是通过世界知识产权组织（WIPO）以专利合作条约(Patent Cooperation Treaty，PCT)申请形式进入各国的。在光伏领域，有23122件专利技术以PCT申请的方式流向各国，占到全球光伏专利申请总量的6.3%。其中，来自日本申请人的PCT申请量最多，合计7427件，占到全球PCT申请总量的32.1%。其次是美国，占到全球PCT申请总量的21.7%。虽然我国申请人的专利申请量为175498件占到全球专利总量的47.9%，但其中仅有2242件专利是通过PCT申请的形式在其他国家布局，占到全球PCT申请总量的9.7%。德国和韩国的PCT申请量和中国接近，全球占比分别为9.9%和9.1%。这五个PCT申请主要来源国的申请量合计占全球专利总量的82.5%。PCT申请主要来源国的申请量分布如图3-10所示。

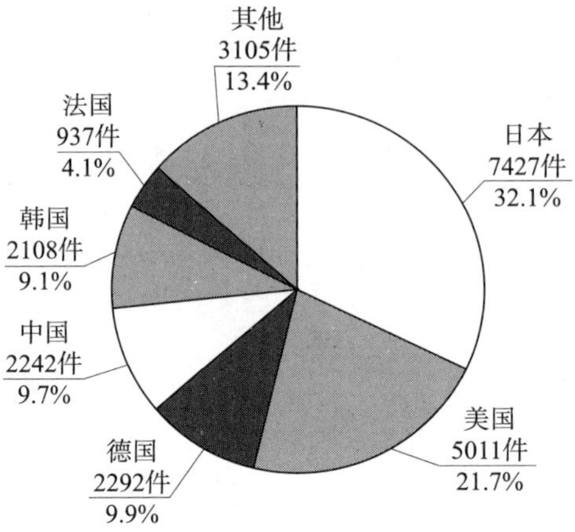

图 3-10 PCT 申请主要来源国的申请量分布

PCT 申请主要来源国专利申请趋势如图 3-11 所示[1]。日本、美国和德国申请人很早就开始利用 PCT 申请进行全球布局，并在 2010—2012 年达到了 PCT 申请量的历史峰值。2012 年以后，国外 PCT 申请量整体上呈现出快速下降的趋势，这与大量国外厂商陆续倒闭或者退出有关。我国申请人利用 PCT 申请起步较晚，2007 年以前每年申请量仅为个位数；2010 年申请量突破百件，申请量稳步增长；2018 年达到历史峰值（307 件），与日本 PCT 申请量接近，表明我国申请人开始逐渐重视全球专利布局。

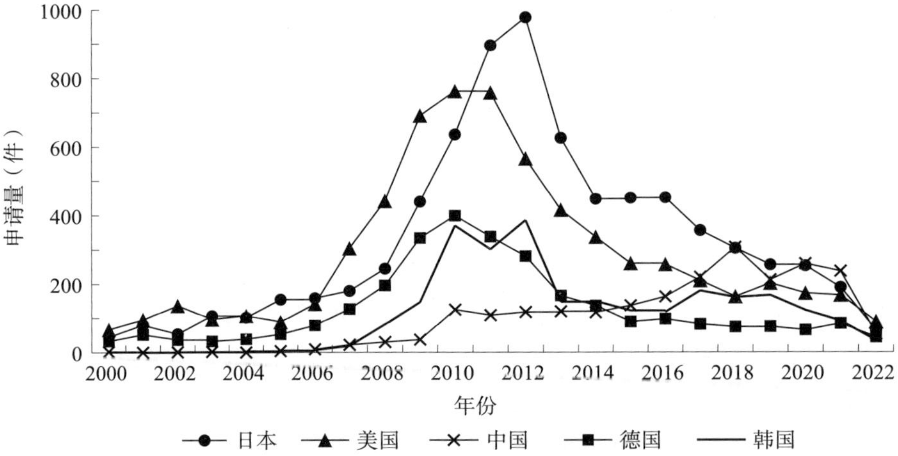

图 3-11 PCT 申请主要来源国专利申请趋势

[1] 其中 2022 年数量下降，原因在于截至检索时间，部分在该年份申请的专利文献还未公开，该年专利申请量并非完整数据，在此仅列出不做分析。

3.1.2 中国光伏专利分析

本节将对光伏行业在中国公开的专利申请整体情况进行分析。这些专利的申请者或拥有人既有中国的自然人和法人，也有国外的自然人和法人。最终确定的专利数量为182392件，其中发明专利申请量占比为47.6%，实用新型专利占比为52.4%。发明有效专利为23348件，占发明专利申请量的26.9%；实用新型有效专利为57462件，占实用新型专利申请量的60.1%。

3.1.2.1 申请趋势分析

光伏行业在中国公开的专利申请趋势，如图3-12所示❶。由于在中国公开的专利申请中有92.8%来自中国申请人，因而在中国公开的专利申请趋势与中国申请人的申请趋势（见图3-1）基本上是一致的，主要分为以下阶段：第一阶段为2000—2006年，这一阶段在中国公开的专利申请量呈缓慢增长态势，年专利申请量不超过千件，明显落后于全球发展趋势；第二阶段为2007—2012年，这一阶段在中国公开的年专利申请量从1318件增加至8010件，在中国公开的年申请量占当年全球申请总量的比例从18.5%增加至34.8%，年均复合增长率高达43.5%，呈现出快速发展的态势；第三阶段为2013年，这一阶段受光伏市场萎靡和欧美的“双反”政策的影响，在中国公开的专利量出现短暂下滑，增长率低至-13.7%；第四阶段为2014年以后，这一阶段在中国公开的专利量基本上保持了快速增长态势，并逐渐接近全球发展趋势，而在中国以外地区公开的专利量持续下降，表明我国已成为全球范围内光伏行业最重要的目标市场。

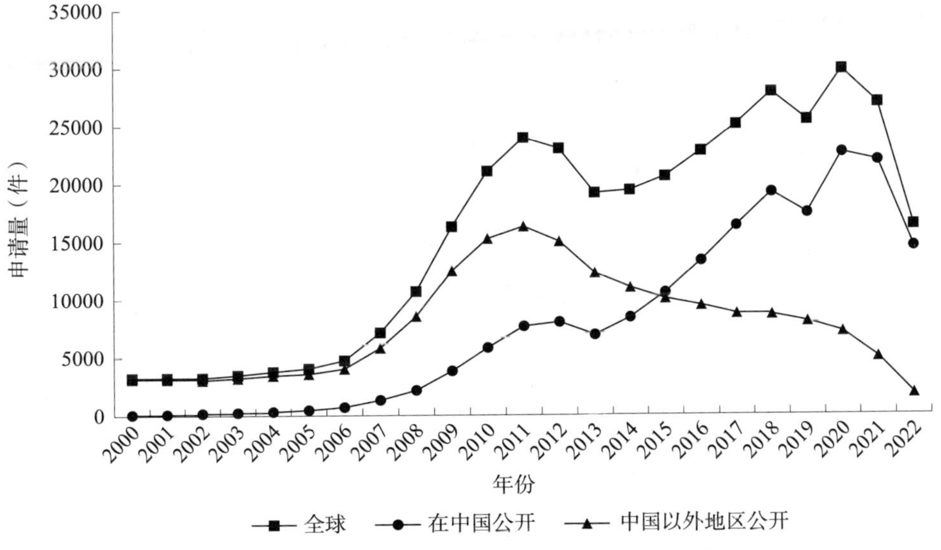

图3-12 光伏行业在中国公开专利的申请趋势

❶ 其中2022年数量下降，原因在于截至检索时间，部分在该年份申请的专利文献还未公开，该年专利申请量并非完整数据，在此仅列出不做分析。

3.1.2.2 来源国分析

在中国公开光伏专利的各主要来源国分布情况，如图 3－13 所示。国内申请人的专利申请量为 169334 件，占比高达 92.8%。国外申请人在中国的专利申请量为 13058 件，占比达 7.2%，其主要的境外来源国有日本、美国、韩国和德国。其中，日本以 4991 件占据整个国外在中国专利申请量的近四成（38.2%）；其次是美国，以 2862 件占据整个国外在中国专利申请量的 21.9%；再次是韩国和德国，两国在中国的专利申请量比较接近，分别为 1526 件和 1352 件。

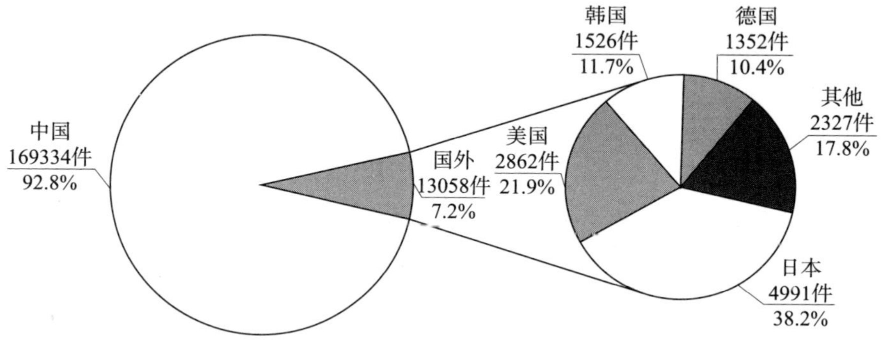

图 3－13　在中国公开光伏专利的各主要来源国分布情况

3.1.2.3 申请人分析

在中国公开光伏专利的申请人类型分布情况，如图 3－14 所示。从图 3－14 中可以看出，绝大多数是企业申请人，占在中国公开专利申请总量的 3/4（75.9%）。企业作为市场主体，在国内光伏行业的技术创新中起着引领作用。其次是高校，专利申请量占比为 11.5%。科研机构专利申请量偏低，占比仅为 2.1%。

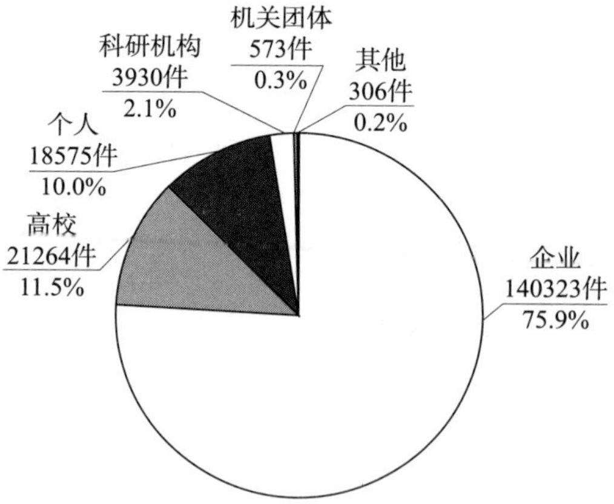

图 3－14　在中国公开光伏专利的申请人类型分布情况

在中国公开光伏专利量前 20 的申请人，如图 3－15 所示。从图 3－15 中可以看出，前 20 名申请人中仅有一家来自国外，为韩国乐金集团，排名第 12 位。国内申请人中，有18家是企业，仅有华南理工大学一所高校入榜。阿特斯、隆基股份、晶科能源等企业专利申请表现优异，拥有很强的研发实力，显示出较高的创新积极性。

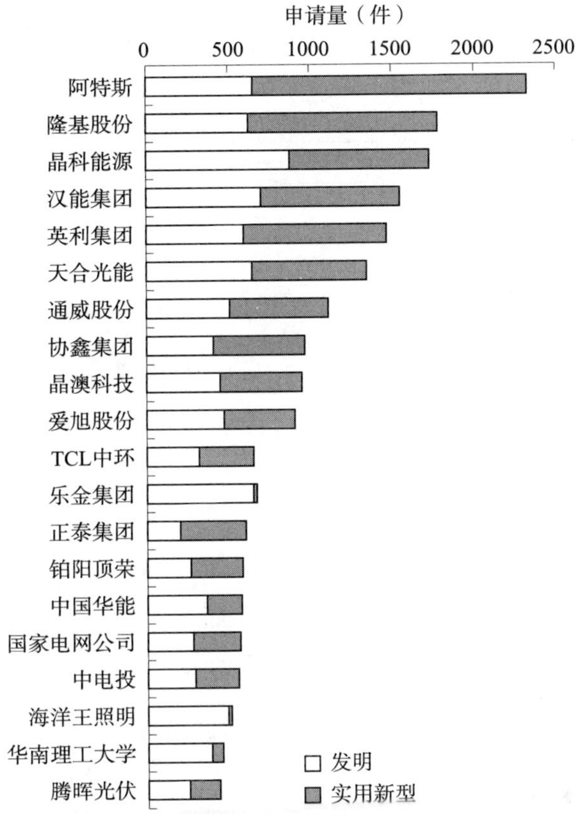

图3－15　在中国公开光伏专利量前20的申请人

对国外申请人情况做进一步分析，结果如图3－16所示。在中国公开专利的国外申请人前15名均为企业，其中有8家企业来自日本。以三菱公司、信越公司等为代表的日本公司，以SunPower为代表的美国公司，以乐金集团、韩国韩华为代表的韩国公司，以瓦克公司为代表的德国公司，都较为重视在中国的专利布局。

申请人集中度是指某段时期排名前X位（例如$X=5$，10，15等）申请人的申请量之和占到该阶段所有申请人申请量总和的比例。按每五年划分为2002—2006年、2007—2011年、2012—2016年和2017—2021年四个阶段，相应的在中国公开专利申请人集中度的变化趋势，如图3－17所示。从图3－17中可以看出，在早期阶段（2002—2006年），国外申请总量仅为1982件，光伏行业申请人集中度较高，表明这一阶段少数申请人掌握了中国光伏行业大部分的技术创新和知识产权。第二阶段（2007—2011年）为光伏行业的快速增长期（见图3－1），这一阶段有更多的申请人在中国进行专利布局，技术创新来源的多样性增加，导致申请人集中度显著下降，同时申请总量快速增长至20774件。随着光伏行业的发展，在第三阶段（2012—2016年）

和第四阶段（2017—2021 年），申请总量相较于上一阶段有着显著的增长；同时申请人集中度变化不大，显示出光伏行业市场相对平稳。

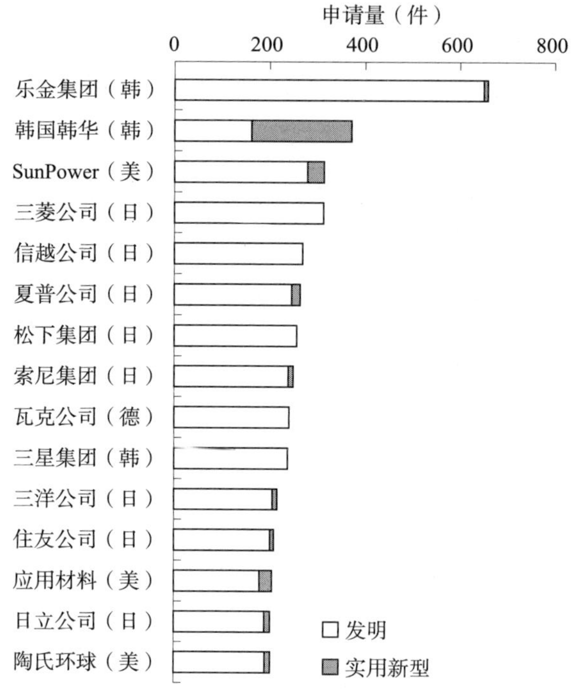

图 3－16　在中国公开光伏专利量前 15 的国外申请人

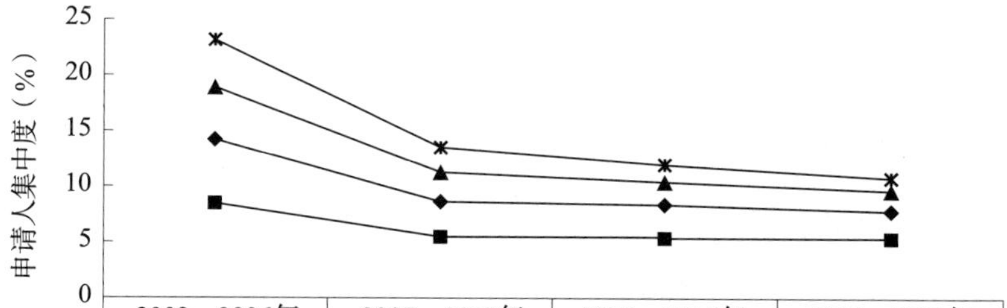

年份	2002—2006年	2007—2011年	2012—2016年	2017—2021年
该阶段申请总量（件）	1982	20744	47223	97551
—■— 前5占比（%）	8.5	5.5	5.4	5.4
—◆— 前10占比（%）	14.2	8.6	8.4	7.8
—▲— 前15占比（%）	18.9	11.3	10.4	9.6
—✳— 前20占比（%）	23.2	13.5	12.0	10.8

图 3－17　在中国公开专利申请人集中度的变化趋势

3.1.2.4　主要技术分支情况分析

本节对在中国公开的光伏行业总体技术构成进行了分析，包括原材料、电池片、光伏组件、逆变器、光伏支架五个主要的技术分支。在中国公开专利主要技术分支的专利申请量及类型分布，如图 3－18 所示。从申请量来看，光伏支架分支的专利申请量为 58849 件，远远多于其他技术分支。接下来是电池片和光伏组件分支，两个技术分支的专利申请量接近，分别为 36762 件和 36311 件。以上三个技术分支的专利申请量明显高于其他分支，属于在中国专利布局的热点技术领域。原材料分支申请量为 15078 件；逆变器分支的专利申请量远少于其他主要分支，仅为 2240 件。从专利类型来看，电池片分支发明申请量为 28091 件，发明占比高达 76.4%，发明申请量和发明占比均显著高于其他分支。其次是原材料分支，发明占比也超过五成（53.4%）。光伏支架分支虽然专利申请量是最高的，但该分支仅有三成（30.4%）为发明专利，发明占比低于其他四个技术分支。

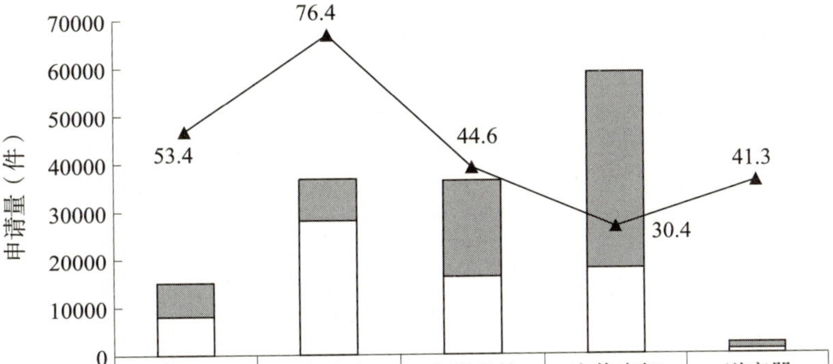

技术分支	原材料	电池片	光伏组件	光伏支架	逆变器
实用新型（件）	7023	8671	20110	40970	1316
发明（件）	8055	28091	16201	17879	924
申请总量（件）	15078	36762	36311	58849	2240
发明占比（%）	53.4	76.4	44.6	30.4	41.3

□发明（件） ■实用新型（件） —▲— 发明占比

图 3－18　在中国公开专利主要技术分支的专利申请类型分布

在中国公开专利的主要技术来源国的技术分支构成，如图 3－19 所示。从图 3－19 中可以看出，国内申请人对所有技术分支进行了全面布局，各分支的专利申请量均遥遥领先于其他国家。具体而言，国内申请人对光伏支架分支布局力度最大，该分支的申请量占到我国申请总量的四成以上（42.5%）；接下来是光伏组件和电池片分支，分别占到我国申请总量的 23.5% 和 22.4%。

其他四个主要技术来源国对电池片和光伏组件分支进行了重点布局，这两个技术分支在中国的申请量之和分别占到日本、美国、韩国、德国各国在中国专利申请总量的 82.4%、81.3%、87.1% 和 70.4%，均在七成以上。除电池片和光伏组件分支外，日本和德国申请人还对原材料分支进行了重点布局。

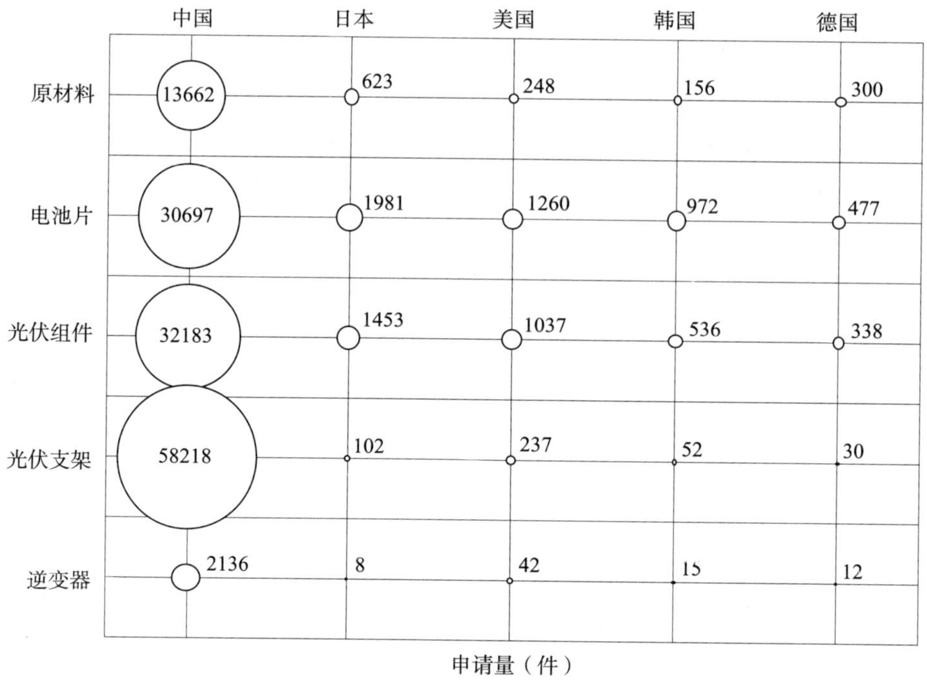

图 3-19　在中国公开专利主要技术来源国的技术分支构成

3.2　光伏重点技术专利情况

由于光伏行业产业链较长，涉及的专利技术众多，本节仅针对光伏产业链上的三个重点技术环节进行分析，包括原材料、电池片、光伏组件。以这三类技术作为一级分支，向下做了进一步的细分，光伏产业重要技术分解表，如第 1 章第 1.3 节中的表 1-3所示。结合光伏行业各个技术分支的关键词和专利分类号，建立了专利检索策略❶，并对同一申请号的公开文本和授权文本进行合并处理，最终确定专利申请总量为 200839 件，其中在中国公开的有 81691 件。

3.2.1　全球光伏重点技术专利分析

3.2.1.1　整体情况

3.2.1.1.1　申请趋势

全球重点光伏专利中，发明专利申请量为 165632 件（含 PCT 申请 15831 件），占比为 82.5%；实用新型专利申请量为 35207 件，占比为 17.5%。全球重点光伏专利申

❶　相关检索要素见附录光伏重点技术专利检索要素表。

请趋势如图3－20所示[1]。从图3－20中可以看出，重点技术的专利申请趋势与光伏行业总体申请趋势（如图3－1所示）基本上是一致的，也是大致分为早期、快速发展期、退潮洗牌期和平缓发展期四个阶段。结合重点技术专利发明和实用新型的申请变化做进一步分析可以得出：①在早期（2000—2006年），年专利申请量保持在2000多件，各类专利申请增长非常缓慢，这一阶段主要类型为发明申请。②在快速发展期（2007—2011年），年专利申请量从4717件增加至16439件，这一阶段的增长主要来自发明申请，发明申请趋势曲线和申请总量趋势曲线较为接近，并且发明年申请量于2011年达到历史峰值（12529件）。③在退潮洗牌期（2012—2014年），申请总量和发明申请量出现下滑，而PCT申请在2012年达到历史峰值（1580件）后也一直呈现下滑趋势。④在平缓发展期（2015年以后），发明申请量继续呈现下滑趋势，实用新型申请量呈现上升趋势，申请总量保持平稳。

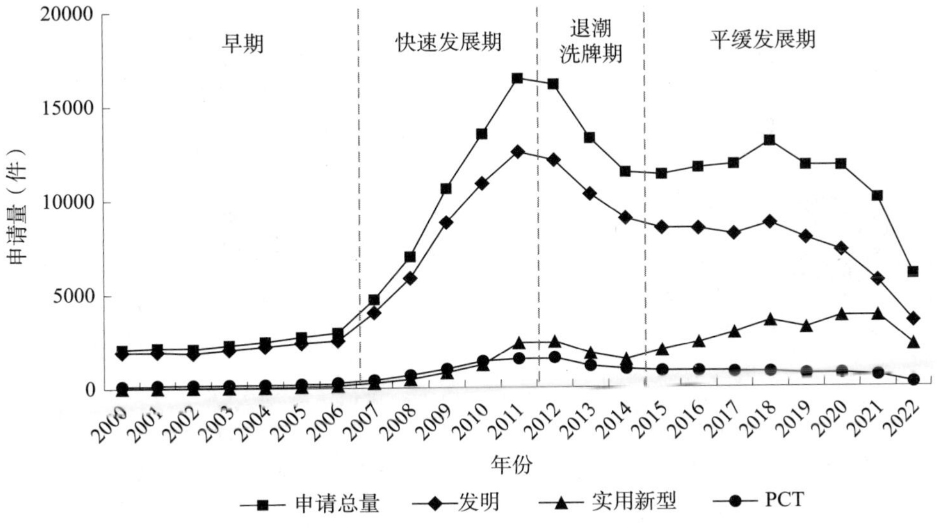

图3－20　全球重点光伏专利申请趋势

3.2.1.1.2　地域分析

1. 主要来源国

从技术来源角度来看，全球重点光伏专利申请量排名前五的国家依次是中国、日本、美国、韩国、德国，如图3－21所示。这五个国家申请人的专利申请量合计占全球总申请量的九成（89.4%）。其中，中国申请人的专利申请量居首位，占全球专利申请总量的37.8%。日本因松下集团、信越公司、三菱公司等注重国内市场及全球布局的大型公司的存在，在全球也占有重要一席，申请量占比为22.9%。再次是美国，占整个行业申请量的12.8%。上述三个国家的申请量占到全球总申请量的

[1] 其中2022年数量下降，原因在于截至检索时间，部分在该年份申请的专利文献还未公开，该年专利申请量并非完整数据，在此仅列出不做分析。

73.5%，表明这三个国家的申请人在光伏行业具有较强的技术创新能力和专利保护意识。韩国的乐金集团和德国的瓦克公司等大型公司的存在，成为重要的技术来源国之一。

2. 主要公开国及地区

在全球范围内，中国、日本、美国、韩国和欧洲地区是全球重点光伏专利布局的主要公开国及地区，如图3－22所示。这五个主要国家或地区的专利公开量合计占全球专利公开总量的八成（80.0%）。其中，中国重点专利公开量占全球公开总量的40.7%，是全球范围内光伏产业专利布局的主要市场；其次是日本和美国，分别占到全球专利公开总量的13.1%和12.2%。上述三个国家的重点专利公开量占到全球公开总量的近三分之二（66.0%），是全球光伏行业最重要的目标市场。

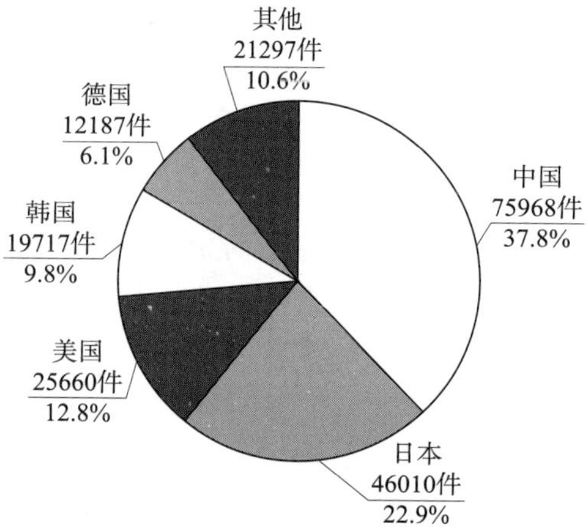

图3－21　全球重点光伏专利主要来源国的申请量及占比

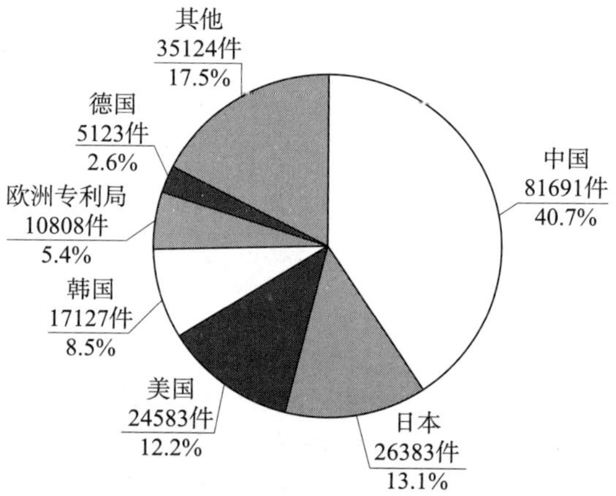

图3－22　全球重点光伏专利主要公开国及地区的公开量及占比

3.2.1.2　重点技术有效专利布局地区分析

全球重点技术光伏专利有效量为70870件。其中，有效发明专利为51189件，占发明专利申请总量的34.2%；有效实用新型专利为19681件，占实用新型专利申请总量的55.9%。

从专利布局的主要公开国及地区角度来看，有效专利公开量排名前五的国家/地区依次是中国、韩国、美国、日本和欧洲，如图3－23所示。这五个主要国家/地区的有效专利量合计占全球有效专利总量的九成（90.2%）。其中，在中国公开的有效专利量高达33970件，占全球有效专利总量的近一半（48.0%）。此外，在中国公开的有效发明专利占在中国公开的有效专利总量的43.9%，而其他四个主要公开国/地区的有效专利类型几乎或者全部都是发明专利。

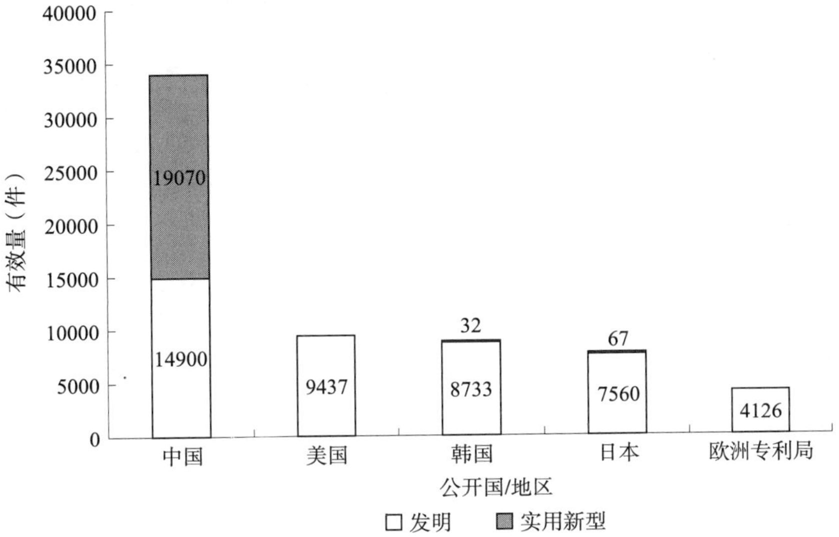

图3-23　主要公开国/地区的有效专利量分布

对有效发明专利布局的国家/地区做进一步分析，结果如图3-24所示。在中国公开的有效发明专利量最多，占到全球有效发明专利总量的近三成（29.1%）；其次是美国和韩国，两国公开的有效发明专利量较为接近，占比分别为18.4%和17.1%；再次是日本，其有效发明专利量占比为14.8%。在欧洲专利局公开的有效发明专利量相对较低，占比仅为8.1%。

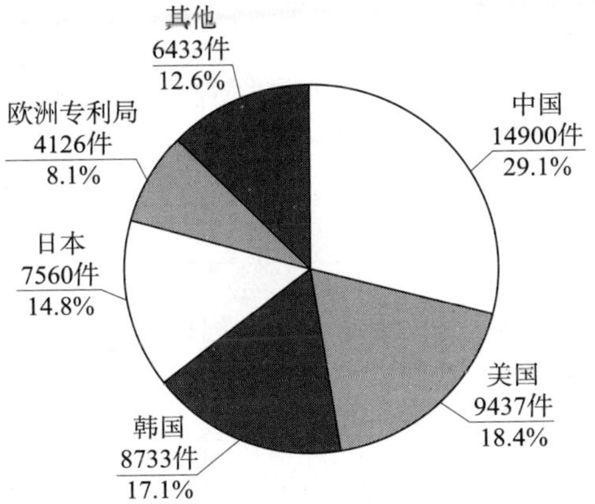

图3-24　主要公开国/地区的有效发明专利分布

3.2.1.3　重点技术有效专利的主要申请人分析

对全球光伏行业重点技术有效专利量前20位的申请人进行分析，结果如表3-1所示。这20位申请人均为企业，显示出企业是光伏行业最主要的创新主体，在技术创新中起着引领作用。

表 3－1　全球光伏行业重点技术有效专利量前 20 的申请人

标准化申请人	排名	重点技术有效专利量（件）			所在国	2017—2022 年的有效重点专利量（件）	2017—2022 年的有效重点专利占比（%）❶	有效重点专利申请年趋势（2007—2022 年）❷
		发明	实用新型	合计				
乐金集团	1	3252	2	3254	韩国	704	21.7	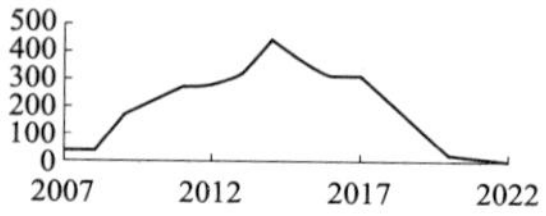
阿特斯	2	235	1116	1351	中国	1060	78.3	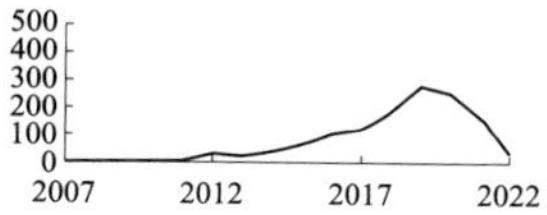
信越公司	3	1197	0	1197	日本	169	14.1	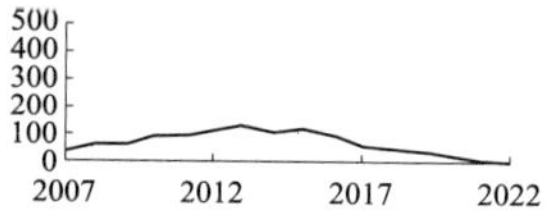
胜高股份	4	1171	2	1173	日本	353	30.1	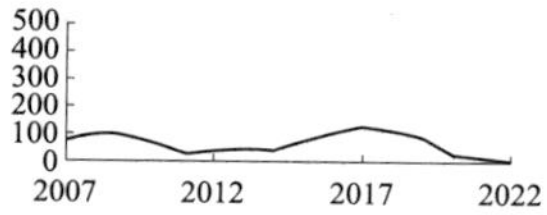
隆基股份	5	196	923	1119	中国	1024	91.6	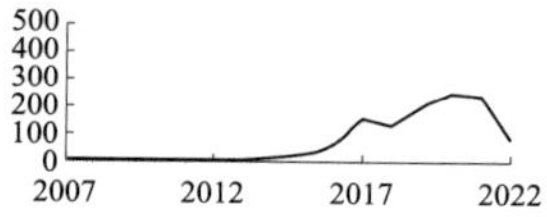
SunPower	6	1102	5	1107	美国	213	19.3	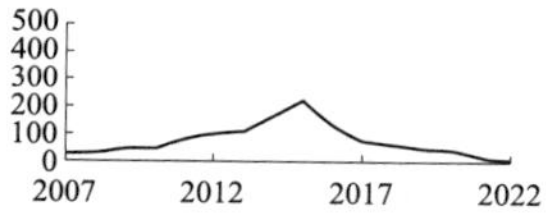
晶科能源	7	381	639	1020	中国	827	82.3	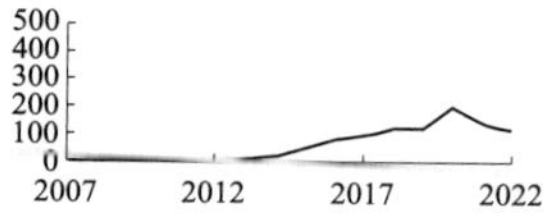
瓦克公司	8	797	0	797	德国	186	23.4	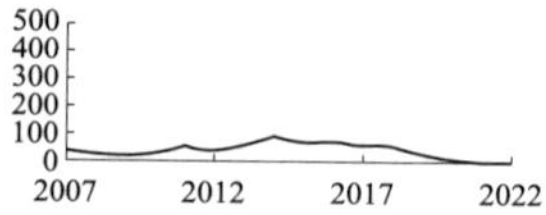

❶ 申请人在 2017—2022 年的有效重点专利占比 = 申请人在 2017—2022 年的有效重点专利量/该申请人重点技术有效专利总量。

❷ 其中 2022 年的数量下降，原因在于截至检索时间，部分在该年份申请的专利文献还未公开，该年专利申请量并非完整数据。

续表

标准化申请人	排名	重点技术有效专利量（件）			所在国	2017—2022年的有效重点专利量（件）	2017—2022年的有效重点专利占比（%）	有效重点专利申请年趋势（2007—2022年）
		发明	实用新型	合计				
通威股份	9	118	506	624	中国	581	93.4	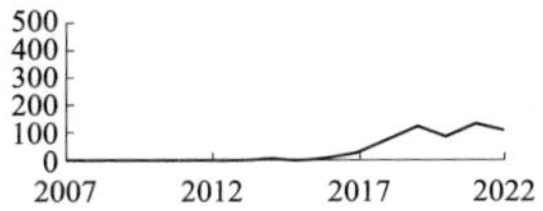
松下集团	10	571	0	571	日本	195	34.2	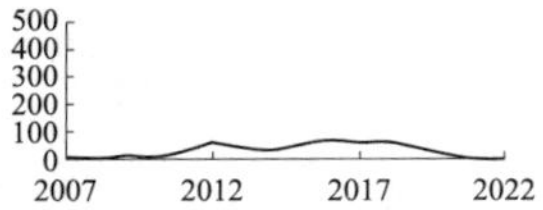
英利集团	11	270	282	552	中国	227	40.5	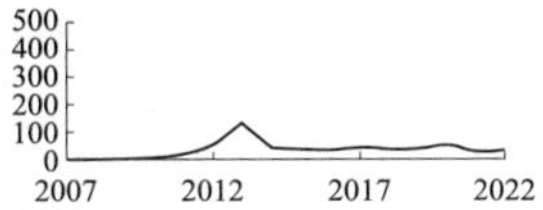
爱旭股份	12	162	384	546	中国	435	79.7	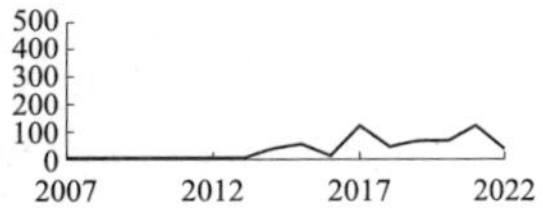
晶澳科技	13	170	365	535	中国	397	74.2	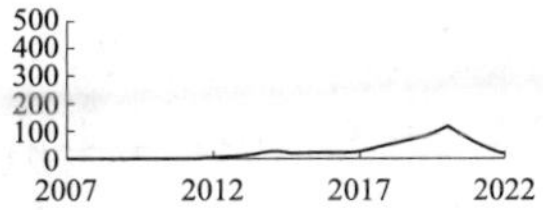
天合光能	14	212	303	515	中国	245	47.5	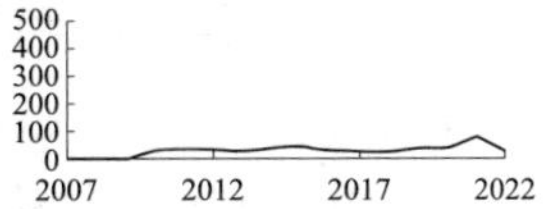
三洋公司	15	493	0	493	日本	0	0	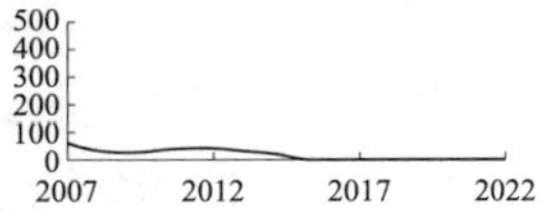
三菱公司	16	481	1	482	日本	42	8.7	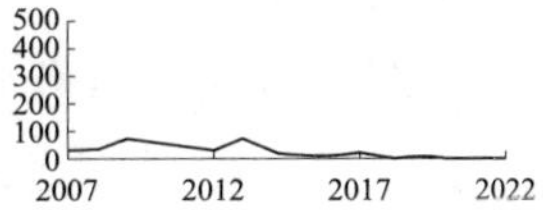
汉能集团	17	69	399	468	中国	362	77.4	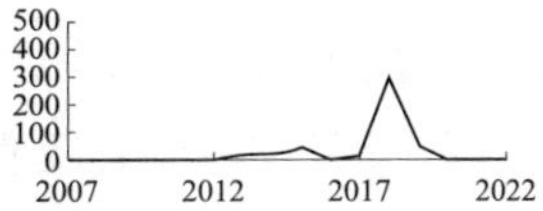

续表

标准化申请人	排名	重点技术有效专利量（件）			所在国	2017—2022年的有效重点专利量（件）	2017—2022年的有效重点专利占比（%）	有效重点专利申请年趋势（2007—2022年）
		发明	实用新型	合计				
协鑫集团	18	141	278	419	中国	253	60.1	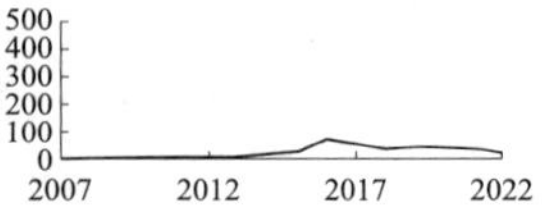
夏普公司	19	409	9	418	日本	68	16.2	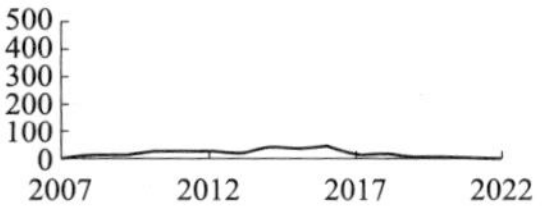
韩华集团	20	253	164	417	韩国	236	56.6	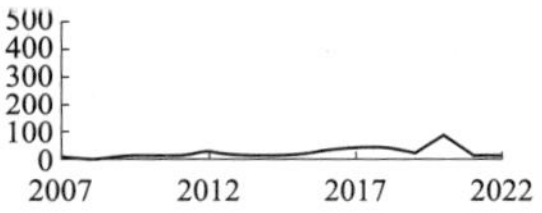

如表3－1所示，中国有10家企业进入榜单，其中有7家企业近期（2017—2022年）申请的有效重点专利占到其有效重点专利总量的70%以上，显示出很高的技术研发活跃度。阿特斯有效重点专利量为1351件，位居全球第二，在2017—2022年申请的有效重点专利占比达78.3%；有效发明专利占其有效重点专利总量的17.4%。通威集团在2017—2022年申请的有效重点专利占比高达93.4%，是所有企业中占比最高的，有效发明专利占其有效重点专利总量的18.9%。

韩国有乐金集团和韩华集团两家企业进入榜单。乐金集团有效重点专利量高达3254件，位居第一，远高于第二名阿特斯的1351件，目前的有效重点专利申请年主要集中在2014年前后。然而，近年来受价格竞争加剧和原材料成本上涨等因素的影响，乐金集团市盈利情况恶化，并于2022年2月宣布退出光伏面板业务，其在2017—2022年申请的有效重点专利占比为21.7%。韩华集团有效重点专利量为417件，位列第20名，但近年来韩华集团实施了战略性收购合并和大胆投资，技术研发活跃，有效重点专利中有一半以上（56.6%）是在2017—2022年申请的；专利布局主要集中在电池片和光伏组件分支，具有一定的技术优势。

日本有6家企业进入榜单，企业数量仅次于中国。其中有4家企业（信越公司、三洋公司、三菱公司和夏普公司）在2017—2022年申请的有效重点专利占比低于20%，技术研发活跃度较低。胜高股份有效重点专利量为1173件，位列第4，近期（2017—2022年）有效重点专利占比为30.1%，目前的有效重点专利申请年主要集中在2017年前后和2008年前后，专利布局重心主要为原材料分支，其中提拉法制备单晶硅的有效专利占比高达94.9%。松下集团有效重点专利量为571件，位列第10，近期

(2017—2022 年) 有效重点专利占比为 34. 2%，专利布局重心主要为电池片和光伏组件分支；然而，由于与中国光伏企业的价格竞争激烈，松下集团利润率恶化，并已经于 2021 年初宣布退出太阳能电池生产。

美国和德国各有一家企业进入榜单，分别是 SunPower 公司和瓦克公司。SunPower 公司有效重点专利量为 1107 件，位列第 6，在 2017—2022 年申请的有效重点专利占比为 19. 3%，目前的有效重点专利申请年主要集中在 2015 年左右，专利布局重心主要为电池片和光伏组件分支。瓦克公司有效重点专利量为 797 件，位列第 8，在 2017—2022 年申请的有效重点专利占比为 23. 4%，专利布局重心主要为原材料领域的改良西门子法制多晶硅和提拉法制单晶硅分支。

3. 2. 1. 4 重点技术有效专利各级技术分支情况分析

光伏行业在原材料、电池片和光伏组件技术分支的有效专利分布情况，如图 3 – 25 所示。从图 3 – 25 中可以看出，电池片分支的有效专利数量最多，为 33993 件；其中发明有效专利量为 28241 件，占其有效专利总量的 83. 1%，远高于另外两个一级分支。光伏组件分支的有效专利量为 31793 件，其中发明有效专利量为 19824 件，占其有效专利总量的 62. 4%，低于其他另外两个分支；实用新型有效专利量为 11969 件，远高于另外两个一级分支。原材料分支的有效专利量最少，为 12239 件；其中发明有效专利量为 8316 件，占其有效专利总量的 67. 9%。

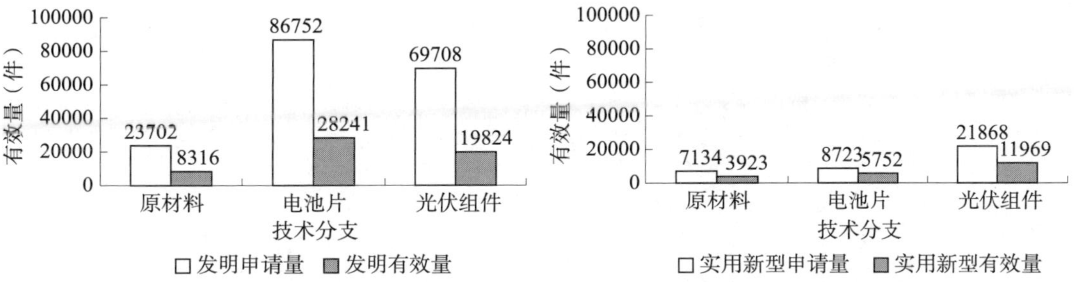

图 3 – 25 光伏行业一级技术分支有效专利分布

光伏产业重要技术分解表，如第 1 章第 1. 3 节中的表 1 – 3 所示，下文将对重点技术有效专利各级技术分支情况做进一步分析。

1. 原材料领域

单晶硅具有晶格缺陷更低、材料纯度更高、电学性能和机械性能更加优异等特点，因此拥有更高的光电转换效率。随着单晶硅片技术的不断成熟和 PERC 电池技术的广泛应用，单晶硅片在市场上的占比不断增加。原材料分支的有效专利分布及有效发明占比，如图 3 – 26 所示。原材料领域中，单晶硅分支有效专利量为 8026 件，多晶硅分支有效专利量为 4459 件。相对于多晶硅，单晶硅的技术研发热度更高。

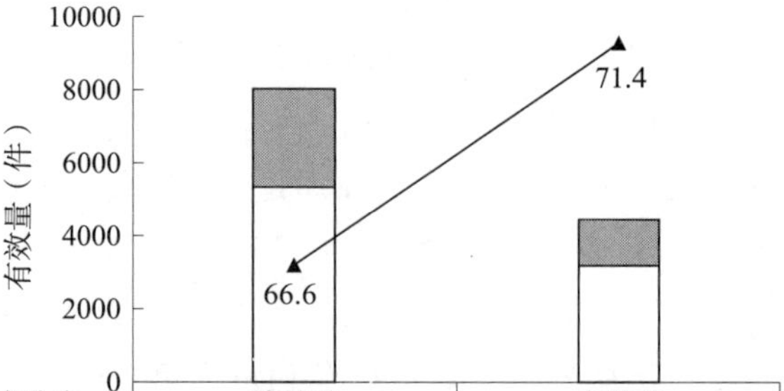

技术分支	单晶硅	多晶硅
实用新型（件）	2684	1274
发明（件）	5342	3185
发明占比（%）	66.6	71.4

□发明　■实用新型　—▲—发明占比

图3－26　原材料分支的有效专利分布及有效发明占比

对单晶硅分支做进一步分析。单晶硅长晶技术主要分为提拉法和区熔法两种。提拉法（又称直拉法、CZ法、Czochralski法）能得到较高氧含量和大直径的单晶硅棒，成本低，是目前光伏行业单晶硅的主流生产工艺。从图3－27中可以看出，提拉法制单晶硅有效专利量为5875件，远高于单晶硅领域的其他分支，研发热度更高。区熔法（又称FZ法）制单晶硅仅613件，但有效发明占其有效专利总量的比例高达88.3%。

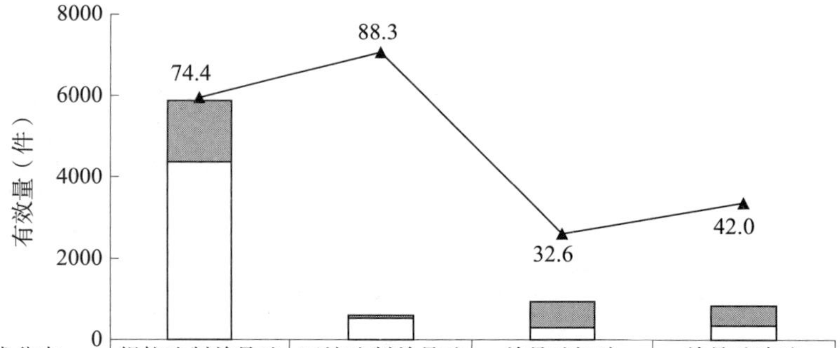

技术分支	提拉法制单晶硅	区熔法制单晶硅	单晶硅切片	单晶硅清洗
实用新型（件）	1502	72	639	488
发明（件）	4373	541	309	353
发明占比（%）	74.4	88.3	32.6	42.0

□发明　■实用新型　—▲—发明占比

图3－27　单晶硅分支的有效专利分布及有效发明占比

生产的硅棒和硅锭需要切割成硅片，硅片薄片化有利于降低硅耗和硅片成本。从图3－27可以看出，单晶硅切片和清洗技术分支的发明占比明显低于单晶硅长晶技术分支，两个分支的实用新型有效专利均多于发明有效专利。

多晶硅生产技术主要有改良西门子法（三氯氢硅法）和硅烷流化床法，产品形态分别为棒状硅和颗粒硅。改良西门子法是目前最主流的多晶硅生产方法。目前我国多晶硅 95% 的产品采用该种方法生产[1]。硅烷流化床法能耗低，可通过流化床连续生产，但安全性较差、易炉壁沉积，尚未实现大规模应用，市场份额远低于改良西门子法。从图 3－28 可以看出，改良西门子法有效专利量为 1993 件，远高于硅烷流化床法的 338 件，是多晶硅领域的研究热点，这与它们的产业化程度是一致的。此外，硅烷流化床法分支的有效实用新型专利仅 20 件，有效发明占比高达 94.1%。

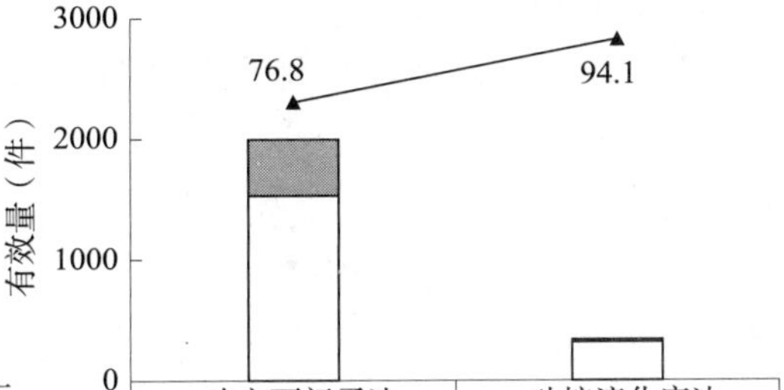

技术分支	改良西门子法	硅烷流化床法
实用新型（件）	463	20
发明（件）	1530	318
发明占比（%）	76.8	94.1

□发明 ■实用新型 —▲—发明占比

图 3－28 多晶硅分支的有效专利分布及有效发明占比

2. 电池片领域

电池片环节位于光伏产业链的中游，行业集中度较低，竞争激烈，具有较强的技术驱动属性，未来行业竞争焦点在于路线选择。从图 3－29 中可以看出，这六种电池片有效发明数量占有效专利总量的比例都很高，均在 70% 以上。

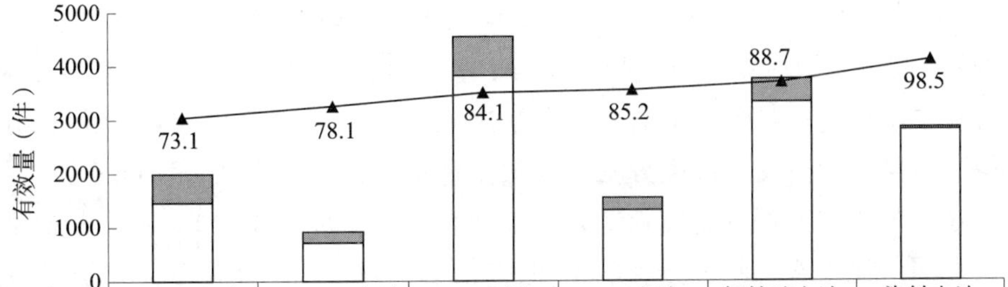

技术分支	PERC电池	TOPCon电池	HIT电池	IBC电池	钙钛矿电池	染敏电池
实用新型（件）	536	201	723	228	424	42
发明（件）	1455	717	3822	1313	3327	2808
发明占比（%）	73.1	78.1	84.1	85.2	88.7	98.5

□发明 ■实用新型 —▲—发明占比

图 3－29 电池片分支的有效专利分布及有效发明占比

[1] 中国光伏行业协会．2022—2023 年中国光伏产业年度报告［R］．2023：67.

PERC 电池是目前光伏市场的主流技术，占有市场份额最大，技术相对成熟。从图 3－29 可以看出，PERC 电池有效专利量为 1991 件，在六种电池片中排名第四；有效发明占比为 73.1%，在六种电池片中排名最后。

相对于 PERC 电池，新一代的 N 型电池具有更高的光电转换效率，主要技术方向包括 TOPCon 电池、HIT 电池和 IBC 电池。其中，HIT 电池有效专利量为 4545 件，在六种电池片技术分支中位列第一，有效发明占比为 84.1%；TOPCon 电池作为一种新型光伏电池技术，有效专利量是六种电池片中最少的，仅为 918 件，有效发明占比为 78.1%；IBC 电池技术难度较高，其有效专利量为 1541 件相对较少，在电池片技术分支中位列第五，有效发明占比为 85.2%。

钙钛矿电池被视为最有前景的下一代光伏技术，有效专利量达 3751 件，仅次于 HIT 电池，有效发明占比达 88.7%，研发热度较高。

染敏电池是一种新型的太阳能电池，将有机染料作为光敏剂，可以在低照度环境下使太阳光转变为电能，具有体积小、制作简单、色彩丰富的优点，但相对于晶硅电池，染敏电池的能量转换效率较低，稳定性差。染敏电池有效专利量为 2850 件，排名第三，有效发明占比高达 98.5%。

3. 光伏组件领域

光伏组件是基于电池整合的具有封装及内部联结的，能单独提供直流电输出的、最小不可分割的光伏电池组合装置，在很大程度上决定了光伏发电的成本。组件厂商为降低组件封装损失，提高组件效率，在现有的常规组件技术的基础上，通过改进组件内部结构和封装工艺等方法，研究开发出了切片、叠片、多主栅、背接触等新型组件技术，使得组件的功率和效率得到了进一步提升。

在光伏组件领域，常规组件具有最高的有效专利总量为 31793 件，其中有效发明专利为 19824 件，有效发明占其有效专利总量的 62.4%；实用新型有效专利量为 11969 件。

图 3－30 进一步展示了常规组件下级分支的有效专利情况。从有效专利量来看，边框分支和组件电连接分支的有效专利量接近，分别为 6249 件和 6002 件，分别位列第一和第二；接线盒分支和胶膜分支的有效专利量分别为 4723 件和 3699 件，居于中游；而光伏玻璃分支和背板分支有效专利量分别为 2962 件和 2681 件，低于其他常规组件分支。从发明占比来看，胶膜分支的发明占比高达 89.4%；背板分支、组件电连接分支和光伏玻璃分支的发明占比分别为 65.3%、63.4% 和 54.8%，居于中游；接线盒分支和边框分支的发明占比分别为 38.1% 和 40.1%，明显低于其他常规组件分支。

常规组件以外的四种光伏组件分支的有效专利分布及有效发明占比如图 3－31 所示。切片组件使用激光切割法沿着垂直于电池主栅线的方向将标准规格电池片切片后进行焊接串联。切片电池技术凭借其特殊的并串结构，通过减小电流降低工作温度，并可以同时减少遮挡造成的发电量损失。从图 3－31 可以看出，切片组件的有效专利量为 668 件，在这四种光伏组件中排名第一，有效发明占其有效专利总量的 44.6%。

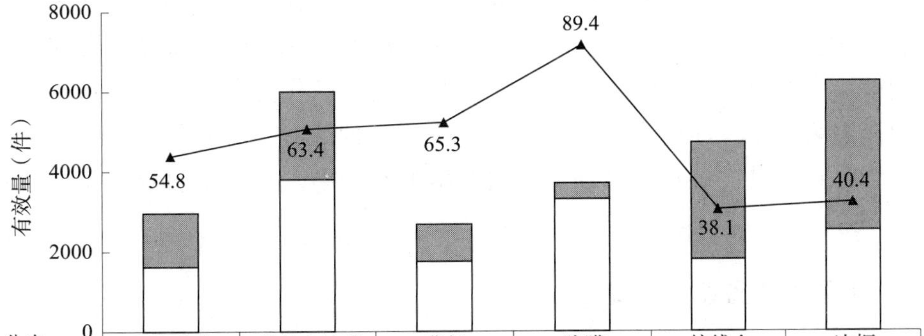

技术分支	光伏玻璃	组件电连接	背板	胶膜	接线盒	边框
实用新型（件）	1338	2199	929	392	2925	3727
发明（件）	1624	3803	1752	3307	1798	2522
发明占比（%）	54.8	63.4	65.3	89.4	38.1	40.4

□ 发明　■ 实用新型　—▲— 发明占比

图3-30　常规组件分支的有效专利分布及有效发明占比

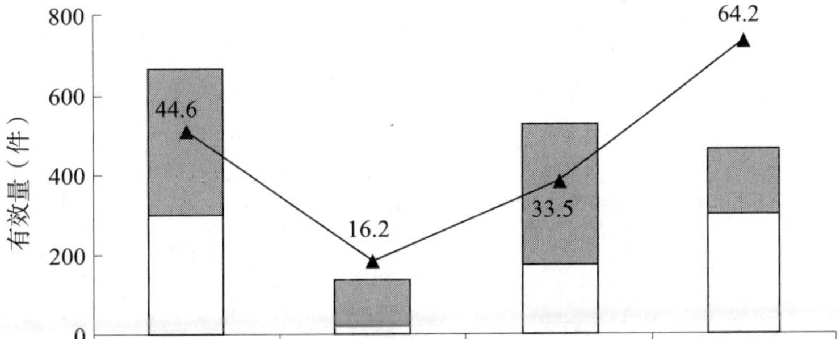

技术分支	切片组件	多主栅组件	叠片组件	背接触组件
实用新型（件）	370	114	350	166
发明（件）	298	22	176	298
发明占比（%）	44.6	16.2	33.5	64.2

□ 发明　■ 实用新型　—▲— 发明占比

图3-31　常规组件以外的四种光伏组件分支的有效专利分布及有效发明占比

叠片组件将整片电池片切成数片，然后用导电胶黏剂互联封装成型，消除片间距，省去了焊带焊接，有效地减少了由于电池间隔造成的非有效发电空间，因此在相同的封装面积下能够铺设更多的电池片，增加吸光面积，提高光伏组件的转换效率。叠片组件的有效专利量为526件，在这四种光伏组件中排名第二，有效发明占其有效专利总量的33.5%。

背接触组件区别于传统光伏组件，去除了正面焊带设计，电流运动均在背面进行，减少了正面遮挡，把组件正面受光面积利用至极致，实现了转换效率质的提升。背接触组件的有效专利量为464件，在这四种光伏组件中排名第三，有效发明占其有效专利总量的64.2%。

多主栅组件由于栅线密度增大，间隔小，即使电池片出现隐裂、碎片，仍能继续保持较好的发电表现，同时，组件焊接后焊带在电池片上的分布更为均匀，分散了电池片封装应力，电池片的机械性能更强。随着硅片尺寸变大、网印技术改进，多主栅技术难度越来越小，性价比日渐提升。多主栅组件的有效专利量为136件，在这四种光伏组件中排名最后，专利类型以实用新型专利为主，有效发明专利仅占其有效专利总量的16.2%。

3.2.2 中国光伏重点技术专利分析

本节对在中国公开的光伏重点技术专利进行统计分析。光伏重点技术分解及检索方式见第3.2节开篇处介绍，中国重点光伏专利总申请量为81691件。

3.2.2.1 中国光伏重点技术申请趋势

在中国公开的重点专利申请趋势及专利类型分布如图3-32所示[1]。其中发明专利达48629件，占比为59.5%；实用新型专利达33062件，占比为40.5%。可以看出，在中国公开的重点专利申请总量趋势与前述光伏行业在中国公开的整体专利申请趋势（见图3-12）是基本一致的，2007—2012年专利申请量快速增长，在2013—2014年经历了短暂回落，2014年以后基本保持了稳定增长的态势。

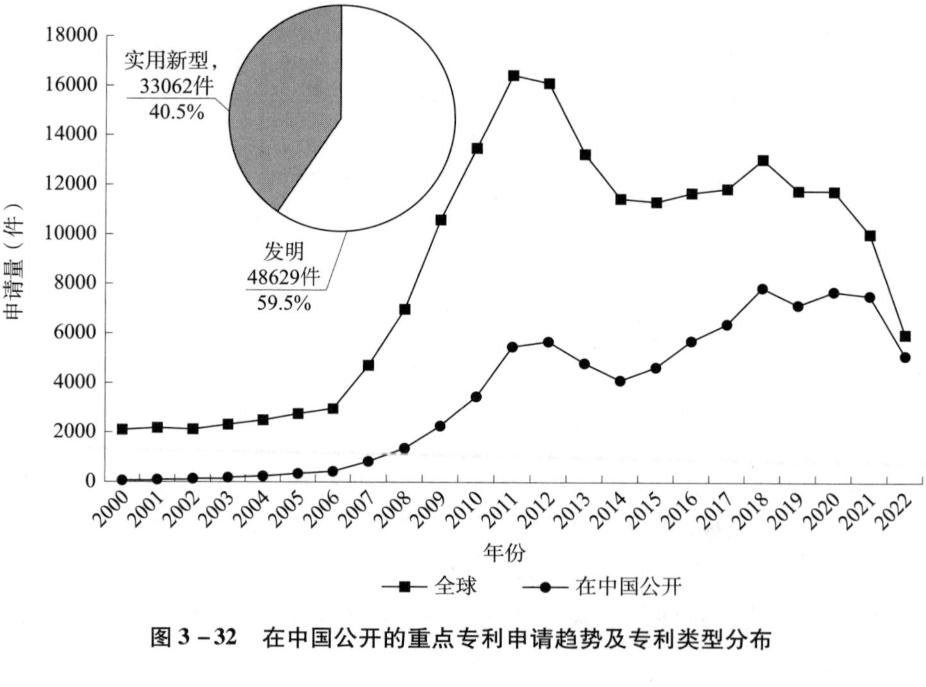

图3-32 在中国公开的重点专利申请趋势及专利类型分布

---

[1] 其中2022年的数量下降，原因在于截至检索时间，部分在该年份申请的专利文献还未公开，该年专利申请量并非完整数据，在此仅列出不做分析。

3.2.2.2 中国光伏重点技术有效专利情况、省份分布

1. 有效专利整体情况

通过对专利法律状态进行分析，可了解专利的当前权利状态以及失效原因，为专利价值评估、技术引进或专利运营等决策部署、风险分析等提供依据。在中国公开的重点技术光伏专利法律状态，如图3－33所示。其中，有效专利占比为41.6%，处于审中的专利占比为12.3%，失效专利占比46.1%。失效专利占比明显高于有效占比，对失效专利进行进一步分析可知，在失效专利中，驳回和撤回的专利申请总量达17403件，占比为21.3%。在失效专利中，因未缴年费失效的专利占失效专利总量的接近一半(46.5%)，专利权人主动放弃专利权，表明这些专利价值可能不高。此外还有1925件专利属于期限届满失效。

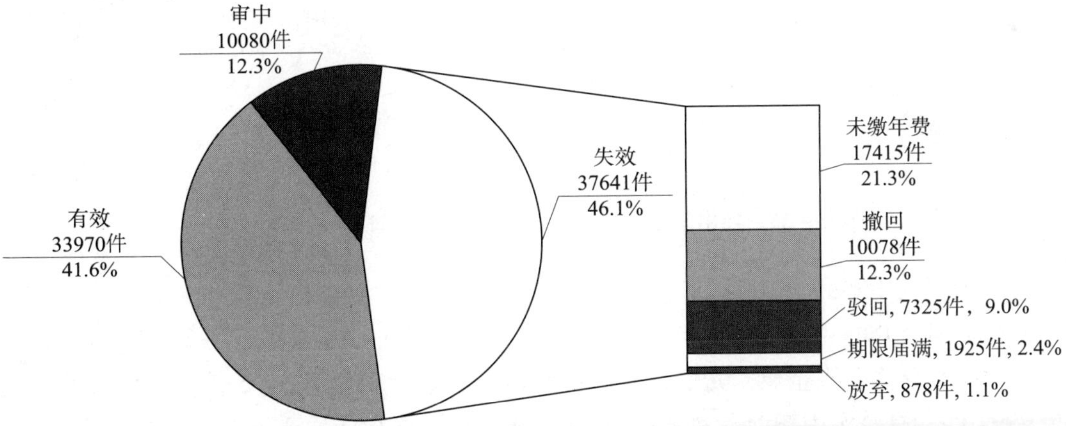

图3－33 在中国公开的重点技术光伏专利法律状态

在中国公开的重点技术光伏专利有效情况如图3－34所示。其中有效发明专利14900件，占发明专利申请总量的30.6%；有效实用新型专利19070件，占实用新型专利申请总量的57.7%。

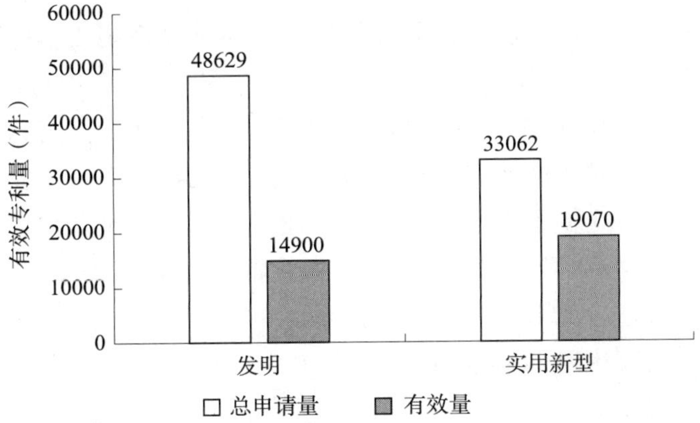

图3－34 在中国公开的重点技术光伏专利有效情况

在中国公开的重点技术有效专利申请人的国籍分布，如图3－35所示。国内申请人合计有30804件有效专利，占在中国公开有效专利总量的九成（90.7%）。来自国外申请人的有效专利量为3166件，占比为9.3%。国外申请人主要来源国为日本、美国、韩国和德国。其中，日本以1270件占国外申请人有效专利来源的四成（40.1%）。接下来是美国和韩国，两国在中国公开的有效专利量接近，分别占到国外申请人有效专利来源的17.7%和15.6%。

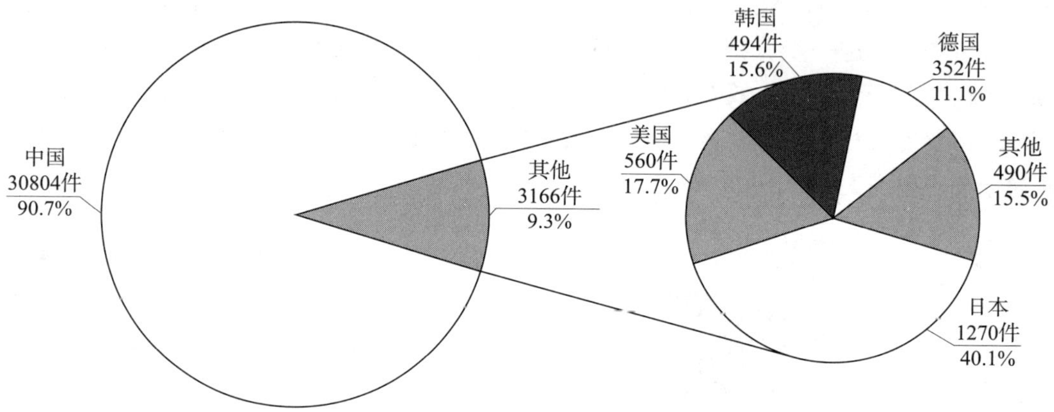

图3－35　在中国公开的重点技术有效专利申请人的国籍分布

2. 有效专利省份分布

在中国公开的重点技术有效专利省（市、区）分布情况如图3－36所示。其中，江苏省拥有众多龙头企业，光伏行业优势明显，有效专利量为9795件，有效发明专利为2907件，有效实用新型专利为6888件，这三个数据指标均遥遥领先于其他省（市、区）。浙江、广东和北京三个省市的有效专利量均超过1900件，分别位列第二至第四位，具有一定的领先优势。河北省拥有晶澳科技、英利集团等一体化龙头企业，有效专利量为1224件，在光伏行业显示出较高的创新活跃程度。

对江苏省进行进一步分析可知，江苏省拥有超过600家光伏相关企业，阿特斯、晶澳科技、隆基集团、天合光能、协鑫集团等众多光伏龙头企业都在江苏省进行了重点布局，设立了一批子公司。这些企业具有优异的技术创新能力，并且都进入了江苏省有效专利量前10名申请人榜单，如表3－2所示。从表3－2中可以看出，榜单前9名为企业，仅第10名为高校——苏州大学，表明在江苏省企业是光伏行业最主要的创新主体。江苏省是我国光伏产业完备程度最高、产业规模最大、企业集聚度最高的省份，产品出口到全球100多个国家和地区，产业技术创新水平跃居国际前列。据江苏省光伏产业协会统计，截至2022年底，全省多晶硅产量达9.2万吨，硅片产量达114.7GW，电池片产量达124.9GW，组件产量达127.6GW，光伏产业优势明显。2022年江苏光伏行业总营收达到5000亿元左右[1]，其中组件产能居全国第一。

[1] 中国光伏行业协会. 2022—2023年中国光伏产业年度报告［R］. 2023：19.

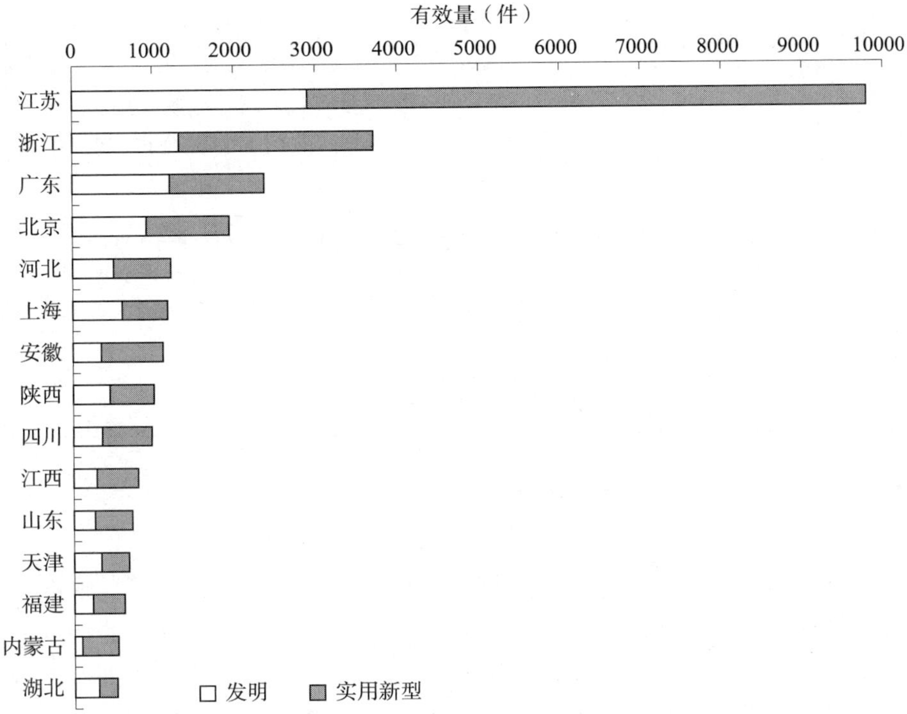

图3-36　在中国公开的重点技术有效专利省（市、区）分布情况

表3-2　江苏省重点技术有效专利量前10的申请人

标准化申请人	有效专利量（件）	主要申请人
阿特斯	1221	苏州阿特斯阳光电力科技有限公司，常熟阿特斯阳光电力科技有限公司，阿特斯阳光电力集团有限公司，阿特斯阳光电力集团股份有限公司，盐城阿特斯协鑫阳光电力科技有限公司，阿特斯（中国）投资有限公司
隆基股份	532	泰州隆基乐叶光伏科技有限公司，江苏隆基乐叶光伏科技有限公司
天合光能	489	常州天合光能有限公司，天合光能股份有限公司，天合光能（常州）科技有限公司
协鑫集团	282	江苏协鑫硅材料科技发展有限公司，昆山协鑫光电材料有限公司，苏州协鑫纳米科技有限公司
中来	185	泰州中来光电科技有限公司，苏州中来光伏新材股份有限公司
韩国韩华	170	韩华新能源（启东）有限公司

续表

标准化申请人	有效专利量（件）	主要申请人
晶澳科技	149	晶澳（扬州）太阳能科技有限公司，晶澳（扬州）新能源有限公司，晶海洋半导体材料（东海）有限公司，东海晶澳太阳能科技有限公司
腾晖光伏	130	苏州腾晖光伏技术有限公司
润阳股份	129	江苏润阳悦达光伏科技有限公司，江苏润阳世纪光伏科技有限公司
苏州大学	111	苏州大学

3.2.2.3 中国光伏重点技术专利运用情况

1. 中国光伏重点技术专利许可情况

专利许可的种类可分为独占许可、排他许可、普通许可和分许可。独占许可是指许可方规定被许可方在一定条件下独占实施其专利的权利，独占许可的特点是许可人本人不能使用这项专利，也不能向任何第三方授予同样内容的许可。排他许可是指许可人不在该地域内再与任何第三方签订同样内容的许可合同，但许可人本身仍有权在该地域内使用该项专利。普通许可也被称为非独占性许可，是常见的专利许可方式，即许可人在允许被许可人使用其专利的同时，本人仍保留着该地域内使用其专利的权利，也可以将使用权再授予被许可人以外的第三人。分许可是指被许可人将自己取得授权的知识产权再次授权给第三人，因此受限于原许可的授权内容，包括许可区域、许可范围、许可期限等。

对于许可人而言，通过专利许可，企业可以收回研究开发的投入并取得最大的回报，同时可以帮助企业克服进入壁垒或者获得市场竞争优势，使专利产生最大的市场价值；对于被许可人而言，专利许可可以降低自主研发的风险，帮助企业迅速进入特定的技术产品市场，通过资源互补，充分发挥被许可技术以外的资源优势。

在中国公开的重点光伏专利中，有867件涉及专利许可，其许可类型分布如图3－37所示。从图3－37中可以看出，其主要许可类型是独占许可和普通许可，两者数量接近，分别为396件和390件；排他许可为84件；分许可仅有1件，其发明名称为“一种玻璃用组合物和铝硅酸盐玻璃及其制备方法和应用”，公开号为“CN107216032B”，由专利权人“东旭光电科技股份有限公司”以分许可的形式许可给“北京中鼎唯和科技有限公司”，后者又以普通许可的形式许可给“包头兴原材料科技有限公司”。

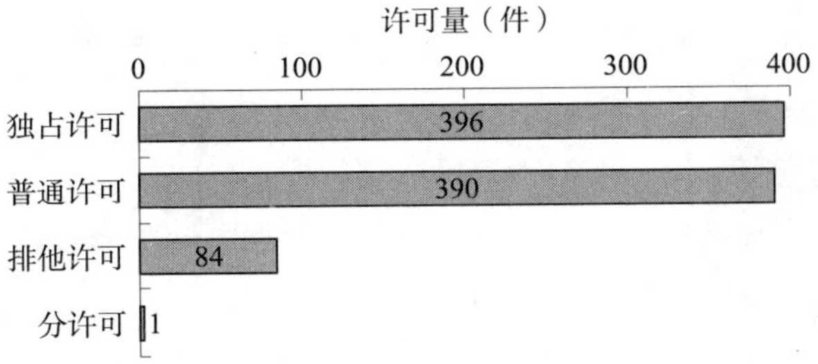

图 3-37　在中国公开的重点技术专利各许可类型的专利量

在中国公开的重点专利的年许可专利量趋势如图3-38所示。从图3-38中可以看出，2011年前后处于光伏专利的快速发展阶段，专利许可活跃，2011年专利许可件数达到了94件；2011年以后专利许可事件呈现下滑趋势，2019年跌至4件；从2021年开始呈现快速增长趋势，2022年许可量达到了146件。

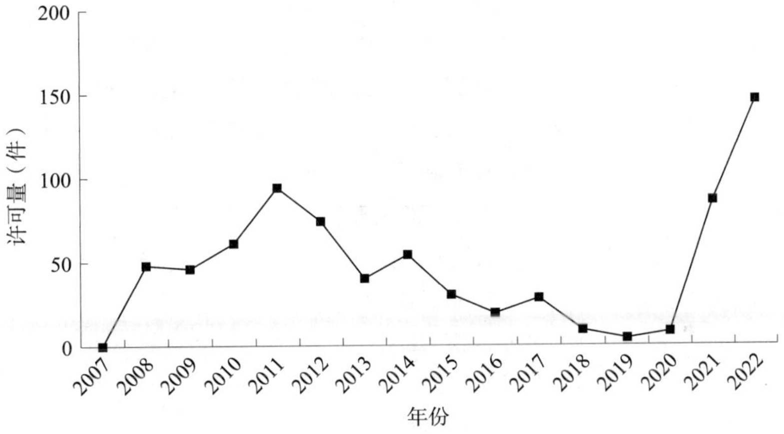

图 3-38　在中国公开的重点技术专利年许可专利量趋势

在中国公开的重点技术专利许可人和被许可人类型分布如图3-39所示。从图3-39中可以看出，高达98.7%的被许可人为企业，而七成以上的许可人亦为企业，表明企业是实施专利许可行为的主体。此外，14.9%的许可人为个人，10.9%的许可人为高校，表明个人和高校在光伏领域的专利许可行为也较为活跃，有一定的运营成果。

在中国公开的重点专利许可人排名和被许可人排名情况分别如图3-40、图3-41所示。具体分析如下：

韩国LG电子株式会社有78件专利许可，许可人排名第一；进一步分析得知，这78件专利均以普通许可形式许可于韩国的韩华思路信株式会社，涉及电池片和光伏组件分支。此外这78件专利还发生了转让，受让人和当前权利人均为上饶市晶科绿能科技发展有限公司。

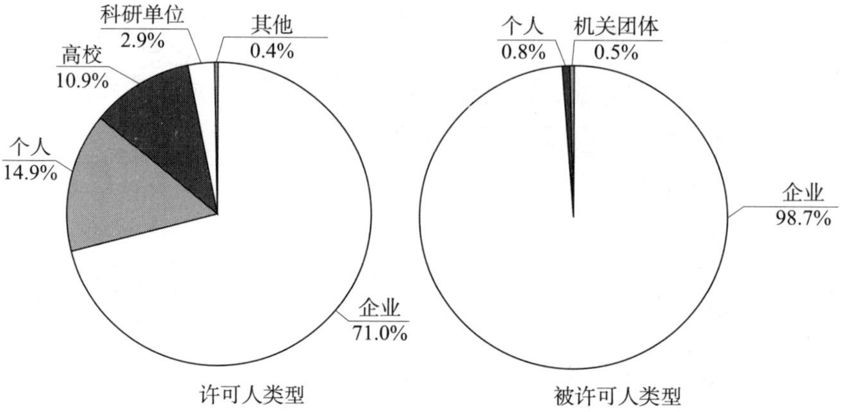

图3－39　在中国公开的重点技术专利许可人和被许可人类型分布

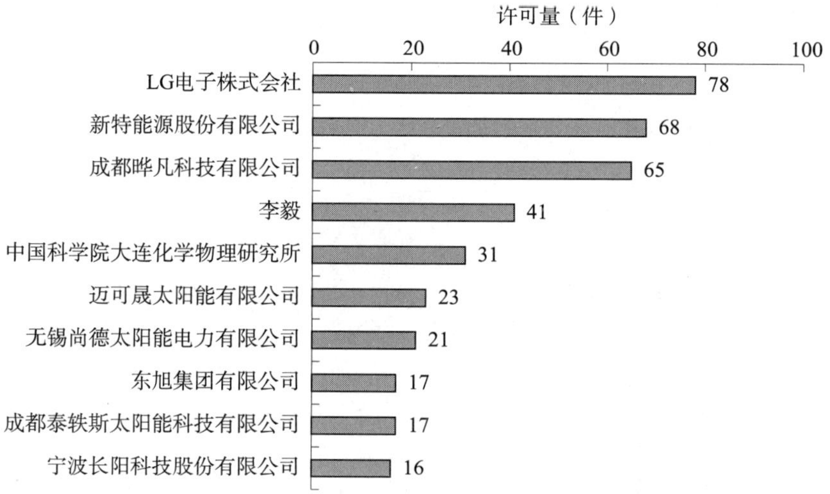

图3－40　在中国公开的重点技术专利许可人排名

许可人排名第二的为新特能源股份有限公司，其将68件专利以普通许可形式许可于新特硅基新材料有限公司，此外这68件专利中还有34件同时许可于内蒙古新特硅材料有限公司，这三家企业均为特变电工的子公司，通过专利许可的形式实现了集团内部的技术扩散和转移，涉及技术分支均为多晶硅制备技术。

许可人排名第三的为成都晔凡科技有限公司，其将65件专利均以普通许可形式许可于通威股份的两家子公司——通威太阳能（合肥）有限公司和通威太阳能（成都）有限公司，其中有49件涉及叠瓦技术。此外成都晔凡科技有限公司还曾将17件专利转让给通威另外一家子公司——通威太阳能（金堂）有限公司。进一步分析可知，这涉及许可或转让的82件专利，其主要发明人孙俊、尹丙伟、李岩、石刚和陈登运等也曾以通威股份为申请人申请了大量专利，表明成都晔凡科技有限公司和通威股份有着非常密切的关联。

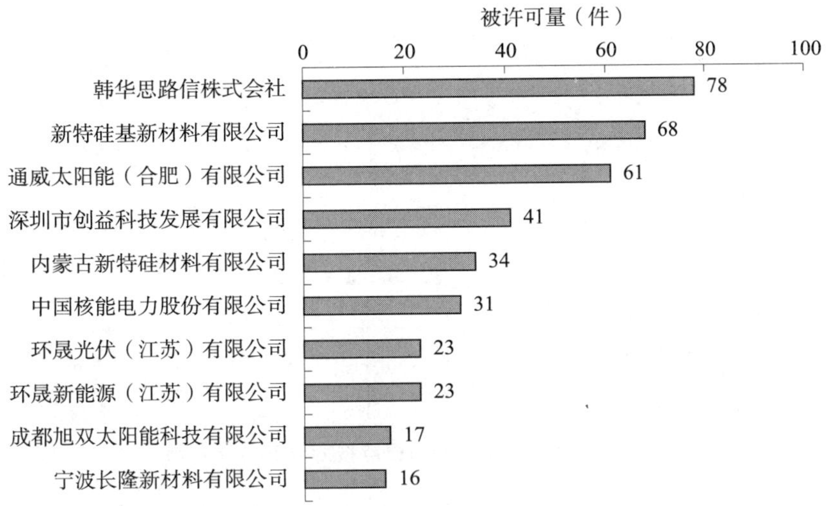

图3-41　在中国公开的重点技术专利被许可人排名

许可人排名第四的为个人，许可人为李毅，其在2009年前后将41件专利以排他许可形式许可于深圳市创益科技发展有限公司。此外，李毅还曾在该公司担任高管（现已退出）。

许可人排名第五的为中国科学院大连化学物理研究所，其于2023年将31件专利以排他许可的形式许可于中国核能电力股份有限公司，其中30件为发明专利，28件涉及钙钛矿电池技术。

2. 中国光伏重点技术专利转让情况

专利转让可分为专利申请权转让和专利所有权转让。其中，专利所有权转让是指专利权人将其拥有的专利权转让给他人的一种法律行为。相比于专利许可，专利转让技术具备明确的转移主体、受体。专利转让是企业专利运营模式的重要组成。在专利转让过程中，转让方通过转让获得经济收益，受让方收获有价值的技术方案并获得技术合作机会。

在中国公开的重点光伏专利中，有8815件涉及专利转让。在中国公开的重点技术专利转让趋势如图3-42所示。从图3-42中可以看出，专利转让量整体呈快速上升趋势，在2021年达到历史峰值的1922件，专利转让活跃。

在中国公开的重点技术专利转让人和受让人类型分布如图3-43所示。从图3-43中可以看出，81.1%的转让人为企业，92.6%的受让人亦为企业，表明企业是实施专利转让行为的主体。

在中国公开的重点技术专利转让人排名和受让人排名情况分别如图3-44、图3-45所示。具体分析如下：

北京晖宏科技有限公司有239件转让专利，转让人排名第一，其中238件转让给东君新能源有限公司；同时，北京晖宏科技有限公司也通过转让形式得到了239件专利，

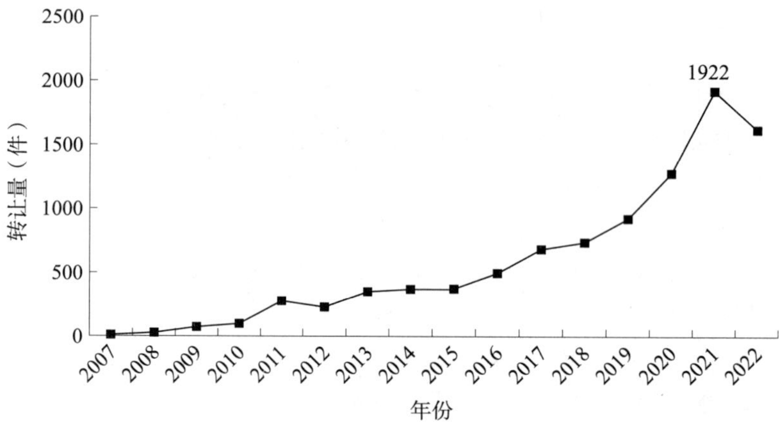

图 3-42　在中国公开的重点技术专利转让趋势

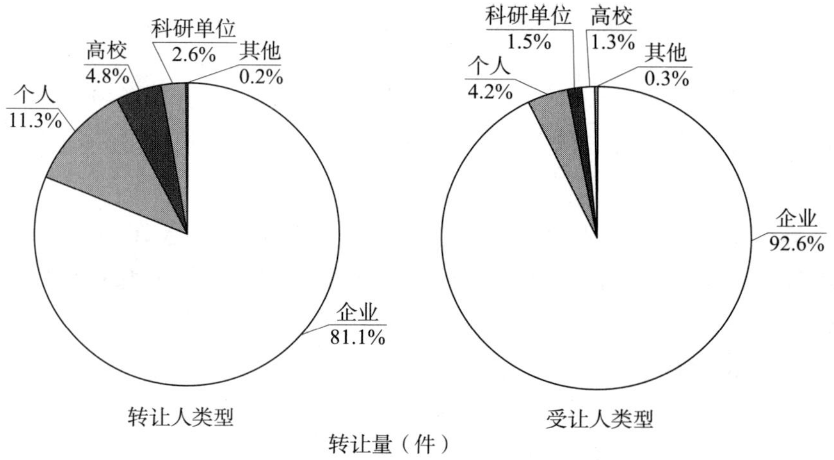

图 3-43　在中国公开的重点技术专利转让人和受让人类型分布

其中有 199 件专利来自汉能集团的直接或间接转让。

北京顶荣光伏科技有限公司有 233 件转让专利，转让人排名第二；其中有 116 件转让给深圳正粤开发建设有限公司，后者又将其全部转让给上海祖强能源有限公司，目前上海祖强能源有限公司是这部分专利的专利权人。

SunPower 公司有 164 件转让专利，其中 162 件转让给迈可晟太阳能有限公司，主要涉及技术分支为电池片和光伏组件领域。

广东爱旭科技股份有限公司将 150 件专利转让给爱旭股份的子公司——浙江爱旭太阳能科技有限公司和天津爱旭太阳能科技有限公司，通过转让使得这些子公司与广东爱旭科技股份有限公司共同拥有这批专利的专利权，主要涉及电池片领域。爱旭股份发生在子公司之间的专利转让十分活跃，方便经营和管理，有利于优化资产和利益的布局，有效控制、切割、分摊风险。

值得一提的是，乐金集团在全球范围内转让476件专利给晶科能源，其中有113件属于在中国公开专利，主要涉及电池片和光伏组件领域，转让均发生在2022年和2023年。

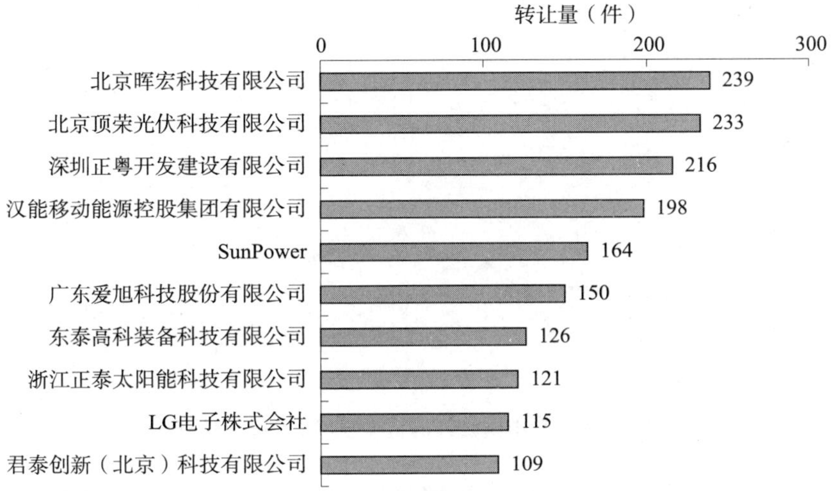

图3-44　在中国公开的重点技术专利转让人排名

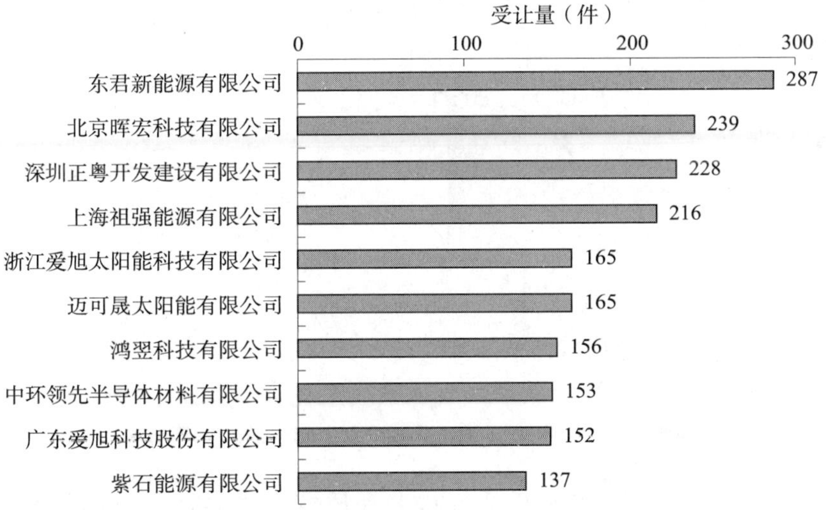

图3-45　在中国公开的重点技术专利受让人排名

3. 中国光伏重点技术专利质押情况

专利权质押，是指为担保债权的实现，由债务人或第三人将其专利权中的财产权设定质权，在债务人不履行债务时，债权人有权依法就该设质专利权中的财产权的变价款优先受偿的担保方式。

在中国公开的重点光伏专利中，涉及质押的专利共计483件。在中国公开的重点技术专利质押趋势如图3-46所示。从图3-46中可以看出，专利质押量整体呈平稳增长趋势，并于2021年快速增长至历史峰值的129件，近两年的增长趋势有所回落。

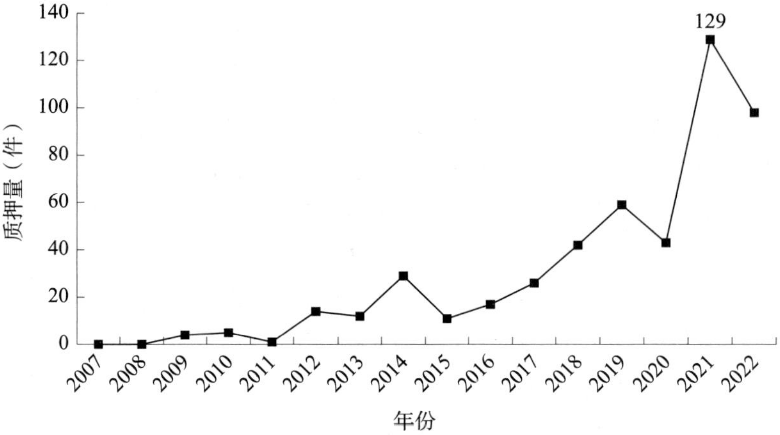

图3－46　在中国公开的重点技术专利质押趋势

从图3－47可以看出，94%的出质人为企业，企业是实施专利出质行为的主体。企业可以通过专利出质获得多样化的融资渠道，减少企业的融资成本，此外企业可以选择将部分或全部专利权出质，灵活度高。

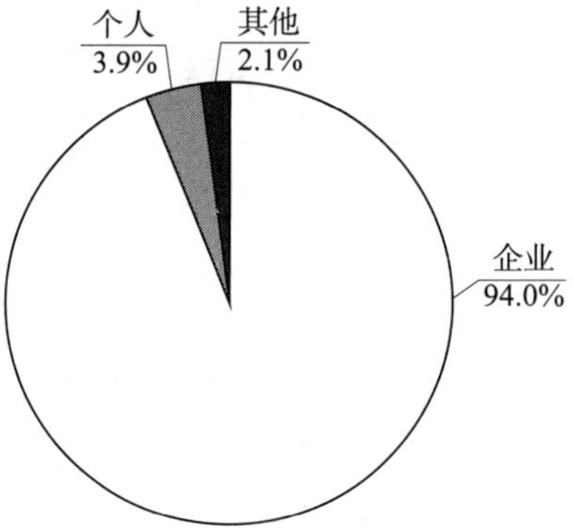

图3－47　在中国公开的重点技术专利出质人类型分布

在中国公开的重点技术专利出质人排名和质权人排名情况分别如图3－48、图3－49所示。在中国公开的重点技术专利出质人前10均为企业，其中有4家企业的专利质押量超过15件。质权人中，除江苏省信用再担保有限公司以外，其他9家均为银行。

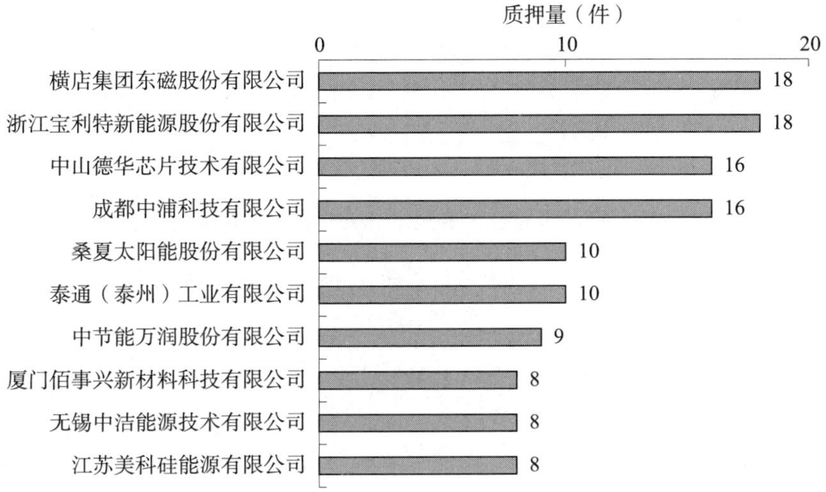

图3-48　在中国公开的重点技术专利出质人排名

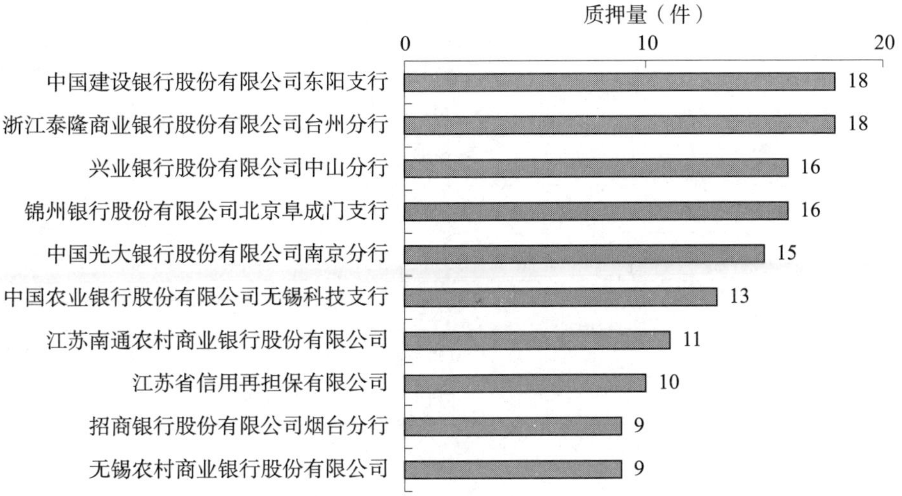

图3-49　在中国公开的重点技术专利质权人排名

4. 小结

综合以上的专利运用情况来看，在国内通过专利转让的方式来运营更为普遍，专利转让量较许可量和质押量高出一个数量级，表明专利转让是目前中国重点技术专利运营最主要的方式，而通过专利许可和专利质押的方式运用较少。

从主体上来看，在专利转让和许可方面，企业最为活跃；专利质押方面，出质人亦主要涉及企业。这与光伏行业产业化发展程度高密切相关，企业是实施光伏专利运营的主导力量。

从趋势来看，2021—2023年国内专利转让、许可和质押行为非常活跃，表明以企业为主体的光伏行业参与者开始日益重视专利运营，通过实施专利运营行为有助于获得更高的收益和融资，提高企业的核心竞争力，获得市场竞争优势，克服行业进入壁垒等。

3.2.2.4 中国光伏重点技术各技术分支的专利申请趋势

在中国公开的重点技术各技术分支专利申请量和有效专利量分布情况如表3-3所示。结合各技术分支专利申请量和有效量变化趋势做进一步分析，可以得出以下结论。

表3-3 在中国公开的重点技术各技术分支专利申请量和有效专利量情况

技术分支		专利申请量（件）	有效专利量（件）	专利有效率（%）❶
原材料	改良西门子法制多晶硅	2077	1021	49.2
	硅烷流化床法制多晶硅	185	94	50.8
	提拉法制单晶硅	4936	2357	47.8
	区熔法制单晶硅	700	252	36.0
电池片	PERC电池	2669	1140	42.7
	TOPCon电池	1091	458	42.0
	HIT电池	5278	1836	34.8
	IBC电池	1241	521	42.0
	钙钛矿电池	4841	2060	42.6
	染敏电池	3169	979	30.9
光伏组件	常规组件	35995	15621	43.4
	切片组件	912	501	54.9
	多主栅组件	202	132	65.3
	叠片组件	685	409	59.7
	背接触组件	474	256	54.0

1. 原材料

根据表3-3可知，相对于多晶硅制备技术，单晶硅专利申请量和有效专利量的数量更多，其制备技术的研发热度更高。

（1）单晶硅技术分支。相较于区熔法，提拉法制备单晶硅成本更低，更易实现量产，是目前光伏电池单晶硅的主流生产方式，其专利申请量4936件和有效量2357件也远高于区熔法。从专利申请量和有效专利量变化趋势来看，近年来提拉法制单晶硅的申请量和有效专利量增长迅速，并均于2021年达到了历史峰值，分别为661件和438件，如图3-50所示❷。TCL中环、隆基股份、晶澳科技在提拉法制单晶硅分支具有雄

❶ 专利有效率=有效专利量/专利申请量。

❷ 其中2022年的数量下降，原因在于截至检索时间，部分在该年份申请的专利文献还未公开，该年专利申请量并非完整数据，在此仅列出不做分析。

厚的研发实力，分别具有该分支有效专利 226 件、166 件和 83 件。

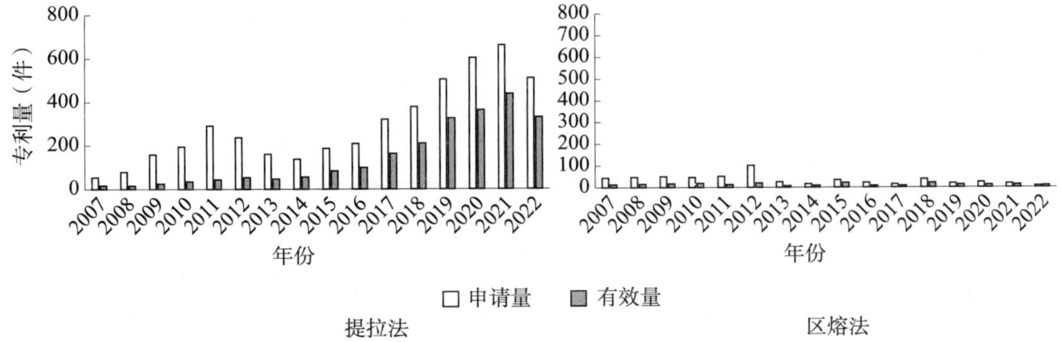

图 3－50　在中国公开的重点技术单晶硅制备专利申请量和有效专利量的申请趋势

区熔法的年申请量在百件以内，研发热度较低，TCL 中环和瓦克公司分别具有该分支有效专利 61 件和 31 件，有效专利量排名前二。

（2）多晶硅技术分支。作为目前最主流的多晶硅制备生产方法，改良西门子法制多晶硅专利申请量有 2077 件和有效量有 1021 件，均远高于硅烷流化床法。从图 3－51 来看，改良西门子法制多晶硅分支在 2010 年以后每年申请量均超过百件，是多晶硅分支的布局热点。从申请人来看，中冶集团、特变电工和亚洲硅业分别拥有在中国公开有效专利 116 件、102 件和 96 件，研发实力突出。

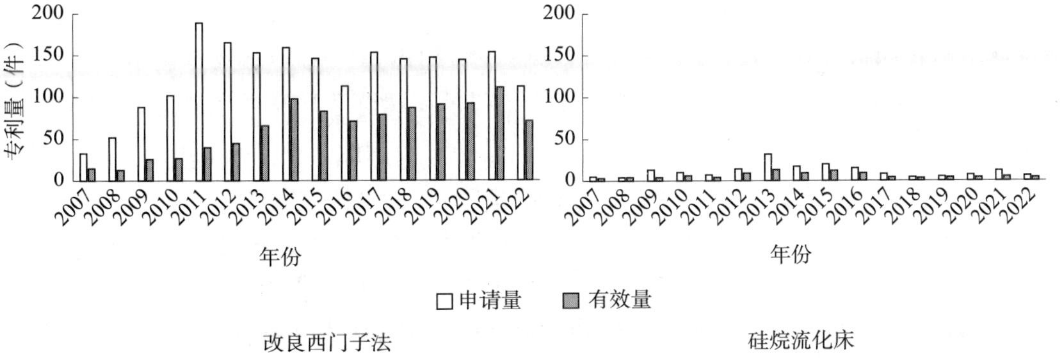

图 3－51　在中国公开的重点技术多晶硅制备专利申请量和有效专利量的申请趋势

硅烷流化床法制多晶硅分支在中国公开的申请量和有效量仅为 185 件和 94 件，年申请量最大值出现在 2013 年，仅为 32 件，整体研究热度偏低。这可能与该技术产业化程度低有关，目前国内仅协鑫集团、陕西天宏硅业等少数企业实现了硅烷流化床法规模化生产多晶硅。其中协鑫集团具有该分支有效专利量 17 件，排名第一。

2. 电池片

电池片位于光伏产业链的中游，是光伏发电系统的核心结构，技术路线多且复杂，技术路线选择对未来光伏行业的竞争有着深刻影响。除表 3－3 外，电池片分支专利申请量和有效量分布以条形图的形式进行直观展示，如图 3－52 所示。

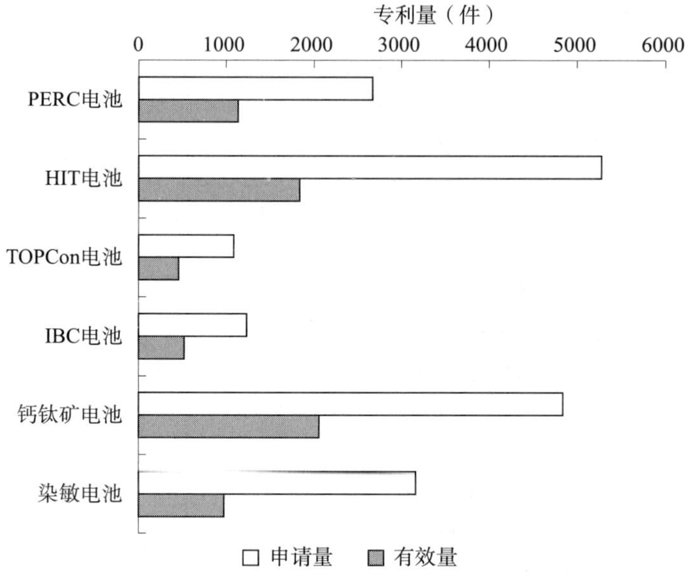

图 3－52　在中国公开的重点技术电池片分支专利申请量和有效专利量分布

PERC 电池是目前光伏市场的主流技术，技术相对成熟，在中国公开的专利申请量和有效专利量分别为 2669 件和 1140 件，在六种电池片技术中分别排第四和第三，专利有效率为 42.7%。从图 3－53 展示的趋势来看，从 2007 年开始 PERC 电池的专利申请量总体呈增长趋势；在 2016 年以后专利申请量增加迅速，每年有效专利量也保持在 100 件以上，并于 2019 年专利申请量和有效专利量均达到了历史峰值，分别为 382 件和 171 件，表明 PERC 电池技术进一步成熟，保持了较高的研究热度。从申请人来看，爱旭股份、通威股份分别拥有在中国公开的有效专利 178 件、75 件。

TOPCon 电池专利申请量和有效专利量分别为 1091 件和 458 件，专利有效率为 42.7%。从图 3－53 展示的趋势来看，自 2013 年德国弗朗霍夫应用研究促进学会首次提出 TOPCon 电池概念开始，TOPCon 电池的专利申请量和有效专利量整体上呈逐年递增的趋势，尤其在 2018 年之后，申请量和有效量增加迅速，2019—2022 年每年申请量在 200 件左右，年有效量也达到 60 件以上，产业化技术逐步成熟。从申请人来看，隆基股份、中来和晶科能源分别拥有在中国公开的有效专利 47 件、40 件和 31 件，技术创新活跃。

HIT 电池在中国公开的专利申请量和有效专利量分别为 5278 件和 1836 件，在六种电池片技术中分别排第一和第二；专利有效率偏低，仅为 34.8%，排名最后。从图 3－53 展示的趋势来看，HIT 电池的专利申请量和有效专利量总体呈增长趋势，并于 2021 年专利申请量达到历史峰值 532 件，同时该年的有效专利量也达到 218 件。HIT 电池 2018—2022 年的专利申请量和有效专利量仅次于钙钛矿电池，研究热度保持在高位。从申请人来看，隆基股份、钧石能源和阿特斯分别拥有在中国公开的有效专利 73 件、

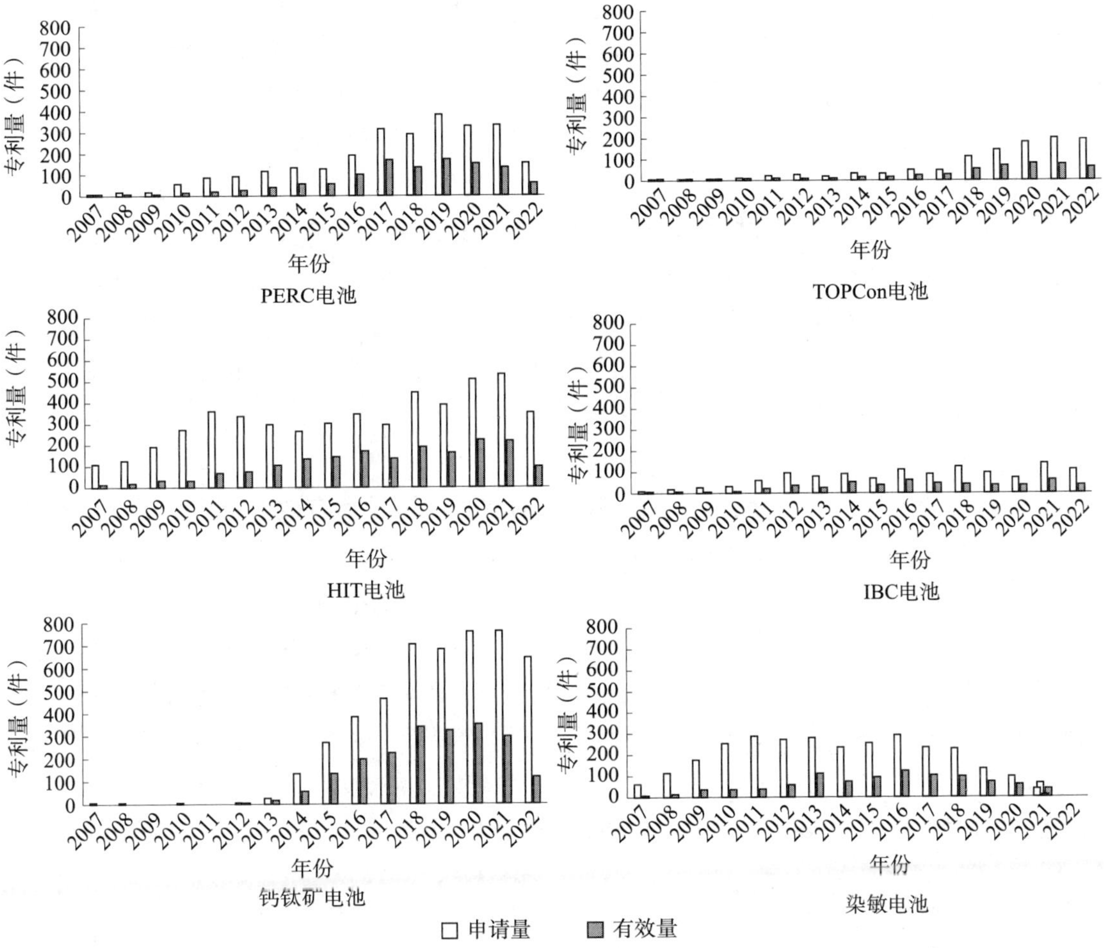

图 3-53　在中国公开的重点技术电池片各分支专利申请量和有效专利量的申请趋势

58 件和 57 件。

IBC 电池在中国公开的专利申请量和有效专利量分别为 1241 件和 521 件，在六种电池片技术中均排第五，专利有效率为 42.0%。从图 3-53 展示的趋势来看，IBC 电池申请趋势较为平稳，年申请量和有效量在 2021 年达到了历史峰值，分别为 140 件和 62 件，低于其他电池片分支。目前 IBC 电池分支有效专利量排名前 3 的申请人分别是隆基股份、SunPower 和中来，分别具有在中国公开的有效专利 68 件、38 件和 38 件。

作为最有前景的下一代光伏技术，钙钛矿电池的专利申请量为 4841 件，仅次于 HIT 电池，在电池片分支中位列第二；有效专利量为 2060 件，位列第一，专利有效率达 42.6%。从图 3-54 展示的趋势来看，钙钛矿电池 2018—2022 年的年申请量保持在 600 件以上，2017—2021 年每年的有效专利量均超过 200 件，近几年研究热度远高于其他电池片分支。目前钙钛矿电池分支有效专利量排名前 3 的申请人分别是杭州纤纳光电科技有限公司、中国华能和苏州大学，分别具有在中国公开的有效专利 105 件、82 件和 59 件。

染敏电池的专利申请量为3169件，有效专利量为979件，专利有效率仅为30.9%，有六种电池片分支中排名最后。从图3－53展示的趋势来看，染敏电池的专利申请量集中在2010—2018年，这段时期的年申请量保持在200～300件，并于2016年专利申请量和有效专利量达到历史峰值，分别为291件和123件。2019年以后染敏电池的研究热度明显下降。从申请人来看，目前染敏电池的有效专利主要集中在科研院所和高校，中国科学院和湘潭大学分别拥有在中国公开的有效专利86件和28件。

综合来看，PERC电池、HIT电池、TOPCon电池、IBC电池和钙钛矿电池在近五年的研究热度均达到了各自的顶峰；而染敏电池近期的研究热度明显下降，这与我国染敏电池市场规模相对较小密切相关，染敏电池真正实现大规模产业化还亟须克服稳定性差、转换效率低的缺点。

3. 光伏组件

由表3－3可知，光伏组件中，常规组件的专利申请量和有效专利量分别为35995件和15621件，远超其他四种光伏组件，专利有效率为43.4%。

对常规组件以外的四种光伏组件分支做进一步分析，具体包括多主栅组件、叠片组件、背接触组件、切片组件分支，如图3－54所示。从图3－54可以看出，这四种光伏组件在最近五年的专利申请量和有效专利量显著上升，研究热度均达到了各自的顶峰。随着光伏发电平价上网对降本增效要求的提高，近几年光伏市场对高效、高功率光伏组件技术的需求不断上升。企业和研究机构积极投入，努力寻求技术突破，推动了这四种光伏组件的研发进程。由表3－3表明，这四种光伏组件专利有效率较高，均在50%以上。

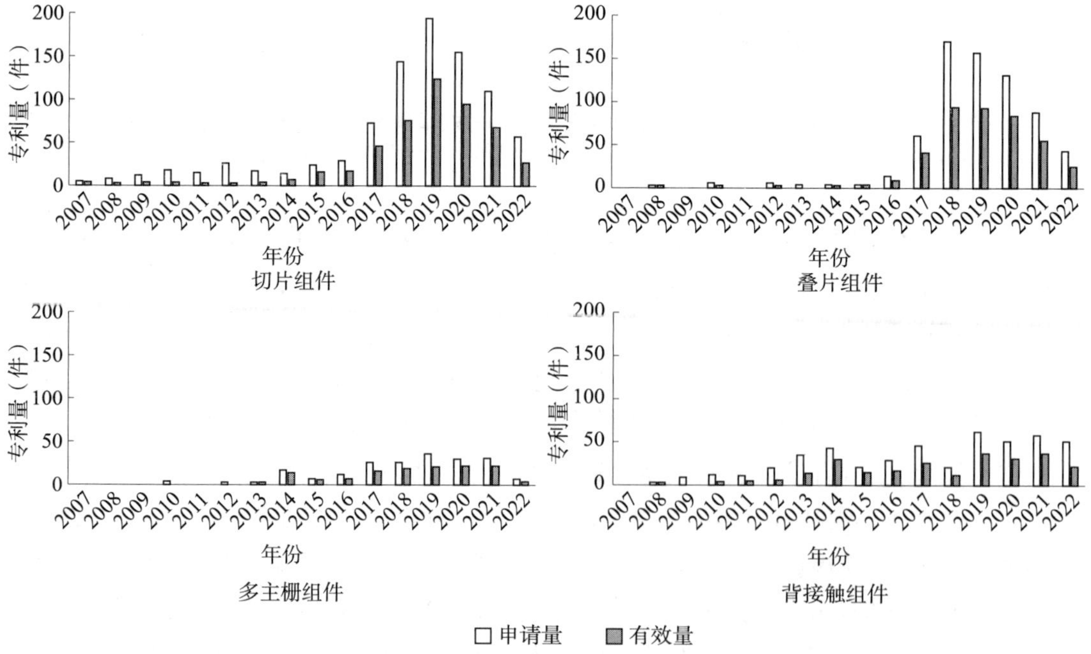

图3－54 在中国光伏组件四个分支专利申请量和有效专利量的申请趋势

切片组件的专利申请量和有效专利量分别为921件和501件，多于其他三个光伏组件分支；年专利申请量和有效专利量于2019年达到其历史峰值，分别为194件和124件。从申请人来看，阿特斯、隆基股份和天合光能分别拥有在中国公开的有效专利66件、37件和27件。

叠片组件的专利申请量和有效专利量仅次于切片组件，分别为685件和409件；年专利申请量和有效专利量于2018年达到其历史峰值，分别为170件和94件。从申请人来看，隆基股份、成都晔凡科技有限公司和晶澳科技分别拥有在中国公开的有效专利67件、34件和19件。

背接触组件的专利申请量和有效专利量分别为474件和256件，在四种光伏组件中位列第三；年专利申请量和有效专利量显著低于切片组件和叠片组件，在2019年年专利申请量和有效专利量达到其历史峰值，分别为62件和37件。从申请人来看，隆基股份和中来分别拥有在中国公开有效专利43件和20件，排名前2。

多主栅组件的专利申请量和有效专利量分别为202件和132件，在这四种光伏组件中排名最后，专利有效率高达65.3%；每年申请量均在40件以下，明显少于其他三个光伏组件。从申请人来看，中来和阿特斯分别拥有在中国公开的有效专利17件和14件。

3.2.3 光伏重点技术专利产学研合作情况

申请人的同一项发明创造（专利技术）可能在多个国家和地区提出专利申请，本小节中，为了更明确地体现申请人间的技术合作情况，在进行专利数量统计时，以一族（同族）形式统计专利文献数量，即以“项”为单位，一项合作申请可能包含多件专利申请。同时，本小节不考虑与个人的合作申请。

3.2.3.1 全球光伏重点技术专利重要申请人之间的合作申请情况

1. 总体情况

光伏产业的全球重点技术专利中，涉及合作申请的专利共12864项。

在有合作申请的所有申请人中，对外合作申请量最高的为三菱公司，涉及对外合作的专利申请达133项。从合作频次上来看，涉及对外合作频次最高的为SunPower与道达尔公司间的合作，二者合作申请达到66项。从对外合作的广度上来看，法国国家科研中心与不同主体合作数量最多，涉及80个不同的申请主体与法国国家科研中心有过合作申请。

有合作申请的国内外申请人排位如表3-4和表3-5所示。其中既涉及相同类型的申请主体之间的合作，如企业间的合作申请，还涉及不同类型申请主体之间的合作申请，如企业和高校及科研机构之间的合作申请[1][2]。

---

[1] 数据仅包含申请人对外申请的情况，不统计申请人集团内部的合作，部分公司未进行合并排名，如道达尔公司与SunPower、松下集团与三洋公司，同时SunPower、松下集团等已作为其他申请人主要合作对象体现，未重复参与排名。

[2] 部分公司未进行合并，如中国科学院下属院所、国家电网公司，同时对于常熟理工学院、中国科学院上海硅酸盐研究所、西安电子科技大学等对外合作对象较为单一，已作为其他申请人主要合作对象予以体现，未重复参与排名。

表3-4　国外申请人光伏重点技术专利对外合作申请排名

序号	申请人	对外合作申请数量（项）	主要合作对象	对外合作对象数量（个）
1	三菱公司	133	科学技术振兴机构、东京大学、日立公司等	52
2	法国国家科研中心	131	法国电力公司、巴黎综合理工大学、波尔多大学等	80
3	道达尔公司	95	SunPower、法国国家科研中心、法国电力公司等	19
4	产业技术综合研究所	86	三菱公司、住友公司、富士电机等	48
5	夏普公司	79	东京大学、积水公司、京都大学	45
6	住友公司	71	鸟取大学、大阪大学、产业技术综合研究所等	33
7	陶氏环球	67	加州理工学院、瓦克公司、伊利诺伊大学等	19
8	日立公司	65	旭硝子株式会社、三菱公司、陶氏环球等	30
9	法国原子	65	法国国家科研中心、Aledia、Isorg等	44
10	信越公司	62	贺利氏、直江津电子、三益半导体等	20
11	大阪大学	59	大金工业、住友公司、钟渊化学等	31
12	乐金集团	57	浦项工科大学、蔚山科学技术院、汉阳大学等	34
13	京瓷公司	53	出光兴产、大阪大学等	17
14	捷恩智株式会社	52	关西学院、新日矿株式会社等	8
15	东京大学	49	三菱公司、夏普公司、理化学研究所等	26

续表

序号	申请人	对外合作申请数量（项）	主要合作对象	对外合作对象数量（个）
16	三洋公司	47	松下集团、大日本印刷、鹿岛建设株式会社等	23
17	三星集团	45	成均馆大学、浦项工科大学、德山新勒克斯有限公司等	31
18	东京工业大学	44	凸版印刷、大赛璐株式会社、三菱公司等	29
19	京都大学	43	日本电气、夏普公司、日立公司等	31
20	胜高股份	41	日本超精石英、新潟大学、科学技术振兴机构等	9

表3-5　国内申请人光伏重点技术专利对外合作申请排名

序号	申请人	对外合作申请数量（项）	主要合作对象	对外合作对象数量（个）
1	清华大学	73	鸿富锦精密工业（深圳）有限公司、江西旭阳雷迪高科技股份有限公司等	17
2	腾晖光伏	64	常熟理工学院、南京航空航天大学、四川大学等	7
3	浙能集团	43	中国科学院上海硅酸盐研究所、中国科学院宁波材料技术与工程研究所等	3
4	深圳先进技术研究院	34	香港中文大学、石家庄铁道大学、中南大学等	5
5	江苏大学	32	常州大学、江苏亚电科技有限公司等	5

续表

序号	申请人	对外合作申请数量（项）	主要合作对象	对外合作对象数量（个）
6	中电投	28	西安电子科技大学、长沙矿冶研究院、西北工业大学等	7
7	中国建材国际工程集团	25	CTF 太阳能有限公司、东莞日阵薄膜光伏技术有限公司等	6
8	上海交通大学	25	浙能集团、江苏林洋光伏科技有限公司、上海空间电源研究所等	17
9	天合光能	21	南京大学、中山大学、澳大利亚国立大学等	10
10	英利集团	20	河北省凤凰谷零碳发展研究院、国家电网等	5
11	苏州大学	20	嘉兴尚能光伏材料科技有限公司、腾晖光伏、常熟理工学院等	8
12	晶澳科技	19	南京工业大学、绍兴县精功机电研究所有限公司等	9
13	浙江大学	18	西子联合控股有限公司、浙江鑫顺光伏科技有限公司等	11
14	上海硅产业	18	中国科学院上海微系统与信息技术研究所等	2
15	中国华能	17	华北电力大学、西安热工研究院有限公司、腾晖光伏等	7
16	华东理工大学	14	天洋热熔胶、安徽超群电力科技有限公司等	9
17	华东师范大学	13	上海一帽紧固件有限公司、上海纳晶科技有限公司等	11
18	复旦大学	12	常州有则科技有限公司等	7

续表

序号	申请人	对外合作申请数量（项）	主要合作对象	对外合作对象数量（个）
19	东莞理工学院	12	北京赛知科技有限公司等	2
20	中国电科	11	华南理工大学、东南大学等	8

从合作的技术方向来看，三菱公司的合作方向主要在有机钙钛矿太阳能电池的研究，占了其合作研究的1/3，然后是晶硅电池的封装组件和封装方法，再次是提拉单晶技术。法国国家科研中心的合作方向主要在有机太阳能电池、透明电极、HIT电池技术。道达尔公司的主要合作方向在电池电极的设计，其次是太阳能电池表面钝化，且其合作伙伴主要是SunPower。产业技术综合研究所的主要合作方向在有机太阳能电池研究方向，其次是晶硅太阳能电池的封测。夏普公司的合作方向主要是电池封装组件，其次是染敏电池。住友公司的合作方向主要是有机太阳能电池材料研究尤其是富勒烯材料方向。陶氏环球主要合作方向为CIGS薄膜太阳能电池的材料研究以及非晶硅材料的制备。日立公司的合作方向主要在太阳能电池的波长转换组件，其次为CIGS薄膜太阳能电池。法国原子主要合作方向在多晶硅的天然烧结方法。腾晖光伏的主要合作方向在太阳能电池的电极改进方面尤其是石墨烯电极，其次为异质结太阳能电池的表面钝化研究。信越公司的主要合作方向在多晶硅和单晶硅的制备方法，且单晶硅制备方法主要侧重于提拉法的研究。大阪大学主要的合作方向在富勒烯有机太阳电池的研究。乐金集团的合作研究主要在有机太阳能电池的研究。

2. 主要光伏企业重点技术对外合作的申请情况

本节选取光伏产业链各环节的部分光伏企业，研究其在光伏重点技术领域的对外合作申请情况，如图3－55所示。图中仅反映不同申请主体之间对外的合作关系，申请主体集团内部的关系未作体现。图中节点大小表示的是申请主体合作申请量的大小（含集团内部合作申请），节点越大说明申请主体的合作申请量越大，节点间连线的粗细表示不同申请主体间的合作申请的频次，连线越粗，说明不同申请主体间的合作频次越高。

从不同申请主体的对外合作方向来看，以陶氏环球和晶澳科技为例，其主要对外合作申请情况，分别如表3－6及表3－7所示。陶氏环球对外合作主要涉及有机太阳能电池、CIGS薄膜太阳能电池、非晶硅制备等方向；晶澳科技对外合作主要涉及原材料制备方向。企业申请人通过与大学或科研机构的合作来提升自身在产业中的技术创新。

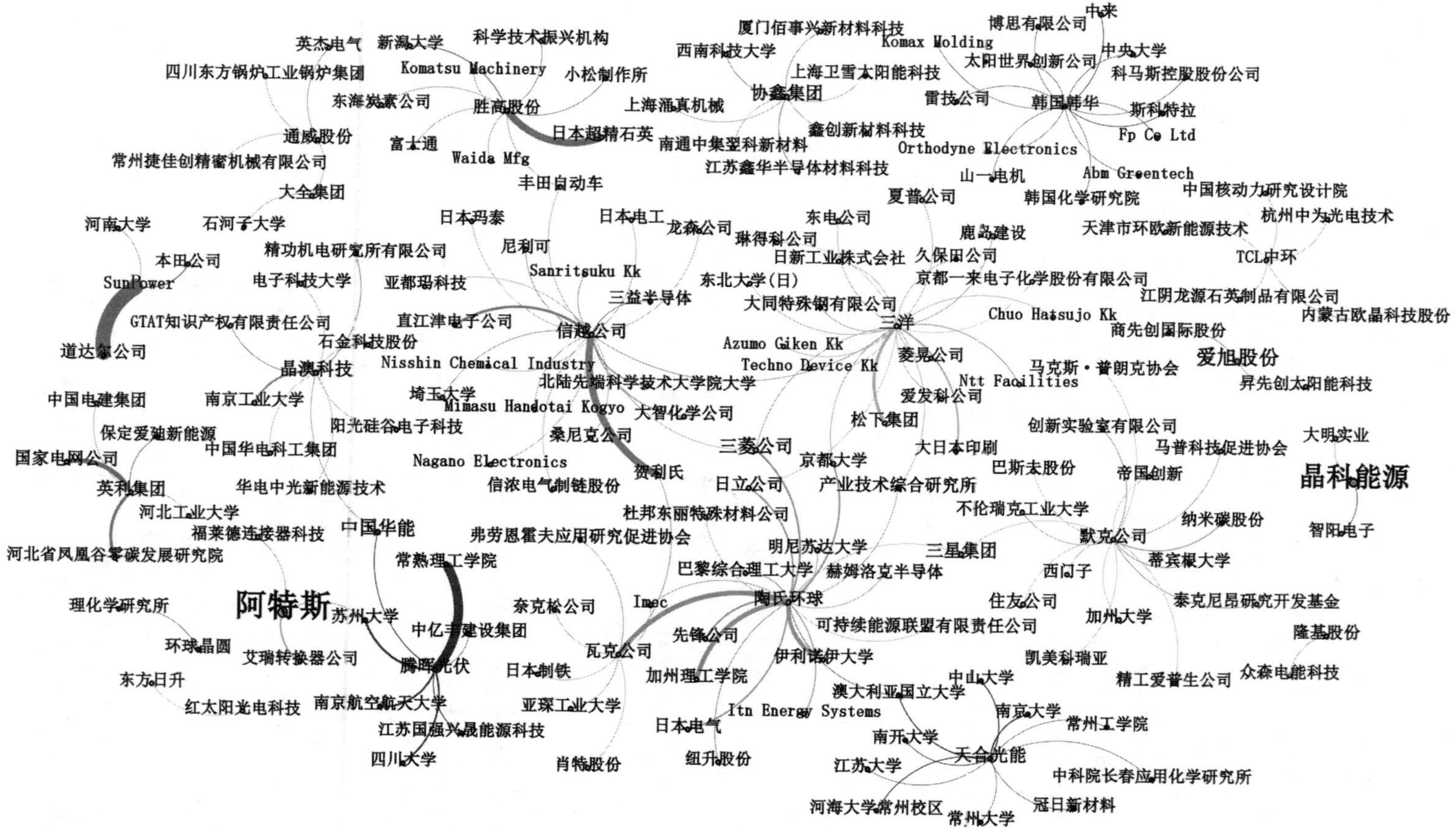

图 3－55　光伏重点技术专利全球重要申请人合作网络

表3-6　陶氏环球光伏重点技术专利的主要合作申请情况

序号	公开号	合作对象	合作方向
1	JP2005013991	日本京都大学	有机太阳能电池
2	JP2005262522	日本京都大学	有机太阳能电池
3	JP2007222521	日本京都大学	有机太阳能电池
4	JP2004055245	日本京都大学	有机太阳能电池
5	JP2004039116	日本京都大学	有机太阳能电池
6	EP05805428	日本京都大学	有机太阳能电池
7	US16087446	日本京都大学	有机太阳能电池
8	KR1020187028996	日本京都大学	有机太阳能电池
9	US16087384	日本京都大学	有机太阳能电池
10	US16086862	日本京都大学	有机太阳能电池
11	US14275020	日本京都大学	有机太阳能电池
12	WOUS07009365	Itn Energy System Inc	CIGS 薄膜太阳能电池
13	WOUS07009359	Itn Energy System Inc	CIGS 薄膜太阳能电池
14	EP07755589	Itn Energy System Inc	CIGS 薄膜太阳能电池
15	DE10217125	瓦克公司	非晶硅制备
16	DE10217140	瓦克公司	非晶硅制备
17	DE10217126	瓦克公司	非晶硅制备
18	DE10217124	瓦克公司	非晶硅制备
19	WODE03000116	瓦克公司	非晶硅制备
20	WODE03001270	瓦克公司	非晶硅制备
21	DE10291940	瓦克公司	非晶硅制备
22	WODE03000115	瓦克公司	非晶硅制备
23	JP2002587343	瓦克公司	非晶硅制备
24	WOUS14071938	加州理工	太阳能光学元件
25	US14424269	加州理工	太阳能光学元件
26	US14424291	加州理工	太阳能光学元件
27	JP2015530097	加州理工	太阳能光学元件
28	US15107315	加州理工	太阳能光学元件
29	WOUS13023824	加州理工	CIGS 薄膜太阳能电池
30	US14373600	加州理工	CIGS 薄膜太阳能电池
31	WOUS11040459	加州理工	CIGS 薄膜太阳能电池
32	US14433221	加州理工	薄膜吸收层制备
33	WOUS13023812	加州理工	薄膜吸收层制备
34	WOUS13023819	加州理工	薄膜吸收层制备
35	US14373599	加州理工	薄膜吸收层制备

续表

序号	公开号	合作对象	合作方向
36	CN201780025724	伊利诺伊大学	有机太阳能电池及集成
37	US16087446	伊利诺伊大学	有机太阳能电池及集成
38	KR1020187028996	伊利诺伊大学	有机太阳能电池及集成
39	US16087384	伊利诺伊大学	有机太阳能电池及集成
40	US16086862	伊利诺伊大学	有机太阳能电池及集成
41	JP2004055245	三菱公司	有机太阳能电池
42	JP2004039116	三菱公司	有机太阳能电池
43	US14275020	三菱公司	有机太阳能电池

表3－7　晶澳科技光伏重点技术专利的主要合作申请情况

序号	公开号	合作对象	合作方向
1	CN102400219A	南京工业大学	晶硅的掺杂及铸锭
2	CN202968753U	南京工业大学	晶硅的掺杂及铸锭
3	CN103361724A	南京工业大学	晶硅的掺杂及铸锭
4	CN203373447U	南京工业大学	晶硅的掺杂及铸锭
5	CN203485502U	南京工业大学	晶硅的掺杂及铸锭
6	CN102899720A	南京工业大学	晶硅的掺杂及铸锭
7	CN102978696A	南京工业大学	晶硅的掺杂及铸锭
8	CN203333815U	南京工业大学	晶硅的掺杂及铸锭
9	CN101851782A	绍兴县精功机电研究所有限公司	准单晶硅的铸锭
10	CN101864594A	绍兴县精功机电研究所有限公司	准单晶硅的铸锭
11	CN201695105U	绍兴县精功机电研究所有限公司	准单晶硅的铸锭
12	CN112104317A	中国华电科工集团有限公司	光伏边框
13	CN113193120A	电子科技大学	钙钛矿太阳能电池

3.2.3.2 重要研发机构的光伏重点技术专利合作情况

3.2.3.2.1 天合光能光伏科学与技术国家重点实验室

1. 申请人情况

天合光能自2010年获批建立了光伏科学与技术国家重点实验室，是首批获得科技部认定的光伏企业国家重点实验室。通过国家级重点实验平台，天合光能搭建了全面的科创体系，涉及的研究方向包括：高性价比电池材料研究、高性价比电池研究、高效高可靠组件研究、智能和建筑一体化系统研究、光伏测试分析和新技术研究等。

从专利数据来看，经简单同族合并后统计，天合光能共申请了1171项光伏重点技术相关专利，涉及合作申请的专利共计141项，其中企业间的合作申请121项，主要为集团内部关联方的联合申请，如图3－56所示。相关申请人合作申请主要涉及的申请主体为常州天合光能有限公司、天合光能（常州）科技有限公司、天合光能股份有限公司。除集团内部合作外，天合光能还有21项与高校及科研院所的合作申请，主要涉及中山大学、河海大学常州校区、澳大利亚国立大学、南京大学、南开大学、常州工学院等。天合光能对外的合作申请主要涉及的领域如表3－8所示。

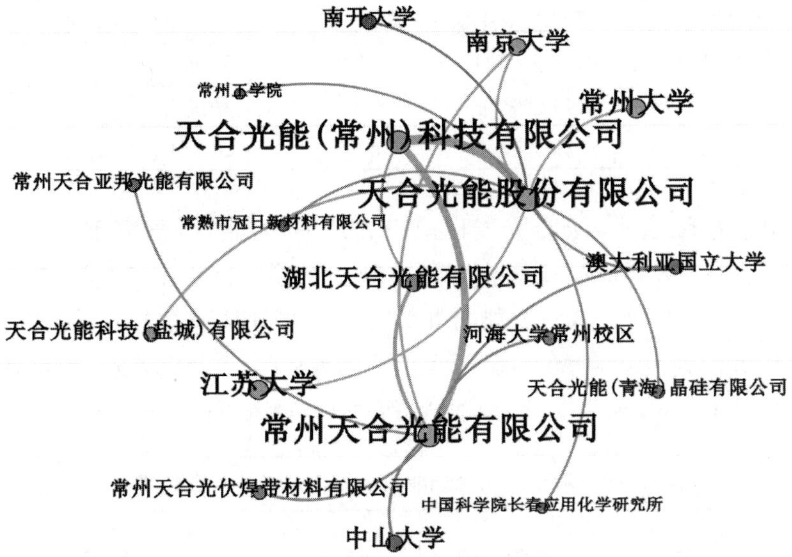

图3－56　天合光能光伏重点技术专利相关申请人合作网络

表3－8　天合光能光伏重点技术专利的合作申请情况

序号	公开号	合作对象	合作方向
1	CN102139876A	南京大学	硅纳米管的制备
2	CN102145890A	南京大学	硅纳米管的制备
3	CN114824094A	南京大学	叠层电池技术
4	CN108198904B	南京大学	叠层电池技术
5	CN102093628A	南京大学	EVA胶膜
6	CN104409536A	中山大学	光伏组件的装饰组件
7	CN204216056U	中山大学	光伏组件的装饰组件
8	CN102820343A	中山大学	PERC电池
9	CN101707223A	中山大学	常规组件中光转换材料的改进
10	CN107623050A	澳大利亚国立大学	PERC电池电池的钝化结构的改进
11	CN107665934A	澳大利亚国立大学	PERC电池电池的钝化结构的改进
12	CN107516692A	澳大利亚国立大学	PERC电池电池的钝化结构的改进
13	CN108183169B	南开大学	钙钛矿电池
14	CN108198904B	南开大学	叠层电池技术

续表

序号	公开号	合作对象	合作方向
15	CN104979477A	河海大学	钙钛矿电池
16	CN105185913A	河海大学	钙钛矿电池
17	CN205016565U	河海大学	钙钛矿电池
18	CN207926520U	常熟市冠日新材料有限公司	光伏组件的接线盒
19	CN106588748B	中国科学院长春应用化学研究所	钙钛矿电池
20	CN115295648A	常州工学院	光伏组件安装
21	CN109192809A	江苏大学、常州大学	IBC 电池

除联合申请专利之外，天合光能以旗下光伏科学与技术国家重点实验室为核心，还与外部企业、高校及科研院所联合开展基础性学术研究，在专业期刊上合作发表高质量的学术论文。近年来，天合光能与外部机构发文情况如表 3－9 所示，其联合发文机构既包括常州大学、江苏大学、南开大学等国内战略性合作大学，也包括 Freiburg 大学、Fraunhofer ISE、Warwick 大学、UNSW 等国外知名研究机构。

表 3－9　近年来天合光能发表光伏技术学术论文情况

序号	论文名称	刊物名称	刊号	论文归属	论文类型
1	光伏组件热斑效应研究	太阳能学报	2023，44（07）	天合光能，光伏科学与技术国家重点实验室，东南大学，江苏省太阳能技术重点实验室	EI
2	基于 MLP－Garson 模型的分钟尺度太阳辐照直、散射分离建模与验证研究	太阳能学报	2023，44（04）	河海大学，中国电力科学研究院有限公司新能源与储能运行控制国家重点实验室，上海交通大学，天合光能，光伏科学与技术国家重点实验室	EI
3	n 型高效光伏组件发电性能研究	太阳能学报	2022，43（12）	中国电建，江苏省太阳能技术重点实验室，东南大学，天合光能，光伏科学与技术国家重点实验室，南京帕偌特太阳能有限公司	EI
4	$Al_2O_3/SiO_xN_y/SiN_x$ 叠层钝化膜对 PERC 太阳电池性能及 LID 效应的研究	太阳能学报	2022，43（07）	南京林业大学，天合光能，光伏科学与技术国家重点实验室	EI

续表

序号	论文名称	刊物名称	刊号	论文归属	论文类型
5	双面光伏组件发电性能影响因素理论与实验研究	太阳能学报	2022，43（03）	中国电力科学研究院有限公司新能源与储能运行控制国家重点实验室，河海大学，天合光能，光伏科学与技术国家重点实验室	EI
6	Post – treating the Precursor Intermediate Film by Cooling Stage for Fabricating Efficient Formamidinium – based Perovskite Solar Cells	ACS Applied Materials & Interfaces	2021，13	光伏科学与技术协同创新中心，常州大学，光伏科学与技术国家重点实验室，天合光能，江苏大学	SCI，EI
7	Gallium – Doped Silicon for High – Efficiency Commercial Passivated Emitter and Rear Solar Cells	Solar RRL	2021，2000754（2021）	Warwick 大学，天合光能，光伏科学与技术国家重点实验室，Fraunhofer ISE，Freiburg 大学	SCI
8	Interfacial passivation of wide – bandgap perovskite solar cells and tandem solar cells	Journal of Materials Chemistry A	2021，9，21939	光伏科学与技术国家重点实验室，天合光能，光伏科学与技术协同创新中心，常州大学，南开大学，EPFL 等	SCI，EI
9	Design Considerations for Multi – terawatt Scale Manufacturing of Existing and Future Photovoltaic Technologies：Challenges and Opportunities Related to Silver，Indium and Bismuth Consumption	Energy & Environmental Science	Issue 11，2021	UNSW，AMROCK Australia Pty Ltd，中山大学，光伏科学与技术国家重点实验室，天合光能	SCI，EI

2. 发明人团队

从专利申请的发明人团队来看，天合光能光伏重点技术相关专利申请涉及的发明人一共 577 位，合作频次较高的发明人之间的合作关系网如图 3 – 57 所示，其中共同申请最多的为陈达明和陈奕峰，两人共同申请达 76 项，均为天合光能光伏科学与技术国家重点实验室成员。

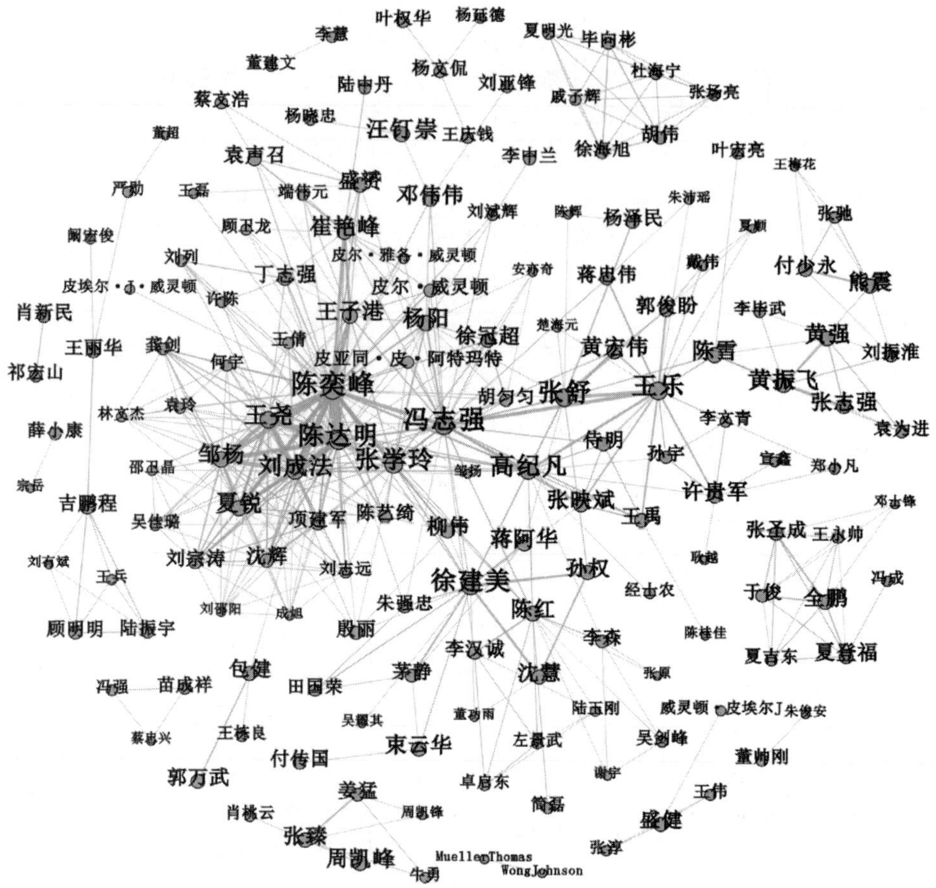

图 3－57　天合光能光伏重点技术专利发明人关联网络

光伏科学与技术国家重点实验室的合作关系较强的发明人有：冯志强、陈达明、陈奕峰、张学玲、王尧、刘成法、邹杨等；全鹏、张圣成、夏登福等；张舒、王乐、徐建美、高纪凡等。其中高纪凡为天合光能总经理，冯志强为副总经理及核心技术人员，陈奕峰、全鹏、张舒等为核心技术人员。天合光能光伏科学与技术国家重点实验室主要发明人光伏重点技术专利及非专利成果数量如表 3－10 所示。

表 3－10　天合光能光伏科学与技术国家重点实验室主要发明人光伏重点技术专利及非专利成果数量

（单位：项）

序号	发明人	申请量	发明数量	发明授权量	审中量	CNKI 非专利文献量（件）❶
1	陈奕峰	143	87	16	48	5
2	冯志强	109	54	7	37	6

❶ 仅统计发明人在天合光能期间发表的光伏技术相关的文章，含学术会议，不含标准及科技成果。

续表

序号	发明人	申请量	发明数量	发明授权量	审中量	CNKI 非专利文献量（件）
3	陈达明	87	51	8	37	2
4	张舒	80	46	11	21	3
5	徐建美	80	34	11	15	3
6	王乐	78	34	3	21	2
7	张学玲	67	41	8	23	1
8	高纪凡	65	35	4	22	—
9	王尧	53	32	2	27	1
10	刘成法	52	32	4	23	—

天合光能主要研发团队研究方向，如表 3－11 所示。其中，陈奕峰、冯志强、陈达明、张学玲、王尧、刘成法、邹杨相关团队主要关注电池片相关技术，具体涉及钙钛矿电池、PERC 电池、TOPCon 电池、HIT 电池等，该团队主要与南京大学、中山大学、澳大利亚国立大学、河海大学常州校区等有合作申请。张舒、王乐、徐建美相关团队主要关注光伏组件相关技术尤其是切片组件及多主栅组件等，该团队与常州工学院有合作申请。全鹏团队主要关注接线盒、光伏玻璃等方向，与其他机构合作主要为学术研究合作发文，暂无合作申请专利的情况。

表 3－11　天合光能主要研发团队研究方向

序号	团队成员	部分研究成果		合作情况	研究方向
1	陈奕峰、陈达明、冯志强、张学玲、王尧、刘成法、邹杨等	专利申请情况	CN115207227A 一种钙钛矿层制备方法以及光伏装置	南京大学	钙钛矿电池、PERC 电池、TOPCon 电池、HIT 电池等
			CN102820343A 具有无发射极区的太阳能电池及其制备方法	中山大学	
			CN107516692A 在硅衬底上沉积电介质薄膜的方法及太阳能电池	澳大利亚国立大学	
			CN105185913A 一种大面积钙钛矿太阳电池组件及其制备方法	河海大学常州校区	
			CN112952002A 一种叠层太阳电池及其制备方法	—	

续表

序号	团队成员	部分研究成果		合作情况	研究方向
1	陈奕峰、陈达明、冯志强、张学玲、王尧、刘成法、邹杨等	CNKI 非专利文献	多晶硅太阳电池转换效率和晶体缺陷相关性	华东师范大学	钙钛矿电池、PERC 电池、TOPCon 电池、HIT 电池等
			基于 Griddler 模拟的采用 SWCT 的 TOPCon 光伏组件的光电转换效率与成本分析	中山大学，江苏省光伏科学与工程协同创新中心	
2	张舒、王乐、徐建美等	专利申请情况	CN115295648A 一种光伏电池组件	常州工学院	组件电连接、光伏玻璃、边框、切片组件、主栅组件等
			CN115513323A 一种太阳能电池串的连接结构与方法	—	
			CN110491948A 一种切片光伏组件	—	
			CN210743958U 一种大尺寸太阳能电池的光伏组件	—	
			CN208111455U 一种新型半片光伏电池组件	—	
		CNKI 非专利文献	光伏组件热斑效应研究	东南大学	
			n 型高效光伏组件发电性能研究	中国电建，江苏省太阳能技术重点实验室，东南大学，南京帕偌特太阳能有限公司	
3	全鹏等	专利申请情况	CN108551326A 一种用于光伏智能接线盒环境压力测试的装置	—	接线盒、光伏玻璃等
			CN105281659A 一种散热型智能接线盒	—	
			CN107785450A 一种光伏组件、光伏瓦片及建筑屋顶光伏系统	—	

续表

序号	团队成员	部分研究成果		合作情况	研究方向
3	全鹏等	CNKI 非专利文献	双面光伏组件发电性能影响因素理论与实验研究	中国电力科学研究院有限公司新能源与储能运行控制国家重点实验室，河海大学	接线盒、光伏玻璃等
			基于 Icepak 的光伏并网逆变器热分析及热设计优化	河海大学	
			晶体硅光伏组件热斑失效问题研究	华东师范大学	

3.2.3.2.2　英利光伏材料与技术国家重点实验室

1. 申请人情况

英利集团 2010 年获批建立了光伏材料与技术国家重点实验室。实验室建设期间与荷兰国家能源研究中心（ECN）、新加坡南洋理工大学、新加坡太阳能研究院、挪威工业研究院（SINTEF）、澳大利亚新南威尔士大学、美国 Innovalight 公司、应用材料公司、杜邦公司、Soaria 公司、英国 DEK 公司开展了高效太阳能电池和组件领域的研究合作，同时建立并加强了与清华大学、北京航空航天大学、西安交通大学、南昌大学、华北电力大学、河北大学等高校的合作。涉及的研究方向包括：硅材料制备及特性研究、高效太阳能电池与组件、光伏应用系统、大容量储能等。

从专利数据来看，经简单同族合并后统计，英利共申请了 1233 项光伏重点技术相关专利，涉及合作申请的专利共计 83 项，其中企业间的合作申请有 72 项，主要为集团内部关联方的联合申请，如图 3－58 所示。相关申请人合作申请主要涉及的申请主体为英利集团有限公司、英利能源（中国）有限公司、英利能源发展（天津）有限公司。除内部合作外，英利还涉及 20 项与外部企业和科研机构的合作，主要涉及河北省凤凰谷零碳发展研究院、国家电网公司、保定爱廸新能源股份有限公司等的合作。英利对外的合作申请主要涉及的领域如表 3－12 所示。

2. 发明人团队

从专利申请的发明人团队来看，英利光伏重点技术专利相关申请涉及的发明人一共 937 位，合作频次较高的发明人之间的合作关系网如图 3－59 所示，其中共同申请最多的为李高非和胡志岩，两人共同申请达 58 项，均为英利光伏材料与技术国家重点实验室成员。

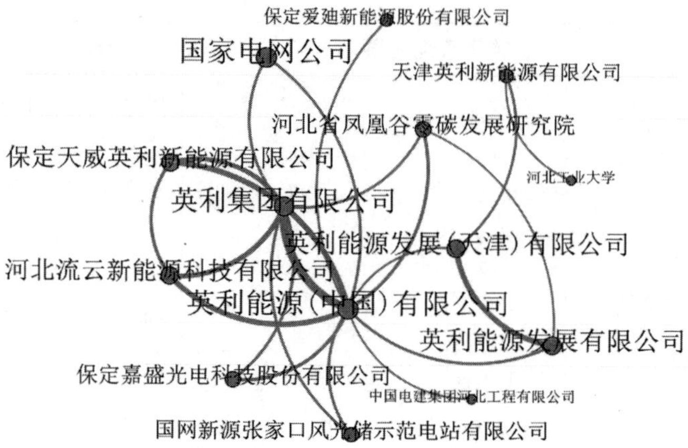

图3-58　英利光伏重点技术专利相关申请人合作网络

表3-12　英利光伏重点技术专利的合作申请情况

序号	公开号	合作对象	合作方向
1	CN112309849A	河北省凤凰谷零碳发展研究院	TOPCon电池硅片背面的表面钝化
2	CN112038444A	河北省凤凰谷零碳发展研究院	TOPCon电池的接触结构钝化
3	CN112234120A	河北省凤凰谷零碳发展研究院	光伏组件敷设组装技术
4	CN115233898A	河北省凤凰谷零碳发展研究院	居民楼光伏批量安装技术
5	CN112011824A	河北省凤凰谷零碳发展研究院	单晶硅的制备
6	CN111987186A	河北省凤凰谷零碳发展研究院	光伏组件背板更换
7	CN212625618U	河北省凤凰谷零碳发展研究院	光伏组件背板更换
8	CN112802925A	河北省凤凰谷零碳发展研究院	光伏组件回收
9	CN214254442U	河北省凤凰谷零碳发展研究院	光伏组件回收
10	CN110571306A	河北省凤凰谷零碳发展研究院	光伏组件回收
11	CN203796686U	国家电网公司	光伏组件的组装技术
12	CN203659890U	国家电网公司	太阳电池的防衰减方法
13	CN103904988A	国家电网公司	抗紫外和耐水汽的光伏塑料边框
14	CN103943708A	国家电网公司	防水光反射膜
15	CN203800064U	国家电网公司	防水光反射膜
16	CN206157262U	保定爱迪新能源股份有限公司	单晶炉的改进
17	CN206157273U	保定爱迪新能源股份有限公司	单晶炉的改进
18	CN106119952A	保定爱迪新能源股份有限公司	单晶炉的改进
19	CN108365051A	河北工业大学	电池片维护
20	CN112216768A	中国电建集团	光伏组件生产

光伏材料与技术国家重点实验室的其他关系较强的发明人有：

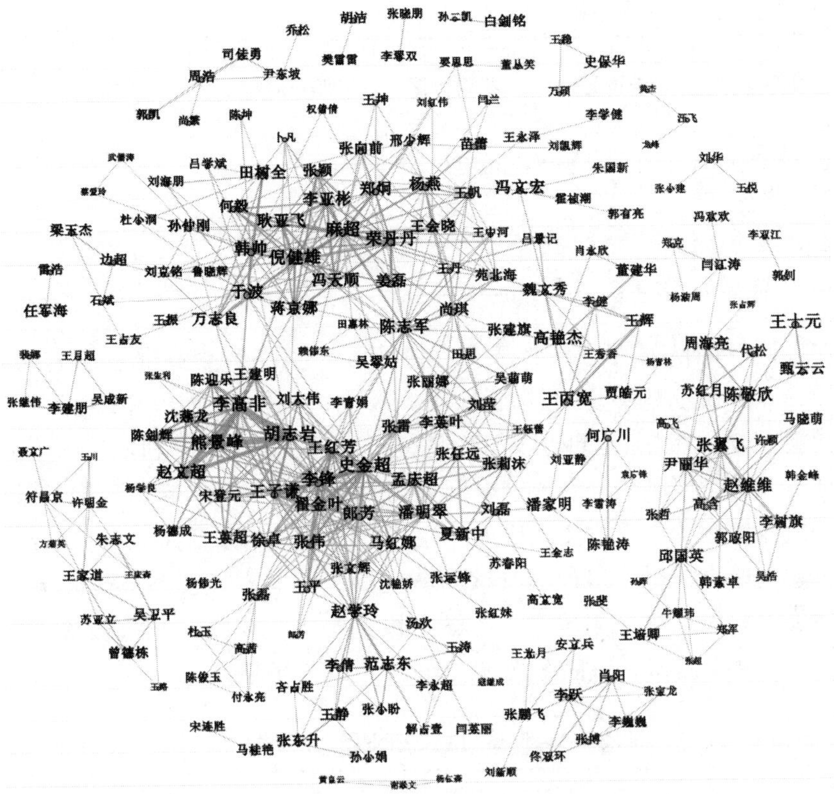

图3－59　英利光伏重点技术专利发明人关联网络

李峰、史金超、宋登元、李高非、胡志岩、熊景峰等；麻超、荣丹丹、倪健雄、于波、韩帅、蒋京娜、耿亚飞、陈志军等；陈敬欣、张翼飞等。其中涉及英利对外合作申请的主要发明人有麻超、李峰、史金超、陈志军、张伟、荣丹丹、韩帅、倪健雄、蒋京娜、耿亚飞等。英利光伏材料与技术国家重点实验室主要发明人光伏重点技术专利及非专利成果数量如表3－13所示。

表3－13　英利光伏材料与技术国家重点实验室主要发明人光伏重点技术专利及非专利成果数量

（单位：项）

序号	发明人	申请量	发明数量	发明授权量	审中量	CNKI 非专利文献量（件）
1	李高非	72	58	32	0	1
2	胡志岩	66	53	29	0	2
3	麻超	60	30	10	9	4
4	史金超	60	49	27	9	17
5	熊景峰	57	47	27	0	5
6	倪健雄	54	28	12	3	5

续表

序号	发明人	申请量	发明数量	发明授权量	审中量	CNKI 非专利文献量（件）
7	李锋	51	46	30	7	12
8	王士元	50	25	17	0	5
9	荣丹丹	47	20	9	5	7
10	于波	44	24	10	4	11

英利主要研发团队研究方向如表 3－14 所示。其中，李高非、胡志岩、史金超、熊景峰、李锋相关团队主要关注电池片相关技术，具体涉及 PERC 电池、TOPCon 电池、HIT 电池、IBC 电池等，同时该团队还有部分原材料相关专利申请，该团队主要与河北省凤凰谷零碳发展研究院、国家电网公司等有合作申请。麻超、倪健雄、王士元、荣丹丹、于波相关团队主要关注光伏组件相关技术，具体涉及光伏玻璃、组件电连接、边框、背板、接线盒、切片组件等，该团队主要与河北省凤凰谷零碳发展研究院、国家电网公司等有合作申请。陈敬欣、张翼飞相关团队主要关注光伏玻璃、接线盒、边框、其他电池等相关技术，该团队暂无合作申请专利的情况。

表 3－14　英利主要研发团队研究方向

序号	团队成员	部分研究成果		合作情况	研究方向
1	李高非、胡志岩、史金超、熊景峰、李锋等	专利申请情况	CN112309849A 一种硅片单面刻蚀抛光的方法	河北省凤凰谷零碳发展研究院	PERC 电池、TOPCon 电池、HIT 电池、IBC 电池、单晶硅、多晶硅等
			CN112038444A 一种 N 型晶体硅太阳能电池的制作方法及其背面钝化接触结构的制作方法	河北省凤凰谷零碳发展研究院	
			CN103943708A 光反射膜及光伏组件	国家电网公司	
			CN114823992A 一种太阳能电池的制备方法及太阳能电池	—	
			CN102268724A 多晶硅锭及其制造方法、太阳能电池	—	
		CNKI 非专利文献	PEALD 制备的 Al_2O_3 薄膜在 n－TOPCon 太阳电池上的钝化性能	河北大学	
			LPCVD 制备多晶硅薄膜的性能	—	

续表

序号	团队成员	部分研究成果		合作情况	研究方向
2	麻超、倪健雄、王士元、荣丹丹、于波、陈志军等	专利申请情况	CN103904988A 光伏组件用塑料边框及其制备方法和光伏组件	国家电网公司	光伏玻璃、组件电连接、边框、背板、接线盒、切片组件、单晶硅、多晶硅等
			CN111987186A 一种光伏组件背板的去除装置	河北省凤凰谷零碳发展研究院	
			CN112011824A 一种减少直拉单晶硅内部气孔的方法	河北省凤凰谷零碳发展研究院	
			CN203537311U 光伏组件接线盒	—	
			CN215680705U 大尺寸切片电池光伏组件	—	
		CNKI 非专利文献	不同激光切割晶硅太阳电池片的性能及应用	—	
			半片电池技术在光伏组件中的应用	—	
3	陈敬欣、张翼飞等	专利申请情况	CN113630086A 一种具有自动补光功能的大规模光伏阵列系统	—	光伏玻璃、接线盒、边框、其他电池等
			CN113691217A 一种具有温度调节功能的光伏组件	—	
			CN208174630U 抗震动光伏组件边框	—	
		CNKI 非专利文献	基于柔性晶体硅电池的光伏瓦研究	河北大学、河北省凤凰谷零碳发展研究院	
			光伏储能直流智能微电网监测系统的基础研发	—	

3.2.3.2.3　中国科学院半导体研究所

1. 申请人情况

中国科学院半导体研究所于1960年成立，拥有两个国家级研究中心——国家光电子工艺中心、光电子器件国家工程研究中心；三个国家重点实验室——半导体超晶格国家重点实验室、集成光电子学国家重点联合实验室、表面物理国家重点实验室（半导体所区）；两个院级实验室（中心）——中国科学院半导体材料科学重点实验室和中国科学院固态光电信息技术重点实验室。此外，中国科学院半导体研究所还设有半导体集成技术工程研究中心、光电子研究发展中心、半导体照明研发中心、高速电路与神经网络实验室、纳米光电子实验室、光电系统实验室、全固态光源实验室和元器件检测中心。中国科学院半导体研究所主要的研究方向和领域有半导体物理、材料、器件、工艺、电路及其集成应用研究等。

从专利数据来看，中国科学院半导体研究所共申请了122项光伏重点技术相关专利，涉及合作申请的专利共计7项，如图3－60所示。其主要合作对象为中国科学院大学、南安市三晶阳光电力有限公司、欧贝黎新能源科技股份有限公司。

图3－60　中国科学院半导体研究所光伏重点技术专利相关申请人合作网络

2. 发明人团队

从专利申请的发明人团队来看，中国科学院半导体研究所光伏重点技术专利相关申请涉及的发明人一共227位，合作频次较高的发明人之间的合作关系网如图3－61所示，其中共同申请最多的为刘孔和曲胜春，两人共同申请达10项。

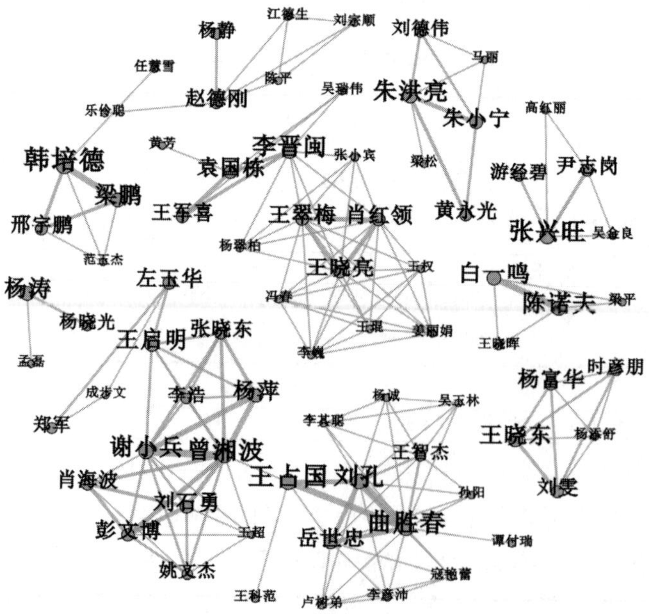

图3－61　中国科学院半导体研究所光伏重点技术专利发明人关联网络

从图3-61中可以看出，中国科学院半导体研究所涉及的发明人主要有韩培德团队；曲胜春、刘孔、王占国团队；曾湘波、谢小兵、王启明团队，其他发明人之间合作较为分散，频次相对较低。其中王启明、王占国团队是中国科学院半导体研究所与外部机构合作申请的主要发明人团队。中国科学院半导体研究所主要发明人光伏重点技术专利及非专利成果数量如表3-15所示，所有专利申请均为发明申请。

表3-15 中国科学院半导体研究所主要发明人光伏重点技术专利及非专利成果数量（单位：项）

序号	发明人	申请量	发明数量	发明授权量	审中量	CNKI非专利文献量（件）
1	韩培德	19	19	9	0	51
2	王占国	13	13	5	0	369
3	曲胜春	12	12	4	2	21
4	曾湘波	11	11	8	0	28
5	张兴旺	11	11	4	1	26

中国科学院半导体研究所主要研发团队研究方向如表3-16所示。其中，韩培德相关团队主要关注电池片相关技术，具体涉及PERC电池、HIT电池、TOPCon电池、钙钛矿电池等。曲胜春、刘孔、王占国相关团队主要关注HIT电池、钙钛矿电池等技术，该团队主要与欧贝黎新能源科技股份有限公司有合作申请。曾湘波、谢小兵、王启明相关团队主要关注HIT电池、TOPCon电池等技术，该团队主要与南安市三晶阳光电力有限公司有合作申请。

表3-16 中国科学院半导体研究所主要研发团队研究方向

<table>
<tr><th>序号</th><th>团队成员</th><th colspan="2">部分研究成果</th><th>合作情况</th><th>研究方向</th></tr>
<tr><td rowspan="5">1</td><td rowspan="5">韩培德等</td><td rowspan="3">专利申请情况</td><td>CN114122173A 石墨烯旁路二极管与晶硅太阳电池的集成结构及制备方法</td><td>—</td><td rowspan="5">PERC电池、HIT电池、TOPCon电池、钙钛矿电池等</td></tr>
<tr><td>CN103904142A 具备背电极局域随机点接触太阳电池及制备方法</td><td>—</td></tr>
<tr><td>CN104269452A 硅基薄膜材料的钙钛矿太阳电池及其制备方法</td><td>—</td></tr>
<tr><td rowspan="2">CNKI非专利文献</td><td>钙钛矿型多晶薄膜太阳电池</td><td>中国地质大学</td></tr>
<tr><td>Detection of Finger Interruptions in Silicon Solar Cells Using Photoluminescence Imaging</td><td>中国科学院大学</td></tr>
</table>

续表

序号	团队成员	部分研究成果		合作情况	研究方向
2	曲胜春、刘孔、王占国等	专利申请情况	CN102810595A 基于有机过程的无机薄膜太阳电池的制备方法	欧贝黎新能源科技股份有限公司	HIT电池、钙钛矿电池、其他电池等
			CN108023018A 基于带隙连续可调控的倒置钙钛矿太阳电池的制备方法	—	
			CN104916782A 采用表面等离激元效应的倒置太阳电池结构及制备方法	—	
		CNKI非专利文献	钙钛矿/硅两端叠层太阳电池	内布拉斯加大学，北卡罗来纳大学，亚利桑那州立大学	
			钙钛矿薄膜太阳能电池中的原位接触钝化	河南大学，南京大学，多伦多大学	
			全无机杂化体异质结薄膜太阳能电池	河南大学	
			Cd基化合物纳米晶－有机聚合物杂化太阳能电池研究进展	—	
3	曾湘波、谢小兵、王启明等	专利申请情况	CN103258919A 非晶硅与多晶硅薄膜界面钝化及制备SPA结构HIT电池的方法	—	HIT电池、TOPCon电池等
			CN102738251A 太阳能电池减反膜	南安市三晶阳光电力有限公司	
		CNKI非专利文献	Reduced defect density in microcrystalline silicon by hydrogen plasma treatment	—	
			双纳米硅p层优化非晶硅太阳能电池	—	

3.2.3.2.4　华能集团

1. 申请人情况

从专利数据来看，华能集团共申请了308项光伏重点技术相关专利，涉及合作申请的专利共计238项，其中企业间的合作申请了232项，主要为集团内部关联方的联合申请，如图3－62所示。相关申请人合作申请主要涉及的申请主体为中国华能集团清洁能源技术研究院有限公司、华能新能源股份有限公司、华能集团技术创新中心有限公司。除内部合作外，华能集团共涉及17项与外部企业与科研机构的合作，主要涉及华北电力大学、西安热工研究院有限公司、腾晖光伏、晶澳科技等的合作。华能集团对外合作申请主要涉及的领域如表3－17所示。

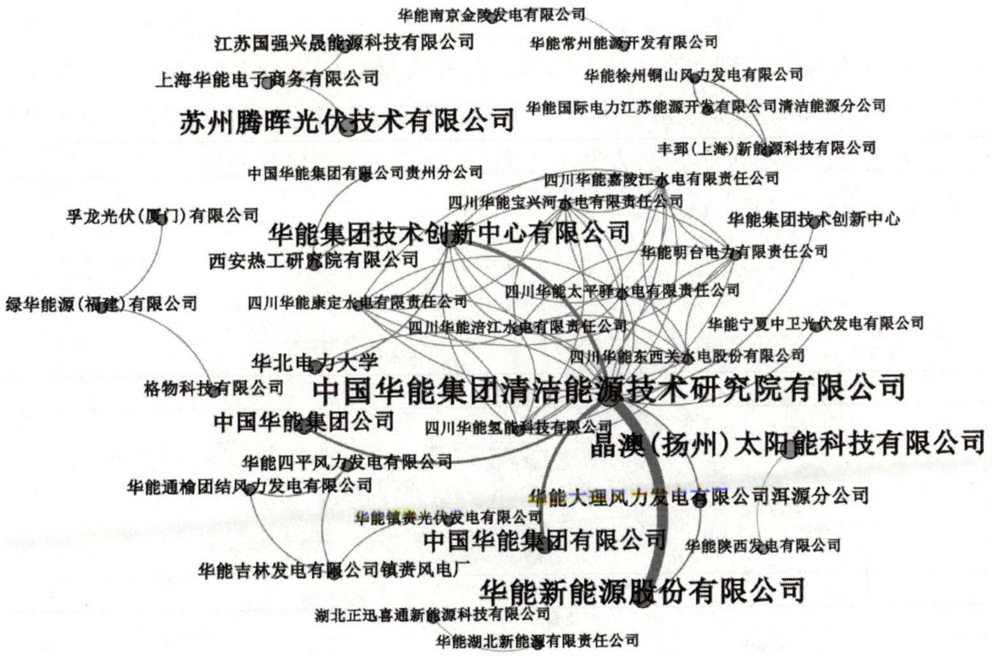

图3－62　华能集团光伏重点技术专利相关申请人合作网络

表3－17　华能集团光伏重点技术专利的部分合作申请情况

序号	公开号	合作对象	合作方向
1	CN115172606A	华北电力大学	钙钛矿电池
2	CN115084379A	华北电力大学	钙钛矿电池
3	CN114300620A	华北电力大学	钙钛矿电池
4	CN113540363A	华北电力大学	钙钛矿电池
5	CN115084392A	华北电力大学	硅面制绒
6	CN212518882U	西安热工研究院有限公司	光伏电池板的夹持组装

续表

序号	公开号	合作对象	合作方向
7	CN110557083A	西安热工研究院有限公司	光伏组件边框及安装
8	CN109904254A	西安热工研究院有限公司	光伏除雪组件
9	CN217590724U	腾晖光伏	光伏钢边框
10	CN217590725U	腾晖光伏	光伏边框角钢
11	CN115173795A	腾晖光伏	光伏边框
12	CN115020521A	晶澳科技	光伏边框

2. 发明人团队

从专利申请的发明人团队来看，华能集团光伏重点技术相关专利申请涉及的发明人一共378位，合作频次较高的发明人之间的合作关系网如图3－63所示，其中共同申请最多的为赵志国和秦校军，两人共同申请达151项，并且都属于中国华能集团清洁能源技术研究院有限公司。

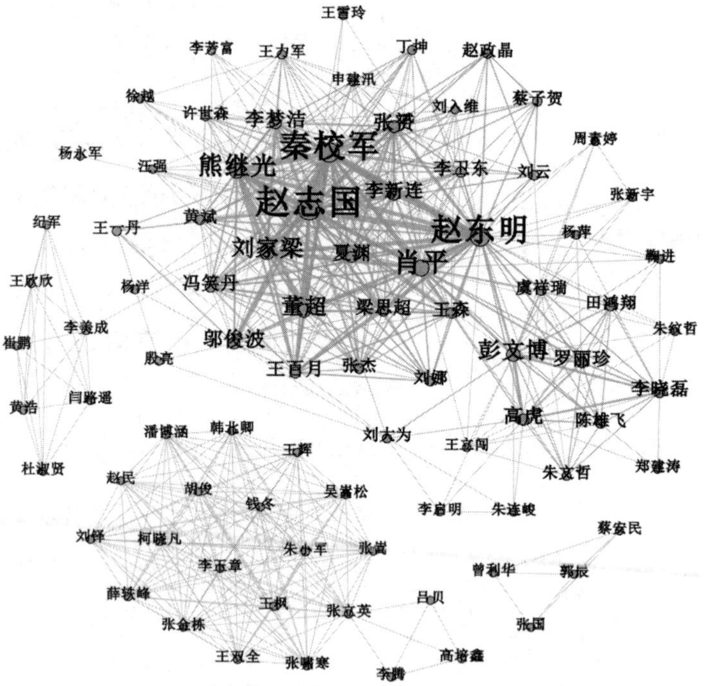

图3－63　华能集团光伏重点技术专利发明人关联网络

从图3－63中可以看出，华能集团的合作关系较强的发明人有：赵志国、秦校军、赵东明、熊继光、刘家梁等；彭文博等。各团队之间互有交叉合作的情况。华能集团主要发明人光伏重点技术专利及非专利成果数量如表3－18所示。其中涉及华能对外合作申请的主要发明人有赵志国、秦校军、赵东明等。

表 3－18　华能集团主要发明人光伏重点技术专利及非专利成果数量　（单位：项）

序号	发明人	申请量	发明数量	发明授权量	审中量	CNKI 非专利文献量（件）
1	赵志国	169	125	50	53	14
2	秦校军	151	110	45	44	9
3	赵东明	148	117	51	50	2
4	肖平	109	87	36	40	—
5	熊继光	97	70	28	33	2
6	刘家梁	76	62	26	26	—
7	彭文博	74	51	20	28	11
8	董超	68	46	13	25	2
9	张赟	53	44	15	20	1
10	邬俊波	53	32	6	15	4

华能集团主要研发团队研究方向如表 3－19 所示。其中，赵志国、秦校军、赵东明、熊继光、刘家梁相关团队主要关注 HIT 电池、钙钛矿电池、切片组件、叠片组件等技术，该团队主要与华北电力大学有合作申请。彭文博相关团队主要关注 HIT 电池、切片组件、叠片组件、组件电连接、接线盒等技术。

表 3－19　华能集团主要研发团队研究方向

<table>
<tr><th>序号</th><th>团队成员</th><th colspan="2">部分研究成果</th><th>合作情况</th><th>研究方向</th></tr>
<tr><td rowspan="7">1</td><td rowspan="7">赵志国、秦校军、赵东明、熊继光、刘家梁等</td><td rowspan="5">专利申请情况</td><td>CN113540363A 一种钙钛矿薄膜缺陷态的气相钝化方法</td><td>华北电力大学</td><td rowspan="7">HIT 电池、钙钛矿电池、切片组件、叠片组件等</td></tr>
<tr><td>CN114300620A 一种基于单层二维—三维—二维渐变结构钙钛矿薄膜的太阳电池</td><td>华北电力大学</td></tr>
<tr><td>CN115084392A 一种诱导 PEDOT：PSS 溶液在硅金字塔绒面结构上的保形成膜技术</td><td>华北电力大学</td></tr>
<tr><td>CN113921654A 叠瓦光伏组件的制作方法</td><td>—</td></tr>
<tr><td>CN217239435U 多规格电池片切割系统和光伏组件生产线</td><td></td></tr>
<tr><td rowspan="2">CNKI 非专利文献</td><td>柔性钙钛矿太阳电池研究进展</td><td>—</td></tr>
<tr><td>基于喷涂法制备氧化锡薄膜的钙钛矿太阳能电池</td><td>北京理工大学</td></tr>
</table>

续表

序号	团队成员	部分研究成果		合作情况	研究方向
2	彭文博等	专利申请情况	CN115000225A 隔离型内串联式异质结电池及其制作方法	—	HIT 电池、切片组件、叠片组件、组件电连接、接线盒等
			CN114122178A 光伏组件及其制备方法	—	
			CN113594278A 内串联式电池片光伏组件和封装结构制作方法	—	
			CN113594283A 全串并叠瓦光伏组件	—	
			CN113570038A 一种基于神经网络点装二极管的光伏组件接线系统及方法	—	
		CNKI 非专利文献	光伏组件抗机械静载荷能力的模拟计算研究	—	
			P 型微晶硅氧薄膜光电性能研究	河北大学	

3.2.3.2.5 清华大学

1. 申请人情况

从专利数据来看，清华大学共申请了 205 项光伏重点技术相关专利，涉及合作申请的专利共计 88 项，如图 3－64 所示。其主要合作对象为鸿富锦精密工业（深圳）有限公司、江西旭阳雷迪高科技股份有限公司、深圳金信诺高新技术股份有限公司等。清华大学对外合作申请主要涉及的领域如表 3－20 所示。

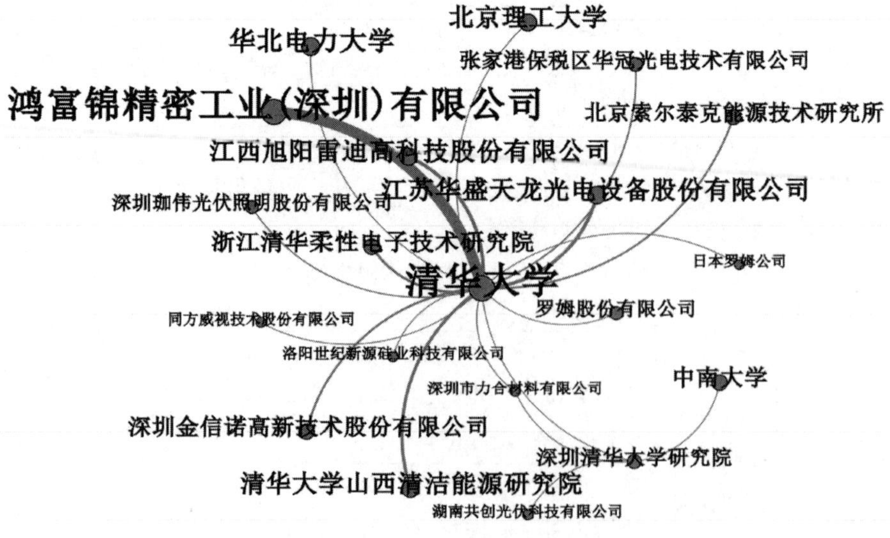

图 3－64 清华大学光伏重点技术专利相关申请人合作网络

表3-20 清华大学光伏重点技术专利的部分合作申请情况

序号	公开号	合作对象	合作方向
1	CN109599412A	鸿富锦精密工业（深圳）有限公司	钙钛矿电池的储能组件
2	CN109599270A	鸿富锦精密工业（深圳）有限公司	钙钛矿电池的储能组件
3	CN103367477A	鸿富锦精密工业（深圳）有限公司	硅片表面制绒
4	CN103094374A	鸿富锦精密工业（深圳）有限公司	硅片表面制绒
5	CN103178137A	鸿富锦精密工业（深圳）有限公司	光反射组件
6	CN103178123B	鸿富锦精密工业（深圳）有限公司	太阳能电池框架基座
7	CN101942697A	江西旭阳雷迪高科技股份有限公司	多晶硅铸锭炉的结构改进
8	CN101949059A	江西旭阳雷迪高科技股份有限公司	多晶硅铸锭炉的结构改进
9	CN101949055A	江西旭阳雷迪高科技股份有限公司	多晶硅铸锭炉的结构改进
10	CN106373784A	深圳金信诺高新技术股份有限公司	染敏电池
11	CN106328813A	深圳金信诺高新技术股份有限公司	钙钛矿电池的吸光层制备
12	CN104733183A	深圳金信诺高新技术股份有限公司	染敏电池

2. 发明人团队

从专利申请的发明人团队来看，清华大学光伏重点技术相关专利申请涉及的发明人一共357位，合作频次较高的发明人之间的合作关系网如图3-65所示，其中共同申请最多的为李群庆和范守善，两人共同申请达24项。

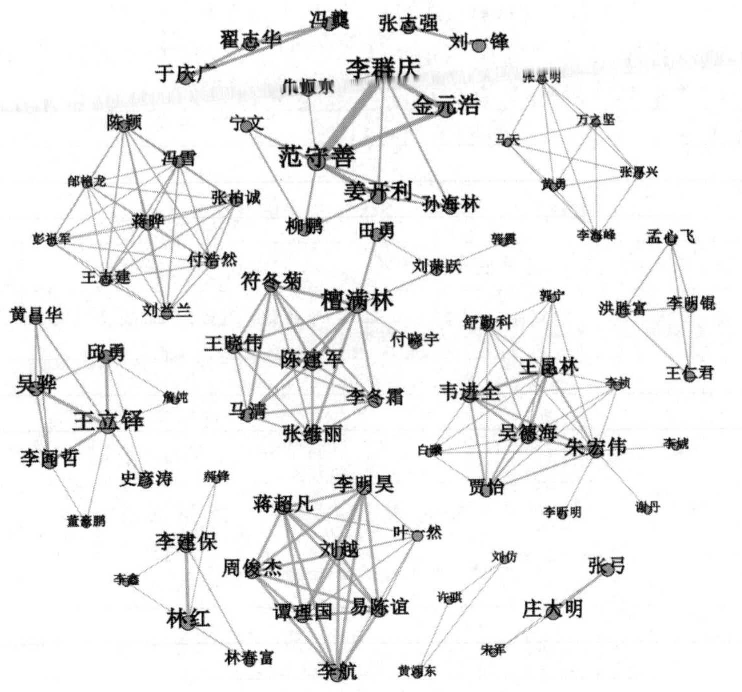

图3-65 清华大学光伏重点技术专利发明人关联网络

从图3－66中可以看出，清华大学涉及的发明人主要有：范守善、李群庆、姜开利团队；王立铎团队；檀满林团队，其他发明人之间合作较为分散，频次相对较低。清华大学主要发明人光伏重点技术专利及非专利成果数量如表3－21所示。其中涉及清华大学对外合作申请的主要发明人有范守善、李群庆、檀满林等。

表3－21　清华大学主要发明人光伏重点技术专利及非专利成果数量　（单位：项）

序号	发明人	申请量	发明数量	发明授权量	审中量	CNKI非专利文献量（件）
1	范守善	40	40	34	4	53
2	李群庆	24	24	22	0	16
3	檀满林	20	18	7	1	21
4	王立铎	19	19	17	0	53
5	姜开利	15	15	10	4	34

清华大学主要研发团队研究方向如表3－22所示。其中范守善团队属于清华大学－富士康纳米科技研究中心，其团队在清华大学光伏重点技术相关专利申请中数量最高，共有40项，所有申请均为与鸿富锦精密工业（深圳）有限公司的合作申请，主要涉及TOPCon电池、HIT电池、钙钛矿电池、其他电池、组件电连接等技术。檀满林团队主要关注染敏电池、HIT电池、钙钛矿电池、其他电池等技术，该团队主要与中南大学、湖南共创光伏科技有限公司有合作申请。王立铎团队主要关注钙钛矿电池和染敏电池相关技术，该团队主要与深圳金信诺高新技术股份有限公司、北京索尔泰克能源技术研究所有合作申请。

表3－22　清华大学主要研发团队研究方向

<table>
<tr><th>序号</th><th>团队成员</th><th colspan="2">部分研究成果</th><th>合作情况</th><th>研究方向</th></tr>
<tr><td rowspan="5">1</td><td rowspan="5">范守善、李群庆、姜开利等</td><td rowspan="4">专利申请情况</td><td>CN109599412A一种光电自储能器件</td><td>鸿富锦精密工业（深圳）有限公司</td><td rowspan="5">钙钛矿电池、TOPCon电池、HIT电池、其他电池、组件电连接等</td></tr>
<tr><td>CN103094374A太阳能电池</td><td>鸿富锦精密工业（深圳）有限公司</td></tr>
<tr><td>CN110391334A聚合物太阳能电池</td><td>鸿富锦精密工业（深圳）有限公司</td></tr>
<tr><td>CN103178123B太阳能电池基座</td><td>鸿富锦精密工业（深圳）有限公司</td></tr>
<tr><td>CNKI非专利文献</td><td>超顺排碳纳米管阵列、薄膜、长线——通向应用之路</td><td>—</td></tr>
</table>

续表

<table>
<tr><th>序号</th><th>团队成员</th><th colspan="2">部分研究成果</th><th>合作情况</th><th>研究方向</th></tr>
<tr><td rowspan="7">2</td><td rowspan="7">檀满林等</td><td rowspan="4">专利申请情况</td><td>CN102983010A 一种用于染料敏化太阳能电池的 TiO_2 纳米管阵列及其制备方法</td><td>中南大学</td><td rowspan="7">染敏电池、HIT 电池、钙钛矿电池、其他电池等</td></tr>
<tr><td>CN103531713A 无机纳米晶/共轭聚合物杂化太阳能电池的制备方法</td><td>湖南共创光伏科技有限公司</td></tr>
<tr><td>CN109301069A 太阳电池及其制备方法</td><td>—</td></tr>
<tr><td>CN109037034A 硒化锑薄膜及其制备方法、应用其的太阳能电池</td><td>—</td></tr>
<tr><td rowspan="3">CNKI 非专利文献</td><td>Sn 类钙钛矿太阳电池薄膜的掺杂改性研究</td><td>哈尔滨工业大学</td></tr>
<tr><td>基于 $BiFeO_3$/ITO 复合膜表面钝化的黑硅太阳电池性能研究</td><td>哈尔滨工业大学、深圳职业技术学院</td></tr>
<tr><td>银纳米相吸收增强型钙钛矿太阳电池薄膜的制备及性能研究</td><td>哈尔滨工业大学</td></tr>
<tr><td rowspan="4">3</td><td rowspan="4">王立铎等</td><td rowspan="4">专利申请情况</td><td>CN106373784A 一种钙钛矿型太阳能电池及其制备方法</td><td>深圳金信诺高新技术股份有限公司</td><td rowspan="4">钙钛矿电池、染敏电池</td></tr>
<tr><td>CN106328813A 一种高稳定性掺铯钙钛矿型太阳能电池及其制备方法</td><td>深圳金信诺高新技术股份有限公司</td></tr>
<tr><td>CN101471397A 染料敏化电池中光阳极的聚合物乳液制备方法</td><td>北京索尔泰克能源技术研究所</td></tr>
<tr><td>CN101140957A 基于二氧化钛纳米棒光散射薄膜电极的染料敏化太阳能电池及其制备方法</td><td>北京索尔泰克能源技术研究所</td></tr>
</table>

续表

序号	团队成员	部分研究成果		合作情况	研究方向
3	王立铎等	CNKI 非专利文献	基于低温制备 SnO_2 纳米晶电子传输层的高效钙钛矿太阳能电池研究	大连理工大学	钙钛矿电池、染敏电池
			CdSe/ZnS 量子点敏化太阳能电池电子注入与光伏性能表征	—	
			高效率钙钛矿型太阳能电池的化学稳定性及其研究进展	—	

3.2.3.2.6　上海交通大学

1. 申请人情况

从专利数据来看，上海交通大学共申请了 138 项光伏重点技术相关专利，涉及合作申请的专利共计 25 项，如图 3－66 所示。其主要合作对象为浙江浙能技术研究院有限公司、江苏林洋光伏科技有限公司、中国建材国际工程集团有限公司、上海空间电源研究所等。上海交通大学对外合作申请主要涉及的领域如表 3－23 所示。

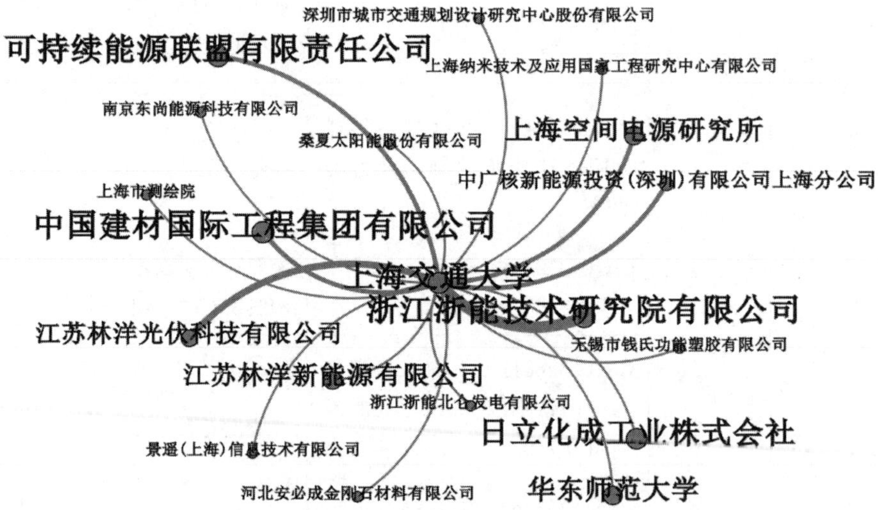

图 3－66　上海交通大学光伏重点技术专利相关申请人合作网络

表 3－23　上海交通大学光伏重点技术专利的部分合作申请情况

序号	公开号	合作对象	合作方向
1	CN113437057A	浙江浙能技术研究院有限公司	钙钛矿电池吸收层及波长转换材料改进

续表

序号	公开号	合作对象	合作方向
2	CN111987180A	浙江浙能技术研究院有限公司	钙钛矿电池吸收层及波长转换材料改进
3	CN111721010A	浙江浙能技术研究院有限公司	光伏与光热的组合技术
4	CN114203832A	江苏林洋光伏科技有限公司	PERC 电池的表面钝化
5	CN113675298A	江苏林洋光伏科技有限公司	TOPCon 电池的硅面制绒
6	CN113707734A	江苏林洋光伏科技有限公司	叠层电池
7	CN112864263A	中国建材国际工程集团有限公司	光伏可变色组件
8	CN112951944A	中国建材国际工程集团有限公司	光伏可变色组件

2. 发明人团队

从专利申请的发明人团队来看，上海交通大学光伏重点技术相关专利申请涉及的发明人一共309位，合作频次较高的发明人之间的合作关系网如图3－67所示，其中共同申请最多的为沈文忠与刘洪以及沈文忠与李正平，二者共同申请均为10项。

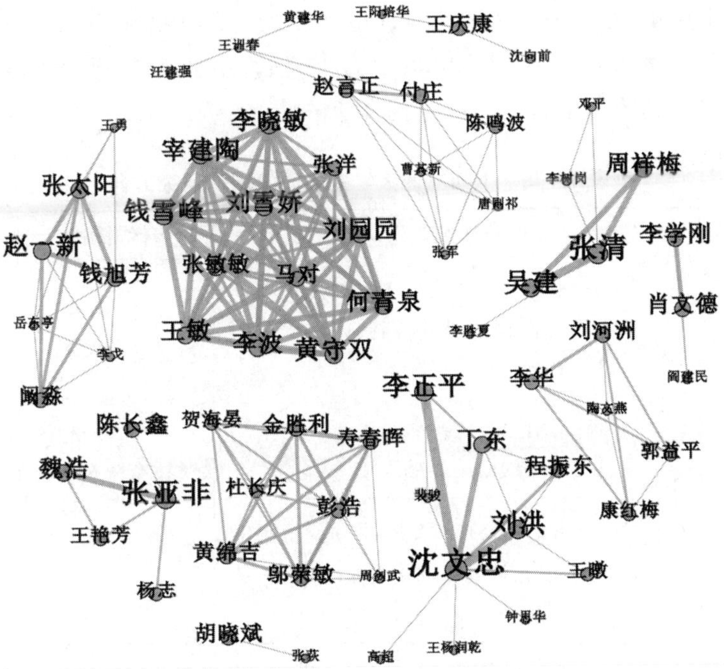

图3－67　上海交通大学光伏重点技术专利发明人关联网络

从图3－67中可以看出，上海交通大学涉及的发明人主要有沈文忠团队、张清团队、张亚非团队，其他发明人之间合作较为分散，频次相对较低。上海交通大学主要发明人光伏重点技术专利及非专利成果数量，如表3－24所示。其中涉及上海交通大学对外合作申请的主要发明人有沈文忠、李正平等。

表3－24　上海交通大学主要发明人光伏重点技术专利及非专利成果数量　（单位：项）

序号	发明人	申请量	发明数量	发明授权量	审中量	CNKI非专利文献量（件）
1	沈文忠	26	25	10	8	79
2	张清	13	13	7	0	12
3	张亚非	13	13	8	0	—
4	李正平	10	10	3	4	9
5	刘洪	10	10	4	2	—

上海交通大学主要研发团队研究方向如表3－25所示。其中沈文忠团队属于上海交通大学太阳能研究所，其团队在上海交通大学光伏重点技术相关专利申请中数量最高，共有26项，主要集中在电池片相关技术领域，具体涉及PERC电池、TOPCon电池、HIT电池、钙钛矿电池等，该团队主要与江苏林洋光伏科技有限公司有合作申请。张清团队相关申请量为13项，主要为其他电池相关，其团队未有与外部机构合作的情况。张亚非团队光伏重点技术相关申请量为13项，主要为TOPCon电池、HIT电池、其他电池等相关，其团队未有与外部机构合作的情况。

表3－25　上海交通大学主要研发团队研究方向

<table>
<tr><th>序号</th><th>团队成员</th><th colspan="2">部分研究成果</th><th>合作情况</th><th>研究方向</th></tr>
<tr><td rowspan="4">1</td><td rowspan="4">沈文忠等</td><td rowspan="4">专利申请情况</td><td>CN113707734A具有空穴选择钝化结构的晶硅/钙钛矿叠层太阳电池</td><td>江苏林洋光伏科技有限公司</td><td rowspan="4">PERC电池、TOPCon电池、HIT电池、钙钛矿电池等</td></tr>
<tr><td>CN113675298A具有纳微米结构的TOPCon晶硅太阳电池</td><td>江苏林洋光伏科技有限公司</td></tr>
<tr><td>CN112151637A一种在表面制绒的异质结电池上制备钙钛矿薄膜的方法</td><td>—</td></tr>
<tr><td>CN111416011A一种p型PERC晶硅太阳电池及制备方法</td><td>—</td></tr>
</table>

续表

序号	团队成员	部分研究成果		合作情况	研究方向
1	沈文忠等	CNKI非专利文献	TOPCon太阳电池激光硼掺杂选择性发射极研究	泰州中来光电科技有限公司	PERC电池、TOPCon电池、HIT电池、钙钛矿电池等
			多晶PERC太阳电池的背面与正面结构性能优化	山西潞安太阳能科技有限责任公司	
			硅基异质结太阳电池新进展	协鑫集成科技股份有限公司、教育部人工微结构协同创新中心	
2	张清等	专利申请情况	CN105367561A一种吲哚衍生物及其共轭聚合物的制备和用途	—	其他电池
			CN105418897A吲哚与吩类化合物的共轭聚合物及其制备方法和用途	—	
		CNKI非专利文献	—	—	
3	张亚非等	专利申请情况	CN103601000A表面分布有掺杂ZnO纳米线的硅基薄膜太阳电池	—	TOPCon电池、HIT电池、其他电池等
			CN101814541A表面分布有金属纳米线的硅太阳电池	—	
			CN101656278A基于无序网状碳纳米管薄膜的太阳能微电池的制备方法	—	
		CNKI非专利文献	碳纳米管光伏器件的研究进展		

3.2.3.2.7　电子科技大学

1. 申请人情况

从专利数据来看，电子科技大学共申请了269项光伏重点技术相关专利，涉及合作申请的专利共计10项，如图3－68所示。其主要合作对象为钱塘科技创新中心、晶澳太阳能有限公司、成都普界科技有限公司等。对外合作申请主要涉及的领域包括：钙钛矿电池、常规组件等。

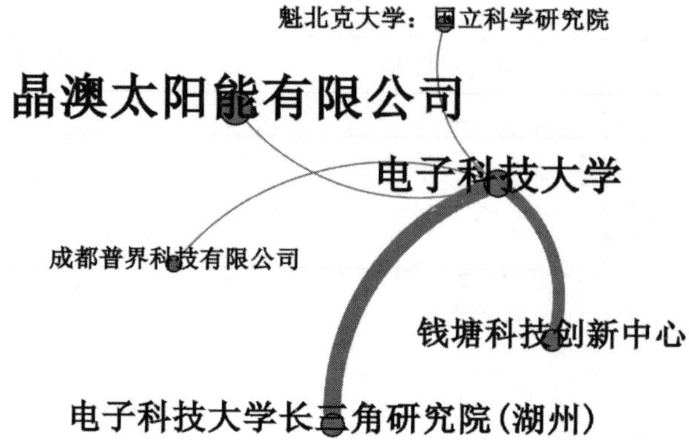

图3－68　电子科技大学光伏重点技术专利相关申请人合作网络

2. 发明人团队

从专利申请的发明人团队来看，电子科技大学光伏重点技术专利相关申请涉及的发明人一共389位，合作频次较高的发明人之间的合作关系网，如图3－69所示，其中共同申请最多的为于军胜和蒋亚东，两人共同申请达29项。

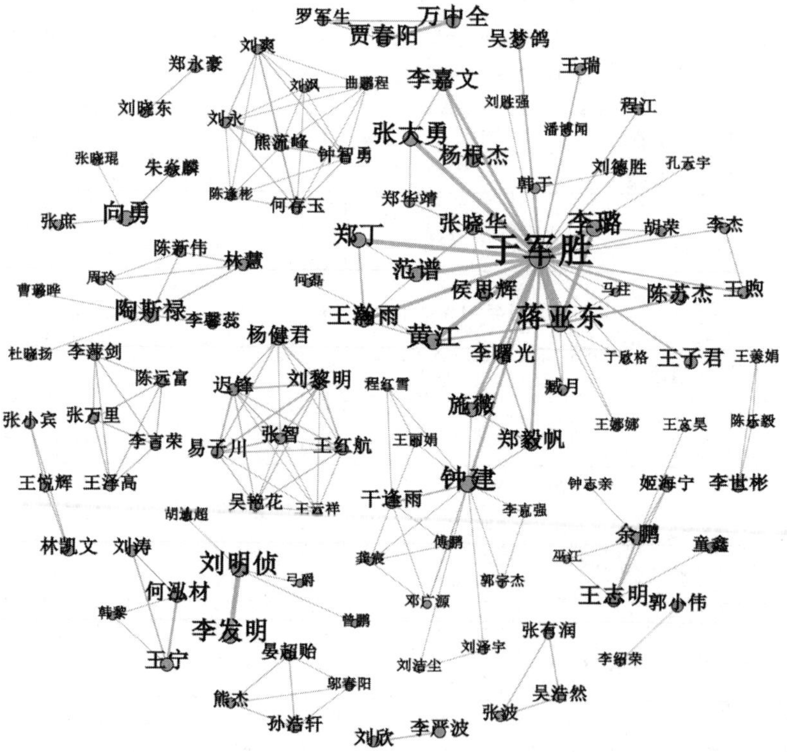

图3－69　电子科技大学光伏重点技术专利发明人关联网络

从图3－69中可以看出，电子科技大学涉及的发明人主要有于军胜团队、钟建团队、刘明侦团队，其他发明人之间合作较为分散，频次相对较低。电子科技大学主要发明人光伏重点技术专利及非专利成果数量，如表3－26所示。其中涉及电子科技大学对外合作申请的主要发明人有于军胜、蒋亚东等。

表3－26 电子科技大学主要发明人光伏重点技术专利及非专利成果数量 （单位：项）

序号	发明人	申请量	发明数量	发明授权量	审中量	CNKI非专利文献量（件）
1	于军胜	107	107	58	14	107
2	蒋亚东	30	30	19	0	11
3	钟建	22	22	12	3	31
4	李璐	21	21	16	2	—
5	黄江	19	19	12	1	—

电子科技大学主要研发团队研究方向如表3－27所示。其中于军胜团队属于电子科技大学电子薄膜与集成器件国家重点实验室，其团队在电子科技大学光伏重点技术相关专利申请中数量最高，共有107项，主要集中在电池片相关技术领域，具体涉及HIT电池、钙钛矿电池及其他电池等，该团队主要与钱塘科技创新中心有合作申请。钟建团队光伏重点技术相关申请量为22项，主要为HIT电池与其他电池等相关，其团队未有与外部机构合作的情况。刘明侦团队光伏重点技术相关申请量为18项，全部为钙钛矿电池相关，该团队与晶澳太阳能有限公司有合作申请。

表3－27 电子科技大学主要研发团队研究方向

<table>
<tr><th>序号</th><th>团队成员</th><th colspan="2">部分研究成果</th><th>合作情况</th><th>研究方向</th></tr>
<tr><td rowspan="5">1</td><td rowspan="5">于军胜等</td><td rowspan="5">专利申请情况</td><td>CN113644200A 基于固－液混合添加剂的有机太阳能电池及其制备方法</td><td>钱塘科技创新中心</td><td rowspan="5">钙钛矿电池、HIT电池、其他电池等</td></tr>
<tr><td>CN113644201A 一种基于三棱柱光栅压印的有机太阳能电池及其制备方法</td><td>钱塘科技创新中心</td></tr>
<tr><td>CN113644202A 一种自发定向成膜法制备的有机太阳能电池及其制备方法</td><td>钱塘科技创新中心</td></tr>
<tr><td>CN111180587A 一种特殊掺杂的钙钛矿太阳能电池及其制备方法</td><td>—</td></tr>
<tr><td>CN111180588A 一种基于连续刮涂双体异质结的厚膜有机太阳能电池及其制备方法</td><td>—</td></tr>
</table>

续表

序号	团队成员	部分研究成果		合作情况	研究方向
1	于军胜等	CNKI 非专利文献	阴极修饰层对 SubPc/C60 倒置型有机太阳能电池性能的影响	—	钙钛矿电池、HIT 电池、其他电池等
			有机薄膜太阳电池的研究进展	—	
			基于 P3HT 的有机太阳能电池的特性研究	—	
2	钟建等	专利申请情况	CN111883665A 一种通过在电荷传输层掺杂纳米粒子构建内部电场的有机太阳能电池及其制备方法	—	HIT 电池、其他电池等
			CN106025079A 基于有机小分子添加剂的有机太阳能电池及其制备方法	—	
			CN111883662A 一种基于旋转退火工艺的有机太阳能电池及其制备方法	—	
		CNKI 非专利文献	基于柔性基底异质结有机薄膜的光伏器件	—	
			溶剂添加剂对体异质结太阳能电池的影响	—	
3	刘明侦等	专利申请情况	CN113193120A 一种溴化钾掺杂的钙钛矿薄膜的制备方法及其应用	晶澳太阳能有限公司	钙钛矿电池
			CN113193123A 一种双界面层修饰的高效钙钛矿太阳能电池及其制备方法	—	
			CN114695667A 一种埋底界面处理制备高效柔性钙钛矿太阳电池的方法	—	
		CNKI 非专利文献	基于全无机卤化双钙钛矿材料的光电器件研究进展	—	
			产线兼容的高效钙钛矿 - 硅基叠层太阳能电池研究	—	

3.3 标准与专利融合情况

3.3.1 光伏相关标准

3.3.1.1 国际光伏标准现状

1. IEC/TC82 标准

国际电工委员会太阳能光伏能源系统标准化技术委员会（IEC/TC82）是国际上专门从事太阳能光伏领域国际标准制修工作的技术组织，秘书处设在美国，现任主席是日本产业技术研究所的 Michio Kondo。目前 IEC/TC82 设有 7 个工作组、1 个项目组和 2 个联合工作组。

7 个工作组分别为：①WG1 术语，负责制定术语、符号、汇编等基础性国际标准。②WG2 光伏组件（非聚光），负责制定非聚光组件及相关材料领域标准，包括光电性能、环境试验、质量保障及质量评价等。③WG3 系统，负责制定光伏系统设计、建设和维护等国际标准。④WG6 系统平衡部件——电气部件，负责制定光伏系统平衡部件国际标准，包括性能、安全、耐环境性、质量保障和质量评价等。⑤WG7 聚光型光伏组件，负责制定光伏聚光器和接收器国际标准，包括安全、性能和环境可靠性试验等。⑥WG8 光伏电池，负责制定电池及电池相关材料国际标准，包括光电性能、环境试验、质量保障及评价等。⑦WG9 系统平衡部件——支撑结构，负责制定光伏支撑结构（包括跟踪器、固定支架、地基等）的国际标准，涉及安全、设计鉴定、工程完整性、耐久性和验证测试等领域。

联合工作组 JWG1 负责光伏离网系统，包括农村电气化和混合系统；JWG11 负责光伏建筑一体化；项目组 PT600 负责汽车光伏一体化系统。

截至 2023 年 3 月，IEC/TC82 正式发布的现行标准共计 144 项，其中，基础通用标准 1 项，光伏材料标准 18 项，电池和组件标准 62 项，光伏部件标准 20 项，光伏系统标准 41 项，光伏应用标准 2 项。IEC/TC82 发布的标准项目中，由我国主导的国际标准/文件共计 12 项。

截至 2023 年 3 月，IEC/TC82 在研的标准项目（含修订项目和修改项目）共计 59 项，其中基础通用标准 1 项，光伏材料标准 6 项，电池和组件标准 20 项，光伏部件标准 21 项，光伏系统标准 9 项，光伏应用标准 2 项。在研标准中，由我国主导的国际标准/文件共计 11 项。

2. SEMI 光伏标准

国际半导体设备与材料协会（SEMI）是一家全球高科技领域的专业协会，创立于 1970 年。2007 年以来，SEMI 在光伏标准领域逐步展开工作，成立了北美、欧洲、日本、中国等多个光伏标准技术委员会。

SEMI 标准由 SEMI 董事会下设的国际标准委员会（ISC）负责，ISC 下设区域委员会（RSC）、技术委员会（TC）、分技术委员会和工作组（TF）等。

SEMI 于 1985 年与中国国家标准局（现国家标准化管理委员会前身）在北京举行了第一次定期会议，自此正式启动其在中国业务，同时也标志着 SEMI 进入中国。2011 年 3 月，无锡尚德太阳能电力有限公司的《晶体硅光伏组件用减反射镀膜玻璃规范》提案通过 SEMI 标准技术委员会审核，正式获得立项，标志着中国企业第一次真正主导 SEMI 光伏标准的制定。

与其他国际标准不同，SEMI 光伏标准主要针对生产过程，以降低生产成本和提高生产效率为目标，期望在供应商和制造商之间达成统一。

截至 2023 年 4 月，SEMI 已发布 1064 项标准，其中由光伏标准技术委员会发布的标准已有 99 项，以“SEMI PV + 序号 + 发布年月”进行编号。早期发布的光伏标准继承了 SEMI 标准在半导体材料领域的优势，主要集中在光伏用气体、液体化学品、多晶硅和硅片、光伏设备等方面。

随着中国光伏委员会的成立，SEMI 标准的适用领域正在逐渐扩大到设备接口界面通信、传送载体、光伏材料、薄膜材料、薄膜衬底、分析测试方法、电学和光学属性测试方法、包装材料以及光伏电站验收标准等光伏产业链的各个环节。截至 2023 年 4 月，由中国成员单位主编发布的标准已达到 39 项。

3.3.1.2 国内光伏标准现状

光伏产业链按生产过程和产品分为光伏设备、光伏材料、光伏电池和组件、光伏部件、光伏发电系统、光伏应用等。光伏产业链较长，在我国涉及的标准化技术组织和标准主管部门较多。光伏领域主要标准化技术组织包括全国半导体设备和材料标准化技术委员会（SAC/TC203）（负责光伏材料和设备领域标准）、全国太阳能光伏能源系统标准化技术委员会（SAC/TC90）（负责电池、组件、部件、系统领域标准）等，另有工业玻璃和特种玻璃标委会能源基础与管理标委会等标准化技术组织也开展了部分光伏领域标准制定工作。从标准主管部门来看，光伏制造及系统端的标准主管部门主要包括工业和信息化部（包括电子标准、建材标准、有色标准、邮电标准等）、国家能源局等，光伏应用端的标准主管部门主要涉及农业部、交通部（2008 年改为交通运输部）、住建部、公安部等。

光伏标准体系框架包括基础通用标准、光伏制造设备、光伏材料、光伏电池和组件、光伏部件、光伏发电系统、光伏应用、智能光伏和绿色光伏 9 大方向以及 44 个小类。

截至 2022 年底，我国现行国家标准和行业标准共计 295 项，其中基础通用标准 22 项，光伏设备标准 7 项，光伏材料标准 78 项，光伏电池和组件标准 27 项，光伏部件标准 37 项，光伏系统标准 76 项，光伏应用标准 42 项，智能光伏 2 项，绿色光伏 4 项。

截至 2022 年底，收集到的我国光伏领域制/修订中的标准项目共计 98 项（因涉及的标准主管部门较多，部分在研行业标准项目可能收集得不全面），其中国家标准 75 项，行业标准 23 项。按领域来划分，在研标准中基础通用标准 3 项，光伏设备标准 3 项，光伏材料标准 8 项，光伏电池和组件标准 36 项，光伏部件标准 9 项，光伏系统标准 23 项，光伏应用标准 7 项，智能光伏 2 项，绿色光伏 7 项。

3.3.2 光伏标准必要专利

3.3.2.1 标准必要专利的概念

标准必要专利（Standard Essential Patents，SEP），通常是指被纳入标准的专利，通俗来说是为符合某一标准所必须要实施的专利技术。

实际情况是不同的标准化组织对标准必要专利的定义存在一定差异，至今为止没有统一。在各标准制定组织的知识产权政策文件中，均规定了标准必要专利的基本含义，如表 3－28 所示❶。

表 3－28 各标准制定组织知识产权政策中标准必要专利的定义

标准制定组织	是否定义 SEP	是否侧重权利要求	是否考虑技术要素	是否考虑商业要素	判断时间点	备注
ITU/ISO/IEC（国际电信联盟/国际标准组织/国际电工委员会）	是	是	是	未明确	标准通过时	结合《指南》❷ 规定
IEEE（电气和电子工程师协会）	是	是	是	是	标准通过时	规定了消极条件
ETSI（欧洲电信标准化协会）	是	未明确	是	否	制定标准时	规定了替代技术的认定
CEN－CENELEC（欧洲标准化委员会/欧洲电工委员会）	是	未明确	是	否	制定标准时	
TTC（电信技术委员会）	是	未明确	是	是	未明确	

各标准制定组织在定义标准必要专利时主要采取三种方式：第一种是笼统定义基本概念的方式；第二种是“基本概念＋考量因素”的定义方法；第三种是“基本概念＋考量因素＋消极要件”的更为完整的定义方式。

---

❶ 参见国家知识产权局软课题“国外标准组织的标准必要专利政策演进与启示”。

❷ 这里的《指南》是指《ITU－T/ITU－R/ISO/IEC 共同专利政策实施指南》，英文名是 Guidelines for Implementation of the Common Patent for ITU－T/ITU－R/ISO/IEC。

此外，各标准制定组织制定的知识产权政策中还对专利披露及许可声明作出了要求，分别如表 3－29 和表 3－30 所示。

表 3－29　各标准制定组织知识产权政策中的披露要求

标准制定组织简称	是否区分披露主体	成员/参与者披露要求	非组织成员披露要求	备注
ITU/ISO/IEC	是	应当尽早披露	鼓励尽早披露	标准表决后也可披露
IEEE	未明确	权利人应尽早合理披露	未明确	表决前披露；表决后也可提交
ETSI	未明确	合理、善意、及时披露	未明确	
CEN－CENELEC	是	应当善意、尽力尽早披露	鼓励及时披露	标准通过后也可披露
TTC	是	成员和工作组成员应当尽早披露	组织外权利人在接到通知后应当披露	

表 3－30　各标准制定组织知识产权政策中有关许可声明的规定

标准制定组织简称	是否提交声明	声明性质	声明是否可撤销	其他条件
ITU/ISO/IEC	是	要约邀请	否	可附加专利确认信息
IEEE	是	要约邀请	否	不超过定额费率承诺；许可模板；具体许可条件
ETSI	是	未明确	否	可调查许可条件
CEN－CENELEC	是	要约邀请	否	
TTC	是	要约邀请	未明确	与其他权利人对等许可

3.3.2.2　光伏标准必要专利情况

如前所述，涉及光伏相关的国际标准组织主要有 IEC/TC82 和 SEMI，其中 IEC 有标准必要专利相关的知识产权政策，并收录了 SEP 数据，SEMI 暂未有明确标准必要专利相关的知识产权政策。

IEC 的 SEP 数据库共收录了 1009 条数据，主要集中在通信相关领域。通过 IEC 的 SEP 数据库检索入口[1]检索，在 IEC/TC82 中，检索到 1 条光伏相关标准涉及有标准必要专利，该标准为 IEC63257ED1，其声明文件中披露有 38 件标准必要专利，如表 3－31 所示，简单同族合并后有 36 项，相关信息如表 3－32 所示。

[1] http：//www. iec. ch/.

表 3-31 IEC63257ED1 声明的标准必要专利

序号	公开号	标准号	标准组织
1	US7602080	IEC 63257 ED1	IEC/TC82
2	US7807919	IEC 63257 ED1	IEC/TC82
3	US7884278	IEC 63257 ED1	IEC/TC82
4	US8102074	IEC 63257 ED1	IEC/TC82
5	US8271599	IEC 63257 ED1	IEC/TC82
6	US8274172	IEC 63257 ED1	IEC/TC82
7	US8325059	IEC 63257 ED1	IEC/TC82
8	US8653689	IEC 63257 ED1	IEC/TC82
9	US8773236	IEC 63257 ED1	IEC/TC82
10	US8823218	IEC 63257 ED1	IEC/TC82
11	US8854193	IEC 63257 ED1	IEC/TC82
12	US8860241	IEC 63257 ED1	IEC/TC82
13	US8860246	IEC 63257 ED1	IEC/TC82
14	US8933321	IEC 63257 ED1	IEC/TC82
15	US9007210	IEC 63257 ED1	IEC/TC82
16	US9124139	IEC 63257 ED1	IEC/TC82
17	US9143036	IEC 63257 ED1	IEC/TC82
18	US9377765	IEC 63257 ED1	IEC/TC82
19	US9397612	IEC 63257 ED1	IEC/TC82
20	US9584021	IEC 63257 ED1	IEC/TC82
21	US9813021	IEC 63257 ED1	IEC/TC82
22	US9966848	IEC 63257 ED1	IEC/TC82
23	US10063056	IEC 63257 ED1	IEC/TC82
24	US10110007	IEC 63257 ED1	IEC/TC82
25	US10135385	IEC 63257 ED1	IEC/TC82
26	US10256770	IEC 63257 ED1	IEC/TC82
27	US10312857	IEC 63257 ED1	IEC/TC82
28	US10333405	IEC 63257 ED1	IEC/TC82
29	US10523012	IEC 63257 ED1	IEC/TC82
30	US10615603	IEC 63257 ED1	IEC/TC82
31	US10686403	IEC 63257 ED1	IEC/TC82
32	US10749457	IEC 63257 ED1	IEC/TC82
33	US11081889	IEC 63257 ED1	IEC/TC82
34	US11228278	IEC 63257 ED1	IEC/TC82
35	US11646695	IEC 63257 ED1	IEC/TC82
36	EU2561596	IEC 63257 ED1	IEC/TC82
37	EU2206159	IEC 63257 ED1	IEC/TC82
38	CN101849292	IEC 63257 ED1	IEC/TC82

表 3－32　光伏相关标准必要专利信息

序号	公开号	申请日	发明名称	申请人	分类号	同族专利	被引次数	当前法律状态
1	US7602080B1	2009/3/25	在多面板系统中平衡太阳能电池板的系统和方法	Ron Hadar；Shmuel Arditi	H02J1/00	US7602080B1；WO2010062662A3；WO2010062662A2	271	授权
2	US7807919B2	2009/2/5	降低与光伏系统相关的安全风险的设备和方法	Earl G Powell；Ron Hadar；Dan Kikinis；Shmuel Arditi	H01L31/00	US20090133736A1；US7807919B2	168	授权
3	US7884278B2	2008/10/20	减少与光伏系统相关的安全风险的装置和方法	Earl G Powell；Ron Hadar；Dan Kikinis；Shmuel Arditi	H01L31/00	US7884278B2；US20090114263A1	146	授权
4	US8102074B2	2009/9/18	用于限制太阳能光伏发电系统中最大电压的系统和方法	Ron Hadar；Shmuel Arditi；Maxym Makhota	H04B3/54	US20110025130A1；US8102074B2	153	授权
5	US8271599B2	2011/1/6	用于光伏发电系统中本地控制器和主控制器之间的识别协议的系统和方法	Daniel Eizips；Shmuel Arditi；Ron Hadar；Maxym Makhota	G06F15/16；G06F15/173；G06F15/177	US8271599B2；US20110173276A1	137	授权
6	US8274172B2	2012/1/24	用于限制太阳能光伏发电系统中最大电压的系统和方法	Ron Hadar；Shmuel Arditi；Maxym Makhota	H02J1/00	US8274172B2；US20120119584A1	138	授权
7	US8325059B2	2009/5/15	一种用于传感器数据采集的低成本电力线通信的方法和系统	Leonid Rozenboim	H01L31/042；G08C19/22；H04Q9/00	US8325059B2；US20100117858A1	130	授权

续表

序号	公开号	申请日	发明名称	申请人	分类号	同族专利	被引次数	当前法律状态
8	US8653689B2	2009/5/15	一种电流模式电力线通信方法及系统	Leonid Rozenboim	H02J1/00	US20100118985A1；US8653689B2	127	授权
9	US8773236B2	2010/9/30	用于本地控制器和主控制器之间的通信协议的系统和方法	Maxym Makhota；Daniel Eizips；Shmuel Arditi；Ron Hadar	H03K17/00；G05B23/02；G05D3/12；G06F11/00；G08B13/00；H04B1/00	US8773236B2；US20110161722A1	130	授权
10	US8823218B2	2011/4/22	用于在太阳能电池板安装中增强看门狗的系统和方法	Ron Hadar；Shmuel Arditi；James Bickford	G05F3/06	US20110218687A1；US8823218B2	147	授权
11	US8854193B2	2011/3/28	用于远程或本地关闭光伏系统的系统和方法	Maxym Makhota；Daniel Eizips；Dan Kikinis	G05B11/01；G05B23/02；G06F11/07；H01L31/02；H01L31/042	US8854193B2；US20110172842A1	161	授权
12	US8860241B2	2009/7/21	用于使用功率转换器在馈电上传输数据的系统和方法	Ron Hadar；Shmuel Arditi；Mordechay Avrutsky	H02J1/00；H02J3/38；H02J13/00；H02M3/28；H04B3/54	US20100127570A1；US8860241B2	137	授权

续表

序号	公开号	申请日	发明名称	申请人	分类号	同族专利	被引次数	当前法律状态
13	US8860246B2	2009/9/25	在多面板系统中平衡太阳能电池板的系统和方法	Ron Hadar；Shmuel Arditi	H02J1/14； H02J3/38	US20100127571A1； US8860246B2	138	授权
14	US8933321B2	2009/12/1	用于太阳能模块安装中增强型看门狗的系统和方法	Ron Hadar；Shmuel Arditi	H01L31/042； H01L31/02； H01L31/048	US20100139734A1； US8933321B2	142	授权
15	US9007210B2	2011/4/21	用于在非操作期间在太阳能电池阵列中防盗的增强型系统和方法	Mordechay Avrutsky；Ron Hadar；Shmuel Arditi	G06F11/34； G06F11/14； G06Q10/06； H01L31/02	US20110260866A1； US9007210B2； WO2011133843A3； WO2011133843A2	12	授权
16	US9124139B2	2012/4/30	用于本地控制器和主控制器之间的识别协议的系统和方法，所述本地控制器被耦合以控制太阳能模块	Daniel Eizips；Shmuel Arditi；Ron Hadar；Maxym Makhota	G06F15/16； H02J3/38； H04L29/06	US20120215367A1； US9124139B2	11	授权
17	US9143036B2	2010/5/25	用于增效辅助电源模块的系统和方法	Mordechay Avrutsky	H02J1/10； G05F1/00； H02M1/00； H02M1/36； H02M3/07； H02M3/158； H02M7/00	US9143036B2； US20110050190A1	11	授权

续表

序号	公开号	申请日	发明名称	申请人	分类号	同族专利	被引次数	当前法律状态
18	US9377765B2	2014/10/1	用于远程或本地关闭光伏系统的系统和方法	Tigo Energy Inc	G05B9/02；G06F11/07；H01L31/02；H02J1/00	US20150028692A1；US9377765B2	21	授权
19	US9397612B2	2014/8/29	用于在太阳能电池板安装中增强看门狗的系统和方法	Tigo Energy Inc	G01R31/40；G01R31/00；H01L31/02；H02J1/00	US20150053250A1；US9397612B2	14	授权
20	US9584021B2	2015/8/10	用于增效辅助电源模块的系统和方法	Tigo Energy Inc	H02M3/07；H02M1/00；H02M1/36；H02M3/158	US20150349644A1；US9584021B2	3	授权
21	US9813021B2	2016/7/6	用于在太阳能电池板安装中增强看门狗的系统和方法	Tigo Energy Inc	H02S50/00；G01R31/00；H01L31/02；H02J3/38	US9813021B2；US20160315585A1	6	授权
22	US9966848B2	2016/12/28	用于增效辅助电源模块的系统和方法	Tigo Energy Inc	H02M3/158；H02M1/00；H02M1/08；H02M1/36；H02M3/07	US20170110966A1；US9966848B2	4	授权

续表

序号	公开号	申请日	发明名称	申请人	分类号	同族专利	被引次数	当前法律状态
23	US10063056B2	2016/6/17	用于远程或本地关闭光伏系统的系统和方法	Tigo Energy Inc	G05B9/02；G06F11/07；H01L31/02；H02J1/00；H02J3/38；H02M7/44；H02S40/30	US10063056B2；US20160301214A1	8	授权
24	US10110007B2	2014/10/13	在多面板系统中平衡太阳能电池板的系统和方法	Tigo Energy Inc	H02J3/38	US20150028683A1；US10110007B2	2	授权
25	US10135385B2	2015/8/4	太阳能电池组件的本地控制器和主控制器之间的识别协议	Tigo Energy Inc	G06F15/16；G05B15/02；G06F15/173；H02J3/38；H02S10/00；H04L29/06	US20150340983A1；US10135385B2	1	授权
26	US10256770B2	2017/9/27	太阳能电池板装置中用于增强看门狗的系统和方法	Tigo Energy Inc	H02S50/00；G01R31/00；H01L31/02；H02J3/38；H02S50/10	US20180019705A1；US10256770B2	15	授权

续表

序号	公开号	申请日	发明名称	申请人	分类号	同族专利	被引次数	当前法律状态
27	US10312857B2	2014/12/16	太阳能模块装置中用于增强看门狗的系统和方法	Tigo Energy Inc	H02S50/10； H01L31/02； H01L31/052； H02S40/32； H02S40/34； H02S50/00； H02S50/15	US10312857B2； US20150101651A1	3	授权
28	US10333405B2	2018/5/2	提高效率的辅助电源模块的系统和方法	Tigo Energy Inc	H02M3/158； H02M1/00； H02M1/08； H02M1/36； H02M3/07	US20180254701A1； US10333405B2	1	授权
29	US10523012B2	2017/6/26	用于光伏设备的安全装置	Abb Schweiz Ag	H02J3/38； G08C17/00； H01H9/54； H01L31/02； H02H3/087； H02H3/20； H02H7/20； H02S40/34； H02S40/36； H02S50/10	JP2018033296A； US10523012B2； IN201744021865A； CN107546712A； EP3261207A1； US20170373201A1	3	授权

续表

序号	公开号	申请日	发明名称	申请人	分类号	同族专利	被引次数	当前法律状态
30	US10615603B2	2018/10/16	平衡多板系统中的太阳能板的系统和方法	Tigo Energy Inc	H02J3/38	US20190081482A1；US10615603B2	1	授权
31	US10686403B2	2019/3/5	用于太阳能板安装中的增强看门狗的系统和方法	Tigo Energy Inc	H01L31/02；G01R31/00；H02J3/38；H02S50/00；H02S50/10	US10686403B2；US20190207556A1	2	授权
32	US10749457B2	2018/10/16	用于太阳能模块的本地控制器和主控制器之间的识别协议的系统和方法	Tigo Energy Inc	G06F15/173；G05B15/02；G06F15/16；G06F15/177；H02J3/38；H02S10/00；H04L29/06	US20190052220A1；US10749457B2	—	授权
33	US11081889B2	2019/12/27	用于远程或本地关闭光伏系统的系统和方法	Tigo Energy Inc	H01J3/38；G05B9/02；G06F11/07；H01L31/02；H02J1/00；H02J3/38；H02M7/44；H02S40/30	US11081889B2；US20200136391A1	1	授权

续表

序号	公开号	申请日	发明名称	申请人	分类号	同族专利	被引次数	当前法律状态
34	US11228278B2	2020/6/11	用于太阳能板安装中的增强看门狗的系统和方法	Tigo Energy Inc	H02S50/00；G01R31/00；H01L31/02；H02J3/38；H02S50/10	US20200304065A1；US11228278B2	1	授权
35	US11646695B2	2022/1/14	用于太阳能电池板装置中的增强型看门狗的系统和方法	Tigo Energy Inc	H02S50/00；G01R31/00；H01L31/02；H02J3/38；H02S50/10	US20220140784A1；US11646695B2	—	授权
36	CN101849292A	2008/10/30	降低光伏系统安全风险的设备和方法	迭戈能源有限公司	H01L31/042	CN101849292B；CN101849292A；EP4243279A2；KR1020100093072A；EP2206159B1	5	部分无效

此外 incoPat 收录了 ETSI 及 ITU 的 SEP 数据，以主要光伏企业及光伏相关关键词为入口检索，共检出 9 件光伏相关专利，涉及 5 项标准，均为电信相关标准。

同时对 ISO❶、IEEE❷ 等 SEP 数据库进行检索，均未检出光伏相关标准必要专利数据。

总体来说，在主要的标准组织所公开的 SEP 数据中，光伏相关标准必要专利披露较少。对于光伏企业在参与标准制定的过程中可以参考各国际标准组织的知识产权政策，对所涉及的必要专利予以披露，如光伏相关的国际标准组织 IEC/TC82，其知识产权政策中的披露要求，组织成员应当尽早披露可能涉及的必要专利。

3.3.2.3 标准必要专利产出策略

如果企业或机构正在参与标准化活动，或者能够收集标准化组织正在推进的标准相关信息，则可以根据标准化程序制定相应的策略，提高标准必要专利的产出可能性，具体流程如图 3－70 所示❸。

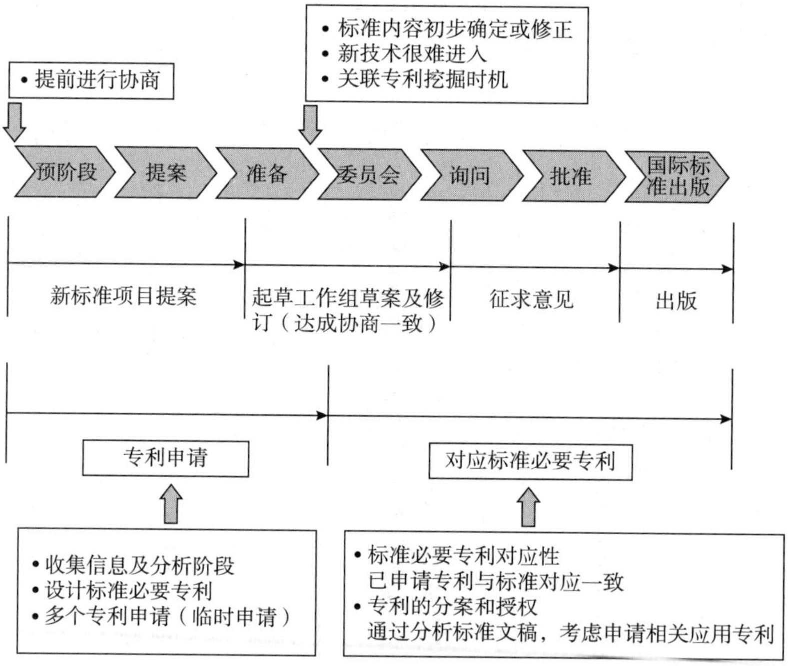

图 3－70　基于标准化程序的标准必要专利授权策略

通过图 3－70 可以看出，产出标准必要专利的方法大致有两种。

第一，在标准化初期阶段，收集、分析与标准发展趋势相关的信息，申请多件专利，形成专利组合。

---

❶ https：//www. iso. org/iso－standards－and－patents. html.

❷ http：//standards. ieee. org/.

❸ 参见韩国特许厅发布的《韩国标准必要专利指南 2.0》，由中国国家知识产权局国际合作司组织编译。

在专利所涉及的技术领域，分析标准化活动主要参与成员的最新标准及专利动向信息是非常重要的工作。想要产出标准必要专利的企业或机构必须分析的专利信息如表3－33所示。

表3－33　标准必要专利动向所需的专利信息分析项目

专利分析项目	分析目的及内容
主要成员申请量	分析参与该技术相关标准化活动的企业（机构）的专利申请趋势，判断标准化的持续性
专利活动指数	分析参与标准化活动的企业（机构）专利申请领域，掌握参与标准化活动的企业（机构）投资研发的技术领域
标准关注度	分析该技术相关专利对标准文件的引用程度，掌握标准化的成功可能性
市场扩张性	分析该技术相关专利海外申请情况，预判标准技术对未来市场将产生的影响力

第二，标准必要专利的保护范围需要与最终制定的标准内容对应一致。因此，应持续跟踪标准化程序，当标准特征发生变化时，评估是否追加申请专利或者按照标准的内容修改权利要求。

标准化程序一般会持续3年以上，存在多个参与者且利害关系错综复杂，因此标准的内容随时都可能发生变化。为此，在申请专利后再提交标准文稿的情况下，有必要随时关注标准的发展趋势，根据实际情况再追加或调整专利申请。另外，根据需要后期调整专利保护范围时，只能在原始申请文件公开的范围内才能进行权利要求的补正，因此最初申请专利时，撰写申请文件需要内容丰富，范围合理。

考虑研发及标准化阶段的实际情况，针对不同情况下产出标准必要专利及包含标准内容专利的方法进行划分，具体策略如表3－34所示。

表3－34　研发各阶段及标准化各阶段的标准必要专利相关策略

序号	策略	定义	实施示例
1	现有专利中筛选标准项目	从现有专利里筛选能够兼容当前标准且更便于研发的标准项目（可提案或申请专利）的策略	分析当前标准时发现部件A没有定义具体功能的构成，则调查和分析部件A相关的现有专利，可以获得完善部件A具体功能的技术方案。再从筛选的技术方案中挑选既最能完善部件A的功能又可以进行标准化的项目，提交标准文稿，申请相关专利

续表

序号	策略	定义	实施示例
2	基于标准化趋势的申请及提案	分析正在进行的标准化趋势，从现有技术中筛选出与标准化方向相关的技术，撰写专利申请文件，提交标准文稿的策略	筛选符合标准化趋势的所持有或开发中的技术；通过现行技术调查，评估所持有的技术的可专利性，然后撰写专利申请文件；基于撰写的专利申请文件，向标准化组织提交标准文稿，争取产出标准必要专利
3	确立优先权日期的紧急专利申请	为了应对技术快速迭代和无法预判的标准化趋势，根据标准化进程先确立优先权日期的紧急专利申请策略	针对标准化技术，在召开标准会议之前紧急申请专利；掌握标准化趋势，将每次标准化会议内容加入到专利权利要求
4	专利保护范围扩展	撰写专利申请文件时，权利要求不仅仅局限于标准文稿中，保护范围可以扩展到该技术可适用的其他领域，术语也尽量用广义的技术术语	使用可适用于扩展的保护范围的术语，帮助扩展专利保护范围，如：Electric Vehicle Battery→Energy Storage System
5	增加多个实施例的专利撰写	提前预判标准化争议点和变动因素，撰写专利申请文件时，在说明书里增加多个实施例，可以灵活应对标准草案的变更	筛选与标准化争议点相关的多个实施例；把标准草案的内容记载到专利申请文件时，将可能衍生的多个技术点当作实施例记入说明书里；基于说明书中记载的多个实施例，通过补正、分案、优先权主张等方式灵活应对标准草案的内容变更
6	标准必要专利布局	基于研发结果，预判实施标准时必须使用的技术，将技术进行权利化的策略	撰写专利申请文件时，必须撰写多个分类（系统、产品、方法）的权利要求，达到扩展专利保护范围的效果。但是，标准文稿等文件里只涉及某个分类的特定实施主体时，即使技术方案相同但分类和实施主体不一致的话，也无法被认定为标准必要专利。因此，需要以标准草案里明示的分类或实施主体为主撰写权利要求，其他分类和实施主体相关的权利要求形成次要的保护请求

续表

序号	策略	定义	实施示例
7	标准相关专利体系构建	基于通过研发技术可获得的经验，预判实施标准时有可能发生的各种情况，再研究应对方法并进行专利申请的策略	基于技术研发，预判产品化趋势等因素，针对产品或服务申请多件专利，形成专利体系。例如，二维码标准获得批准后，在产品化过程中必备的配套产品是二维码读取器。因此，在二维码标准必要专利技术的产品化过程中，提前预判需要配套二维码读取器，提前布局相关技术的专利申请
8	筛选标准空白领域	在标准草案中，寻找标准草案未纳入的新提案项目，进行权利化的策略	从正在进行讨论的标准、已经制定的标准或处于标准化后期的标准草案中，每个技术点都进行对比和分析，筛选当前标准没有涉及的空白领域。例如，按照技术点对比分析正在进行中的标准草案A和已制定标准B，标准B罗列了B1、B2、B3、B4，但标准草案A只有A1、A2，则在A3和A4相关的技术点上，可以筛选出新的提案项目，制作标准文稿，撰写专利申请文件，持续推进标准化活动，提高产出标准必要专利的可能性
9	专利权稳定	分析与标准相关的已申请专利的权利要求，提交正式申请或国际申请时评估权利稳定性，提高专利授权的可能性的策略	分析已申请专利的新颖性和创新性，评估未来国内外专利授权的可能性，如果发现新颖性和创新性上有驳回的可能性，则在提交国际申请之前可补正权利要求或撤销当前专利，提交新的国际申请或提交优先权申请，提高国际申请的授权可能性
10	完善专利与标准对应性的专利再布局	随着标准化的推进，标准草案内容发生变更，已申请专利的保护范围与标准不对应时，可以通过补正、再授权申请、分案/延续申请等策略，提高标准和专利的对应性	召开制定专利补正方案；专利补正、分案申请或再授权申请（美国）；通过临时申请确立优先权日后，再调整权利要求范围进行正式申请；通过与标准草案起草相关人员沟通，预判标准的发展趋势，提高专利权利保护范围与标准的对应性

续表

序号	策略	定义	实施示例
11	完善专利保护范围	已申请的专利的权利保护范围无法覆盖标准的所有规格时，通过专利申请、行使优先权申请、补正等方式完善专利保护范围的策略	例如，标准的内容是 A、B、C，已申请专利保护范围涉及 A、B，则针对 A、B 的技术点，标准和专利做到对应一致，但标准的另一部分规格（C）没有体现在已申请专利上，则针对这个规格申请专利或者已申请专利为在先申请，追加新规格的内容后，通过优先权申请专利，就可以扩大权利保护范围
12	扩大专利池份额及提高专利权的灵活性	标准化组织组建专利池或有计划组建专利池的情况下，根据专利池的许可费收益分配政策，增加 IPR 件数，提高许可费收益，同时为了提高专利授权的可能性，撰写多件同族专利的策略	在美国通过延续申请和再授权申请等方式，可以增加标准必要专利的件数。具体来说，在说明书中罗列标准和专利有可能对应的技术特征，在延续申请的专利里逐步增加能够与标准对应的内容，达到增加专利件数的目的。采取这种策略，既能保证拿到专利授权，也可以增加专利池中许可收益分配的比例。其他地区可以通过分案申请的手段，增加专利件数，扩大专利许可费收益分配的比例

此外，结合目前各标准制定组织知识产权政策中对标准必要专利的考量因素，还可以从专利的技术特征和经济特征维度，发掘潜在的标准必要专利。

从技术特征维度，技术标准的制定，是为了选择实现技术目标的最优技术或技术组合，强调的是相比于其他专利，入选的专利技术具有其他技术不能达到的高性价比。现有研究中，常用的技术特征指标主要有被引次数、后向专利引文数、首项权利要求的长度、权利要求数量等。

一般一项专利被引次数越多，价值就越高，越有可能是某一技术领域中重要的技术，更有潜力成为标准必要专利。在标准制定过程中，从技术提案讨论开始直至技术方案确定，专利权人会进行大量潜在标准必要专利的布局，并在技术提案讨论过程中对初始布局的专利技术进行细化、研发，在此过程中可能会产生大量的引用数据。其中引用及被引用的对象包括重点专利及其同族专利。对于权利要求数量和首项权利要求的长度（首权字数），权利要求的数量越多，权利要求越短，专利技术保护范围越全面，专利也更重要。同时，在专利申请过程中，专利申请实质审查程序所用时长，也体现了技术的复杂程度或重要程度。由于标准制定过程中存在着许多的不确定性，标准必要专利产生的过程也充满着不确定性，只有先进、稳定的专利技术才有可能具备入选资格，因此，技术的先进性、稳定性也应考虑纳入标准必要专利特征指标体系。

从经济特征维度，商业方面的因素也是推动技术标准的制定和标准必要专利形成的重要因素。专利族规模、专利同族国家数均体现的是提交专利申请的范围和专利获得法律保护的范围。专利族规模越大，专利同族国家越多，说明专利权人认为某专利具有市场潜力，市场应用前景较好，该技术也很有可能被纳入标准，因此进行大范围的规划布局。专利的实施包括专利的许可、转让和经历质押、诉讼等，有的学者认为发生许可的专利一般都是比较重要的专利，价值更高的专利通常更容易遇到纠纷和诉讼，因此，许可、诉讼和转让次数较多的专利越有价值，越可能被纳入标准中。

3.3.2.4 标准必要专利纠纷处理

虽然标准制定组织在组织标准制定过程中首要考虑的是技术问题，而法律问题并非标准制定流程的关注重点。但是潜在标准必要专利权利人可以在多个环节参与标准必要专利纠纷的解决。

第一，提案阶段提出问题。国际标准组织要求相关成员或参与方尽早在提案阶段或更早阶段提出专利相关问题。作为标准制定流程的早期阶段，标准草案的目的、领域尚未完全确定，技术方案的选择也还在斟酌，提案阶段之前很难要求专利权人主动披露其可能持有的标准必要专利情况和许可条件。在提案阶段和先期筹备阶段，专利权人的主要任务在于发现备选草案中可能引发的专利纠纷，方便标准制定组织未雨绸缪。

第二，准备阶段提出问题。在准备阶段，国际标准组织明确要求专家等工作人员继续寻找与专利有关的问题。标准制定组织最担心标准与专利结合引发的反垄断问题，故准备阶段及随后的阶段中，草案制定小组的专家和其他工作人员仍需继续挖掘草案中可能蕴含的专利问题。标准必要专利的权利人可以在准备阶段及时提出、解决专利引发的相关纠纷。

第三，在多阶段中的传阅环节提出问题。在准备阶段、委员会草案阶段、问询草案阶段等阶段均设置有传阅环节，参与主体主要是P成员（多为代表某个国家或地区的组织）。标准专利权人可以及时向其代表组织反映标准草案中可能蕴含的专利情况，进而影响标准草案的选取与修改过程。

第四，从提议阶段开始披露专利信息。披露专利信息及许可条件是标准必要专利权利人参与许可问题的重要环节，多数标准制定组织也要求专利权人及时披露专利信息并作出符合FRAND规则的许可声明，还以此作为专利入标的重要条件。

由此可见，专利入标中有多个程序节点供标准组织和许可双方商讨相关争议，各方主体不宜再局限于专利披露制度，而是要充分利用专利入标流程的各个阶段及时解决相关纠纷。

第4章　热点知识产权案例

4.1　司法案例

4.1.1　总体情况

光伏组件环节技术密集，一直备受知识产权界的关注。近年来，在整个光伏产业领域，发生了一批具有全球影响力的诉讼，其诉讼程序或处理结果，无论是对产业界，抑或是知识产权领域，或许都具有启发意义。

根据国内外公布的相关案例，本文整理了部分侵犯专利权的诉讼案件，分别如表4-1和表4-2所示。

表4-1　光伏行业专利侵权诉讼国内案例

案件字号	立案时间	原告（或二审上诉人）	被告（或二审被上诉人）	案由	审结日期	判决（裁定）结果
（2021）苏05民初1826号	2021.9.3	江苏索特电子材料有限公司	常州聚和新材料股份有限公司	专利侵权	2022.8.15	准许原告撤诉
（2018）沪73民初215号之一	2018.2.27	夏尔特拉（北京）太阳能科技有限公司	淮南市潘阳光伏发电有限公司；上海旗华水上工程建设股份有限公司	专利侵权	2019.3.12	准许原告撤诉
（2018）苏01民初1327号	2018.7.26	无锡斯达新能源科技股份有限公司	江苏润生光伏科技有限公司	专利侵权	2019.06.25	准许原告撤诉
（2019）沪73知民初832号	2019.11.13	上海海优威新材料股份有限公司	杭州福斯特应用材料股份有限公司	专利侵权	2021.02.22	驳回原告起诉
（2021）最高法知民辖终174号	2021.5.10	韩华新能源（启东）有限公司	瑞科斯太阳能源私人有限公司	专利侵权民事二审	2021.07.14	驳回上诉，维持原裁定

续表

案件字号	立案时间	原告（或二审上诉人）	被告（或二审被上诉人）	案由	审结日期	判决（裁定）结果
(2018) 苏民终 998 号	—	里纳技术股份有限公司	苏州阿特斯阳光电力科技有限公司；深圳市捷佳伟创新能源装备股份有限公司	专利侵权二审	2018.07.16	驳回上诉，维持原裁定
(2019) 沪 73 知民初 832 号	2019.11.13	上海海优威新材料股份有限公司	杭州福斯特应用材料股份有限公司	侵害发明专利权	2021.02.22	驳回原告的起诉
(2019) 皖 01 民初 2541 号	2019.12.24	阳光电源股份有限公司	上能电气股份有限公司	侵害实用新型专利权	2020.05.29	准许原告撤诉

注：一字线表示暂未查询到结果，后同。

表 4-2　光伏行业专利侵权诉讼国外案例

立案时间	原告（或二审上诉人）	被告（或二审被上诉人）	案由	诉讼地点和机构	判决（裁定）结果
2018	SolarEdge	华为技术有限公司；华为技术杜塞尔多夫有限公司；Wattkraft 太阳能有限公司	专利侵权	德国曼海姆地区法院	华为胜诉
2011	西屋太阳能	ZepSolar 美国阿特斯	专利侵权	美国国际贸易委员会（ITC）	和解（手段，金额不详）
2014	日本京瓷	韩国韩华	专利侵权	东京地方法院	撤诉，交叉授权
2015.6.12	荷兰皇家帝斯曼集团	上海赛肯森材料科技有限公司	专利侵权	上海知识产权法院	—
2016.7	美国照明科学集团公司	深圳珈伟光伏照明股份有限公司；珈伟科技（美国）有限公司	专利侵权	美国加利福利亚州法院	—

续表

立案时间	原告（或二审上诉人）	被告（或二审被上诉人）	案由	诉讼地点和机构	判决（裁定）结果
2021.9.1	Solar Paste，LLC	聚和股份；东方日升及其美国子公司；Risen Energy America，Inc.	专利侵权	美国特拉华州联邦地方法院	—
2019.3，2019.4；2021.3，2021.7	韩国韩华	隆基绿能；荷兰隆基；德国隆基；香港隆基	专利侵权	美国国际贸易委员会（ITC）、美国特拉华州地区法院、澳大利亚联邦法院、德国杜塞尔多夫地方法院、巴黎法院、荷兰鹿特丹地方法院	详见表4－4
2019.3；2020.9	韩国韩华	晶科能源	专利侵权	美国国际贸易仲裁委员会（ITC）、美国特拉华州地区法院、德国杜塞尔多夫地方法院、澳大利亚联邦法院	详见表4－5
2022.12	韩国韩华	天合光能	专利侵权	德国法院	和解，交叉授权

在上述国外诉讼众多案例中，重点介绍两个具有代表性的案例。一是韩国韩

华在世界多地起诉隆基股份、晶科能源、天合光能的过程❶❷❸，该案例为典型的单一主体起诉多家上市公司的“一对多”的诉讼。二是SunPower、Solaria、中环、Maxeon等主体起诉阿特斯的过程，该案例为多家公司分别起诉行业巨头的“多对一”的诉讼。

与上述诉讼案例不同，光伏行业在进入美国市场时，还可能面临“337调查”，相关政策的介绍详见第2章第2.3.2.2小节知识产权相关法律法规。近几年光伏行业在美遭遇的“337调查”及其结果，如表4－3所示，本文将重点介绍韩国韩华发起的针对隆基和晶科的“337调查”案例。

表4－3 美国“337调查”案例列表

序号	立案日期	国家/地区	立案机构	调查类型	涉案产品	调查结果
1	2019.4.3	美国	ITC	“337调查”	特定光伏电池片及其下游产品	晶科、隆基的产品不侵犯韩国韩华公司专利权，未违反“337条款”，终止调查
2	2021.7.14	美国	ITC	“337调查”	特定具有纳米结构的硅光伏电池片和组件及其下游产品	不存在侵权并终止调查
3	2022.8.29	美国	ITC	“337调查”	特定太阳能优化器、逆变器及其组件	基于和解，终止本案全部调查
4	2023.6.5	美国	ITC	“337调查”	特定光伏连接器及其组件	—

4.1.2 典型案例——韩国韩华诉隆基、晶科能源、天合光能

2019年，韩国韩华先后在美国、德国和澳大利亚对晶科能源、隆基、天合光能提起专利侵权诉讼。韩华声称这三家企业使用了其专利钝化技术来提高太阳电池的效率和性能，其诉求为禁止上述公司将侵权产品出口至美国、德国和澳洲市场，并禁止在这些市场进行营销和产品销售。

---

❶ 隆基绿能科技股份有限公司. 公开发行可转换公司债券2022年跟踪评级结果公告［R/OL］.（2023－05－31）［2023－09－01］. http://www.sse.com.cn/disclosure/listedinfo/announcement/c/new/2023－06－01/601012_20230601_MEHQ.pdf.

❷ 隆基绿能科技股份有限公司. 关于韩华起诉公司专利侵权的进展公告［R/OL］.（2020－04－14）［2023－09－01］. https://careers.longi.com/cn/news/5207/.

❸ 晶科能源股份有限公司. 2022年年度报告［R/OL］.（2023－04－28）［2023－09－01］. http://file.finance.sina.com.cn/211.154.219.97:9494/MRGG/CNSESH_STOCK/2023/2023－4/2023－04－29/9169980.PDF.

背钝化膜的制备是PERC电池最为核心的工艺步骤，主要分为以韩国韩华为代表的原子层沉积（ALD）和以梅耶博格为代表的板式（PECVD）沉积方式，而隆基采用的是PECVD技术。

1. 韩华起诉隆基

韩华起诉隆基主要事件如表4－4所示。

表4－4　韩华起诉隆基主要事件时间表

<table>
<tr><th>时间</th><th>地点和机构</th><th>原告</th><th>被告</th><th>案由</th><th>诉讼请求</th><th>审结时间</th><th>结论</th><th>后续</th><th>结论</th><th>后续</th></tr>
<tr><td rowspan="4">2019.3—2019.4</td><td>美国国际贸易委员会（ITC）</td><td rowspan="6">韩华</td><td rowspan="4">隆基绿能</td><td rowspan="6">侵犯韩华专利权</td><td rowspan="4">禁令救济、侵权损害赔偿，并承担诉讼费用及其他合理费用</td><td>2020.6</td><td>不侵犯专利权，未违反337条款，终止调查</td><td>韩华向美国联邦巡回上诉法院（CAFC）提出上诉</td><td>维持ITC裁定</td><td rowspan="4">—</td></tr>
<tr><td>美国特拉华州地区法院</td><td>—</td><td>中止</td><td rowspan="2" colspan="2">—</td></tr>
<tr><td>澳大利亚联邦法院</td><td>2023.5.18</td><td>终止诉讼</td></tr>
<tr><td>德国杜塞尔多夫地方法院</td><td>2020.6</td><td>侵犯韩华专利权</td><td>德国杜塞尔多夫高级地区法院的撤诉裁决</td><td>撤诉</td></tr>
<tr><td>2021.3</td><td>巴黎法院</td><td>荷兰隆基、德国隆基、香港隆基</td><td>禁止相关产品在法国的销售，召回库存，并支付侵权和损害赔偿金</td><td>2022.6.22</td><td>诉讼答辩</td><td colspan="3">撤诉</td></tr>
<tr><td>2021.7</td><td>荷兰鹿特丹地方法院</td><td>荷兰隆基</td><td>简易跨境临时禁令申请</td><td>2022.3</td><td>侵犯韩华专利权，不得在11国实施专利</td><td>荷兰隆基上诉</td><td>已立案</td><td>韩华撤诉</td></tr>
<tr><td colspan="11">2023年5月11日，隆基绿能与韩华达成专利交叉许可，双方撤销全球范围内的诉讼及专利无效程序；
截至2023年9月15日，隆基与韩华在全球范围内的所有专利诉讼程序均已终结</td></tr>
</table>

2019年3月和4月，HANWHA QCELLS&ADVANCED MATERIALS CORP. 及其关联方（审理期间由于韩华内部进行了重组，案件原告/专利权人变更为HANWHA SOLUTIONS CORPORATON，以下统称韩华）先后向美国国际贸易委员会（ITC）、美国特拉华州地区法院、澳大利亚联邦法院、德国杜塞尔多夫地方法院提起专利侵权诉讼，宣称隆基绿能及下属子公司在上述所在地区销售的部分产品侵犯韩华专利权，要求判定

隆基绿能及下属子公司在上述三地销售的光伏组件产品侵犯其专利权，请求禁令救济、侵权损害赔偿，并承担诉讼费用及其他合理费用。

2021 年 3 月，韩华向巴黎法院对荷兰隆基、德国隆基和香港隆基提起专利侵权诉讼，要求判定隆基的上述子公司在法国销售的部分产品侵犯韩华专利权，禁止相关产品在法国的销售，召回库存，并支付侵权和损害赔偿金。

2021 年 7 月，韩华向荷兰鹿特丹地方法院提起针对隆基全资子公司荷兰隆基的简易跨境临时禁令申请。隆基在上述五地的诉讼进展情况如下。

（1）美国诉讼。2020 年 6 月，ITC 发布终裁结果，裁定隆基不侵犯韩华专利权（专利号：US9893215），未违反 337 条款，并终止调查。

2020 年 7 月，韩华向美国联邦巡回上诉法院（CAFC）提出上诉，2021 年 7 月 CAFC 终审判决维持 ITC 裁定。

美国特拉华州地区法院于 2019 年 4 月作出命令，在 ITC 程序（包括上诉程序）作出最终裁定，或相关调查被驳回前，本案中止。截至 2022 年 6 月 22 日，美国特拉华州地区法院案件仍处于中止状态。

（2）德国诉讼。2020 年 6 月，隆基绿能子公司德国隆基收到德国杜塞尔多夫地区法院一审判决书，判决德国隆基侵犯韩华专利权，判决德国隆基涉诉产品禁止在德国市场销售、德国隆基召回自 2019 年 1 月 30 日起面向商业客户销售的产品、销毁德国隆基直接或间接占有或所有的涉诉产品。

2023 年 5 月 31 日，隆基收到德国杜塞尔多夫高级地区法院的撤诉裁决，对隆基德国子公司 LONGI Solar Technologie GmbH 和韩华德国子公司 Hanwha Q CELLS GmbH 在德国侵权诉讼撤诉予以确认。

（3）澳大利亚诉讼。截至 2023 年 5 月 18 日，隆基绿能收到了澳大利亚联邦法院的《Notice of discontinuance》，隆基绿能及相关子公司与韩华及相关子公司终止了相关诉讼程序。

（4）法国诉讼。2023 年 9 月 14 日，隆基收到法国巴黎法院的撤诉决定，对其德国子公司 LONGi Solar Technologie GmbH、中国香港子公司 LONGi（H. K.）TRADING LIMITED、荷兰子公司 LONGi NETHERLANDS（TRADING）BV 与 Hanwha Solutions Corporation、德国子公司 Hanwha Q CELLS GmbH 在法国的侵权诉讼撤诉予以确认。

（5）荷兰诉讼。2022 年 3 月，荷兰海牙上诉法院向荷兰隆基正式送达关于简易跨境临时禁令的上诉判决，判决荷兰隆基自判决书正式送达之日不得实施涉及涉诉产品在比利时、保加利亚、德国、法国、匈牙利、列支敦士登、奥地利、葡萄牙、西班牙、英国及瑞士等 11 国的直接和/或间接侵犯韩华 EP2220689 欧洲专利的行为，并判决荷兰隆基向其在上述国家的客户发送整改函，并告知荷兰隆基提供的涉诉产品可能在上述 11 个国家侵权，要求停止继续提供涉诉产品，相关产品可返还给荷兰隆基，费用由荷兰隆基承担。荷兰隆基认为本次判决内容缺乏法律基础和事实依据，并于 2022 年 4

月29日提起上诉。此外，该荷兰案件的主程序已于2022年6月15日在鹿特丹地方法院立案。

截至2023年5月24日，就韩华对隆基荷兰子公司LONGi（Netherlands）Trading B. V. 提出的相关专利诉讼的撤诉申请，荷兰鹿特丹地方法院和海牙地方法院予以确认并正式生效。

2023年5月11日，隆基绿能科技股份有限公司与韩华正式达成专利交叉许可。历时4年之久的双方诉讼终于落下了帷幕。本次专利交叉授权后，双方有权在全球范围内合法使用相关专利技术，并承诺撤销双方之间（包括关联方）在全球范围内的所有诉讼及专利无效程序。截至2023年9月15日，隆基与韩华在全球范围内的所有专利诉讼程序均已终结。

2. 韩华起诉晶科能源

在上述诉讼进行的同时，韩华先后向美国国际贸易委员会（ITC）、美国特拉华州地区法院、澳大利亚联邦法院、德国杜塞尔多夫地方法院提起专利侵权诉讼，称晶科能源及下属子公司在上述地区销售的部分产品侵犯韩华专利权（在美国的US9893215专利及在欧洲和澳大利亚的同族专利EP2220689、AU2008323025）。韩华起诉晶科能源主要事件如表4－5所示。美国国际贸易委员会裁定晶科能源参与实体销售的产品不侵犯韩华专利权，并终止调查。德国杜塞尔多夫地方法院判决认定晶科德国侵犯韩华专利权，主要判决内容包括：涉诉产品禁止在德国市场销售、晶科德国召回自2019年1月30日起面向商业客户销售的产品、销毁晶科德国直接或间接占有或所有的涉诉产品。晶科德国已于2020年7月14日提起上诉并于2020年10月16日向杜塞尔夫高级地方法院提交了上诉意见书。澳洲方面进行多轮答辩，尚未进入正式庭审（截至2021年底）。

（1）美国诉讼。2019年3月，韩华以晶科能源及其子公司销售的部分电池片以及包含该电池片的组件产品侵犯了其专利权中第12～14项为由，向美国国际贸易仲裁委员会（ITC）提起诉讼，要求ITC进行调查，并在调查之后发出有限的排除令和停止令；2019年3月，韩华以相同诉讼理由及诉讼请求向美国特拉华州地区法院提起诉讼。

2020年6月3日，美国ITC发布终裁结果，裁定晶科能源参与实体销售的产品不侵犯韩华专利权，并终止调查。2020年7月，韩华就美国ITC裁决结果向联邦巡回上诉法院提交上诉申请并于2020年11月提交首轮上诉摘要，晶科于2020年8月提交申请参与本次上诉并于2021年2月提交上诉答辩。2021年7月12日，联邦巡回上诉法院对上述案件作出判决，维持ITC作出的非侵权认定。

2022年6月27日，美国特拉华州地区法院发起撤案动议并驳回了该侵权诉讼。

表 4-5 韩华起诉晶科能源主要事件时间表

时间	地点和机构	原告	被告	案由	诉讼请求	审结时间	结论	后续	结论
2019.3	美国国际贸易仲裁委员会(ITC)	韩华	晶科能源	侵犯专利权	发出有限的排除令和停止令	2020.6	不侵犯专利权终止调查	韩华提出上诉	维持ITC裁定
2019.3	美国特拉华州地区法院		晶科能源	侵犯专利权	—	2022.6.27	发起撤案动议并驳回了该侵权诉讼	—	—
2019.3	德国杜塞尔多夫地方法院		晶科德国	侵犯专利权	发出禁止令，销毁和召回侵权产品	2020.6	晶科德国侵犯韩华专利权	晶科德国上诉	
2020.9.28	德国杜塞尔多夫地方法院		晶科德国	仍在销售侵权产品	裁定晶科德国支付罚金	2021.8.23	确认晶科德国未违反一审判决，不支持韩华主张	—	
2019.3	澳大利亚联邦法院		晶科澳洲	侵犯专利权	判定侵权；禁止进口、销售等	2022.10.14	完成庭审程序，未公告		

（2）德国诉讼。2019 年 3 月，韩华以晶科德国销售的组件产品侵犯其专利权为由向德国杜塞尔多夫地方法院提起诉讼，要求对晶科德国的直接专利侵权行为发出禁止令，并且销毁和召回侵权产品。

2020 年 6 月，德国杜塞尔多夫地区法院出具一审判决公告，判决认定晶科德国侵犯韩华专利权，主要判决内容包括：①晶科德国涉诉产品禁止在德国市场销售；②晶科德国召回自 2019 年 1 月 30 日起面向商业客户销售的产品；③销毁晶科德国直接或间接占有或所有的涉诉产品。

晶科德国已于 2020 年 7 月 14 日提起上诉并于 2020 年 10 月 16 日向杜塞尔多夫高级地方法院提交了上诉意见书。上诉庭审于 2023 年 3 月 30 日举行。2023 年 4 月 20 日，杜塞尔多夫高级地方法院决定，应首先听取证人的证词，然后从法院指定的专家获得书面技术意见。

2020 年 9 月 28 日，韩华向杜塞尔多夫地方法院递交了罚款申请，主张晶科德国违反一审判决仍在继续销售侵权产品，并要求法院裁定晶科德国支付罚金。2020 年 11 月 30 日，晶科德国递交了答辩状，2021 年 4 月 6 日，晶科德国递交了罚金程序的二次答辩状。2021 年 8 月 23 日，德国法院就罚款程序作出裁定，确认晶科德国销售的组件产品的结构不同于侵权结构，晶科德国的销售行为未违反德国法院一审判决，不予支持韩华在罚款程序中的主张。

自 2019 年 1 月 30 日起，晶科德国已不再投放新的相关组件产品，并且晶科德国已在德国市场范围内正常销售采用不同结构的组件产品，该产品不会涉及对前述涉案专利的侵权。

（3）澳洲诉讼。2019 年 3 月，韩华以晶科澳洲销售的产品侵犯了其专利权及晶科澳洲进行了相关误导性行为（即相关侵权产品的供应造成了该等产品未侵权并且可于澳大利亚合法供应的误导）为由向澳大利亚联邦法院提出诉讼，诉讼请求包括：①判定侵权；②禁止侵权产品在澳大利亚的进口、供应、销售；③销毁涉诉侵权产品并进行损害赔偿或利润赔偿；④出具基于误导性或欺骗性行为的声明和禁令。

该专利诉讼双方当事人 2019 年 7 月—2022 年 9 月进行了多轮答辩。2022 年 10 月 14 日，澳大利亚联邦法院完成了该案件的庭审程序。

在韩华使用司法手段起诉上述企业的同时，2019 年 3 月 4 日，根据《美国 1930 年关税法》中第 337 节的规定，韩国韩华新能源有限公司与其美国子公司向美国国际贸易委员会（ITC）提起申请，指控中国企业在美国市场上出口、进口或销售的有关产品侵犯其知识产权（专利号：US9893215），并请求美国国际贸易委员会发布有限排除令及禁止令。中国有 7 家企业都在名单中，其中就有晶科能源有限公司、隆基绿能科技股份有限公司等。美国国际贸易委员会于 2019 年 4 月 3 日发布通知，对中国某些企业的光伏电池片及其下游产品展开“337 调查”（调查编码：337 - TA - 1151）。

据了解，该案件涉及的美国专利 US9893215 不是韩华新能源自行研发获得，而是通过收购的方式获得。该美国专利是以德国专利 DE102007054384 作为优先权基础的专利，该专利家族中的 9 件专利权利全部处于有效状态，涉及美国、欧洲、中国、澳大利亚等 5 个国家和地区，而韩华新能源仅拥有美国、欧洲、德国和马来西亚 4 个国家和地区的专利权。该专利家族主要涉及太阳能电池钝化技术（PERC），采用 PERC 技术的光伏电池最大的差别在于采用局域金属接触方式进行背表面介质膜钝化，其极大地降低了背表面复合速度，同时提升了背表面的光反射，提高了电池的性能。

2019 年 11 月 12 日，美国国际贸易委员会发布公告，在未来两周内，本案初裁将批准被告不侵权的简易裁决。2020 年 6 月 3 日，美国国际贸易委员会作出本案终裁，隆基股份、晶科能源等中国光伏企业的公司产品不侵犯韩华公司专利权，未违反 337 条款，终止调查。

3. 韩华请求针对天合光能的法院禁令

2022 年 12 月，德国法院发布初步禁令，要求天合光能停止在德国销售其 Honey 和 Vertex X 光伏组件，因为它们涉嫌侵犯了韩华的 Q. ANTUM 专利钝化技术。韩华认为该技术在提高晶硅光伏电池性能方面发挥着关键作用。

作为反制，天合光能则在 2023 年 1 月对 Hanwha Qcells 的中国子公司启东韩华公司提出专利侵权诉讼，认为启东韩华出口和销售的光伏组件侵犯了中国国家知识产权局

2016年授予中国制造商的专利权。被控侵权产品包括在中国生产并在全球销售的Q. PEAK DUO BLK M－G11A＋、Q. PEAK DUO M－G11等重点产品，涉及常用的核心电池技术。

与韩华此前与各大组件制造商在全球范围漫长的专利纠纷诉讼不同，仅仅一个月不到，可能还未开始相关调查，韩华便已放弃自己应诉和抗争的权利。

两家公司发布的联合声明中宣称，已经就2023年1月发起的专利纠纷达成和解协议，允许双方使用彼此的光伏专利，并分别撤销两家公司之间的所有未决案件。

4.1.3 典型案例——SunPower、Maxeon、Solaria诉阿特斯

光伏叠瓦技术作为高效组件技术之一，可以将电池片无缝衔接。相比较常规封装技术，该方法可以多装13%的电池片，有效增大受光面积，组件功率提升15～20W，且特殊的串并结构减少了焊带电阻对组件功率的影响，减少线损，抑制热斑效应，在弱光条件下表现更加优越。

光伏叠瓦组件专利，一般分为设计专利和工艺专利。其中日本信越的设计专利已经过期，而工艺专利主要被SunPower和Solaria垄断。

创立于1985年的SunPower拥有超2000件光伏技术专利，针对叠瓦技术，申请了多达70件的专利。2015年，SunPower联合中环股份、宜兴创业园科技发展有限公司共同成立合资公司——环晟光伏。

Solaria则经过诉讼谈判，在中国市场与江苏赛拉弗、一道新能源形成战略合作，共同开发及生产销售高效叠瓦组件。

Maxeon总部位于新加坡，是由美国光伏巨头SunPower分拆国际光伏电池组件制造业务而成立的新公司，石油巨头道达尔旗下太阳能国际公司持股比例39.2034%为第一大股东，中环股份全资子公司中环新加坡投资发展私人有限公司持股比例28.8480%，为第二大股东。

2020年9月29日，全球单晶硅片龙头中环股份发布公告称，收到合资公司Maxeon通知，因阿特斯日本子公司未经许可使用了Maxeon叠瓦太阳能电池组件专利，Maxeon在日本东京地方法院对阿特斯日本子公司提起专利侵权诉讼[1][2][3]。

Maxeon Solar Pte. Ltd. 指控阿特斯全资子公司阿特斯日本因未经许可使用Maxeon

---

❶ 阿特斯阳光电力集团股份有限公司. 阿特斯首次公开发行股票并在科创板上市招股说明书［R/OL］.（2023－06－06）［2023－09－01］. https：//pdf. dfcfw. com/pdf/H2_AN202306051590430413_1. pdf？1686000360000. pdf.

❷ 天津中环半导体股份有限公司. 关于高效叠瓦组件技术知识产权维护的进展公告［R/OL］.（2019－10－24）［2023－09－01］. http：//file. finance. sina. com. cn/211. 154. 219. 97：9494/MRGG/CNSESZ_STOCK/2019/2019－10/2019－10－25/5701419. PDF.

❸ 天津中环半导体股份有限公司. 关于知识产权维护的提示性公告（公告编号2020－95）［R/OL］.（2020－09－29）［2023－09－01］. http：//file. finance. sina. com. cn/211. 154. 219. 97：9494/MRGG/CNSESZ_STOCK/2020/2020－9/2020－09－29/6636574. PDF.

Solar Pte. Ltd. 日本专利号为 JP6642841B2（“叠瓦式太阳能电池组件”）的专利，Maxeon Solar Pte. Ltd. 在日本东京地方法院提起专利侵权诉讼并要求赔偿 1000 万日元。截至 2022 年 6 月 30 日，阿特斯日本已与 Maxeon Solar Pte. Ltd. 签署和解协议，Maxeon Solar Pte. Ltd. 已向东京地方法院申请并完成撤诉；阿特斯日本已向日本专利厅申请撤回对对方的专利无效申请并已完成。根据双方签署的和解协议，阿特斯在 2025 年 6 月 30 日之前将不再向日本地区销售叠瓦式太阳能电池组件。

The Solaria Corporation 在美国加利福尼亚北区联邦地区法院提起专利侵权诉讼，指控阿特斯全资子公司阿特斯美国因未经许可使用专利号为 U. S. Patent No. 10522707 的专利。

Solaria 声称，其在 2014 年首次向阿特斯介绍了 HDM 组件技术，但是 Solaria 展示了专利技术后，并未达成后续交易。5 年之后，阿特斯推出了类似的 HiDM 组件，还在美国推广销售。

2020 年 9 月 25 日，阿特斯就 Solaria 诉讼称，从 2020 年 4 月起一直与 Solaria 打官司，并且将提出反诉，要求法院声明如下几点：①本案涉及的产品均未侵犯 Solaria 的专利；②Solaria 在申请专利时，拒绝向美国专利局提供关键证据；③除另有其他原因外，Solaria 之前所提的要求无效且不可执行。

2020 年，Solaria 对阿特斯提起专利侵权诉讼。2022 年 6 月 10 日，双方和解，双方均不承认有任何责任或不当行为，也无须支付任何款项，但未来的 7 年之内，阿特斯叠瓦组件不得在美国销售。

阿特斯涉及的上述两起诉讼，均以签署和解协议且在一定的时间内禁止在特定的区域销售为结论而落下帷幕。

4.2 许可案例

4.2.1 总体情况

在光伏行业中，采用专利许可的方式，是常见的经营策略，其中一些典型案例如表 4－6 所示。

表 4－6　采用专利许可方式的案例

序号	许可时间	许可人	被许可人	许可类型	许可过程	技术领域
1	2023. 5	韩华	隆基绿能	交叉许可	2019 年由韩华发起专利侵权诉讼，历时 4 年，最终双方撤诉，达成交叉许可	钝化技术

续表

序号	许可时间	许可人	被许可人	许可类型	许可过程	技术领域
2	2023.2	韩华	天合光能	交叉许可	2022 年底由韩华发起专利侵权诉讼，2023 年初双方撤诉，达成交叉许可	钝化技术
3	2022.5	华为	SolarEdge	交叉许可	2018 年由 SolarEdge 发起专利侵权诉讼，2022 年双方达成专利交叉许可，结束双方未决诉讼	逆变器技术
4	2019.11	杜邦	三星 SDI	交叉许可	2014 年由美国杜邦发起专利侵权诉讼，2019 年双方达成和解，签署专利交叉许可	光伏浆料
5	2022.8	江苏索特	常州聚合	交叉许可	2021 年由江苏索特发起专利侵权诉讼，2022 年双方达成和解，签署专利交叉许可	光伏浆料
6	2021.5	SunPower	环晟光伏	普通许可	SunPower 通过与中环合资持股的方式建立环晟光伏公司，由 SunPower 许可环晟光伏使用其叠瓦技术相关专利	叠瓦技术
7	2015.10	京瓷	韩华	交叉许可	2014 年由京瓷发起专利侵权诉讼，2015 年撤诉，双方达成交叉专利许可	光伏组件
8	2021.3	京瓷	杭州福斯特	排他许可	2018 年以来福特斯受京瓷公司委托，制造用于太阳能电池的封装材料，双方就该领域开展合作，2021 年，京瓷与福特斯签订排他许可	封装材料
9	2019.10	信越	晶澳科技	普通许可	信越集团持有数项晶硅掺镓技术及 P 型掺镓硅片在电池片生产中的应用专利，2019 年，晶澳与信越集团签署专利许可，引进其掺镓技术相关专利	掺镓技术

续表

序号	许可时间	许可人	被许可人	许可类型	许可过程	技术领域
10	2020. 3	信越	隆基绿能	交叉许可	2020 年隆基绿能与信越签署交叉许可专利	掺镓技术
11	2017—2018	Solaria	协鑫	未知	2016 年由 Solaria 发起违反保密协定、侵犯商业秘密相关诉讼，最终双方和解，由 Solaria 许可协鑫使用其叠瓦技术相关专利	叠瓦技术
12	2017—2018	Solaria	赛拉弗	未知	2017 年由 Solaria 对赛拉弗发起侵犯商业秘密诉讼，最终双方和解，Solaria 许可赛拉弗使用其叠瓦技术相关专利	叠瓦技术
13	2018. 11	Solaria	一道新能源	普通许可	2018 年 Solaria 与一道新能源签订了战略许可协议，根据该协议，一道新能源将生产集成了 Solaria 专有技术的高效叠瓦光伏组件，并在亚洲和其他国际市场进行销售	叠瓦技术

在光伏行业的知识产权保护与诉讼实践中，专利许可通常是双方解决专利纠纷的一种有效手段和折中措施。知识产权诉讼往往耗时费力，纠纷常常持续多年方可获得最终判决结果。此种情况下，通过专利许可，可达成符合双方利益的和解，能够控制费用并且尽早结案。一方可以基于一项特许协议或其他和解协议，提出动议申请终止对一个或多个被申请人进行调查，同时诉讼双方可以有条件继续保有现有市场。

除能够解决诉讼外，专利许可也是实现技术扩散和转移的有效路径。专利许可符合许可人与被许可人双方的利益，许可方或技术的所有人保留其技术所有权，在收取许可费用的基础上允许被许可人（技术使用方）使用该技术，而被许可人在支付一定对价的基础上获得了想要的技术。专利许可的实施可以为技术拥有者带来适当的投资回报，战略性的专利许可还可以为企业创造进入特定市场或者建立销售渠道的机会。

在光伏技术领域，个人、学研机构、国内企业、国外企业等不同类型参与主体之间的专利许可也较为常见。

4.2.2 典型案例

1. 隆基绿能、天合光能与韩国韩华公司专利交叉许可

2023年5月11日，隆基绿能发布公告称，公司与韩华正式达成专利交叉许可。"双方撤诉后，公司与韩华在全球范围不存在任何专利纠纷。交叉许可不会对公司目前经营造成任何实质性影响，有利于公司继续为全球客户提供多样化的产品和服务，公司业务将不受上述任何限制"。

这一纠纷缘起于2019年3月，就隆基绿能及下属子公司销售的部分产品涉嫌侵犯韩华专利权，韩华及相关子公司先后向美国国际贸易委员会（ITC）、美国特拉华州地区法院、澳大利亚联邦法院、德国杜塞尔多夫地方法院、法国巴黎法院、荷兰鹿特丹地方法院提起专利侵权诉讼。

隆基绿能和韩华的专利纠纷持续4年，产生较高诉讼成本。隆基收到跨境临时禁令时，只能针对性地改良销往该地区的产业线，成本上升影响毛利率。同时，隆基绿能需要不断提起申诉，而自证也需要花费时间、精力，维权成本高。

此次专利交叉授权后，隆基与韩华有权在全球范围内合法使用相关专利技术，并承诺撤销双方之间（包括关联方）在全球范围内的所有诉讼及专利无效程序，实现共赢❶。

除隆基绿能外，韩华还与天合光能达成专利交叉许可，两家公司发布的联合声明中宣称，已经就2023年1月发起的专利纠纷达成和解协议，允许双方使用彼此的光伏专利，并分别撤销两家公司之间的所有未决案件。

2. 华为与SolarEdge签署全球专利许可协议

2022年，华为官网消息称，华为和SolarEdge Technologies Inc.（纳斯达克股票代码：SEDG）已经就两家公司之间的全球专利许可协议达成一致，两家公司可以使用对方的专利技术。该协议包含相互授予对方的专利交叉许可及其他权利安排，并使两家公司之间所有未决的专利诉讼得到解决。专利许可协议的具体条款为双方保密信息。双方将结束在德国和中国的未决诉讼。

SolarEdge是总部位于以色列的光伏阵列功率优化器、太阳能逆变器制造商。2018年，SolarEdge向华为位于德国的业务部门及其本地分销商提起诉讼，称华为侵权其直流优化逆变器的专利技术，并且要求法庭颁布禁令限制华为在德国市场销售相关技术的产品。2019年，华为向广州知识产权法院提交了三项针对SolarEdge的专利诉讼，同年SolarEdge在济南和深圳提交了三项专利侵权诉讼，指控华为使用了他们公司的HD－Wave逆变器技术。最终华为对SolarEdge公司在中国发起的三项专利均被判定无效，2021年底，欧洲专利局也将其中一项专利宣判为无效。

---

❶ 隆基绿能科技股份有限公司. 关于韩华起诉公司专利侵权的进展公告［R/OL］.（2020－04－14）［2023－09－01］. https://careers.longi.com/cn/news/5207/.

3. 杜邦与三星 SDI 专利交叉许可

太阳能电池用正面银浆主要用于制备晶硅太阳能电池上的金属电极，主要起到汇集、导出光生载流子的作用，直接关系着太阳能电池片的转换效率。

在光伏行业发展早期，由于销售市场和原材料市场均在境外，以及正面银浆技术壁垒较高，境内极少有厂商涉足该领域，境外厂商垄断情况严重。

2011 年以前，国外厂商凭借先发优势抢占了全球多数市场份额，处于绝对垄断地位。2017 年前，杜邦、贺利氏、三星 SDI 和硕禾电子 4 大企业占领了光伏银浆的绝大部分市场，市场占有率高达 85%。

其间，几家境外大厂凭借先发优势，提早申请了与光伏浆料相关的基础专利，并向竞争对手多次发起专利战，例如：美国杜邦于 2011 年 5 月申请了与铅原料相关的光伏浆料基础专利，后分别向贺利氏、三星 SDI 发起专利侵权诉讼。在多年协商谈判后，杜邦与三星 SDI 最终于 2019 年签署了《专利许可协议》，相互授权专利的非独占性许可。[1]

4. 江苏索特与常州聚合专利交叉许可

2021 年 8 月 31 日，江苏索特以常州聚合制造、销售的单晶硅正银系列浆料产品落入了专利号为 201180032359. 1、201180032701. 8 的发明专利所要求的保护范围，侵害了其合法权益为由，向江苏省苏州市中级人民法院提起了两起以常州聚合为被告的专利侵权诉讼，请求法院判决常州聚合停止侵权行为并赔偿其经济损失及合理支出每案各 1 亿元。

常州聚合及江苏索特为应对前述专利纠纷，均投入了较高的资金成本和时间成本，管理人员的精力亦被上述纠纷所分散，一定程度上影响了各自业务的发展。为了避免专利纠纷所导致的诉讼成本、社会资源的浪费，为了双方能更好地专注于主业，同时为了促进行业健康有序发展，优化行业竞争环境，双方最终决定就上述诉讼进行友好协商。经过交涉，常州聚合与江苏索特于 2022 年 8 月 7 日就境内外全部诉讼及专利无效申请达成庭外和解，同时为了更好地推动行业技术进步、支持行业持续自主创新，常州聚合与江苏索特签订了《交叉许可协议》。协议约定常州聚合需支付江苏索特 1299 万美元的许可费用，相关费用分两年支付，第一年支付 650 万美元，第二年支付 649 万美元，由于江苏索特需支付给常州聚合 300 万美元的许可费用，每期各 150 万美元。二者相减后，常州聚合每期需要支付的净额分别为 500 万美元、499 万美元。常州聚合与江苏索特之间持续的专利纠纷不仅增加了双方的经营成本，也不利于正银行业技术进步和产业链的降本增效。常州聚合与江苏索特达成和解，能有效减轻常州聚合的诉累、节约诉讼成本，有利于常州聚合管理层集中精力专注于产品技术研发及企业经营发展，

[1] 常州聚合新材料股份有限公司. 首次公开发行股票并在科创板上市招股说明书 [R/OL]. (2022 - 03 - 11) [2023 - 09 - 01]. http://vip.stock.finance.sina.com.cn/corp/view/vCB_AllBulletinDetail.php?stockid=688503&id=7880083.

对常州聚合生产经营具有积极作用。

同时，根据本次常州聚合与江苏索特签署的许可协议，常州聚合共获得5项发明专利的授权使用许可，共涉及纳米硅墨水技术、太阳能电池用铝浆技术两大类专利技术。前述两类技术均属于太阳能电池电极制备的功能性材料技术领域，由于常州聚合当前的研发精力主要集中于正银领域，在前述两类技术领域涉入较少，本次协议的签署，保证了常州聚合可以获得纳米硅墨水及铝浆领域专利的授权使用许可，减少了常州聚合未来进入相关领域的成本，对常州聚合成为电极解决方案提供商有着积极作用❶。

5. SunPower许可环晟光伏使用叠瓦专利技术

TCL中环与SunPower成立合资公司环晟光伏（江苏）有限公司，主要利用叠瓦组件技术从事太阳能电池片的研发、制造、销售与相关服务。环晟光伏从SunPower取得合法知识产权许可授权，使得公司能够以全球差异化竞争优势生产制造高效叠瓦太阳能组件。而SunPower能够从与TCL中环的合作中获得国内市场及经济收益❷。

SunPower高效叠瓦组件技术布局全球专利，已经在中国、美国、欧洲、澳洲、日本、韩国等全球主要太阳能市场申请并取得了数十项专利，形成了较完善的全球知识产权网络，将有利于环晟公司（“国内叠瓦组件技术唯一合法授权使用方”）进一步开展叠瓦组件的合法知识产权维护。

4.3 行政确权案例

4.3.1 总体情况

专利无效行政确权是指专利复审程序和无效程序，即任何单位或个人认为该专利的授权不符合《中华人民共和国专利法》及《中华人民共和国专利法实施细则》的规定，都可以向国家知识产权局复审和无效审理部（原复审委）提出请求再次审查这一专利。复审和无效审理部对这一请求进行审查并作出宣告专利权无效、维持专利权有效或维持专利权部分有效的结论。

在光伏产业中存在较多的行政确权案件，以原复审委公开发布的部分数据为例，如表4-7所示。

---

❶ 常州聚合新材料股份有限公司. 首次公开发行股票并在科创板上市招股说明书［R/OL］.（2022-03-11）［2023-09-01］. http://vip.stock.finance.sina.com.cn/corp/view/vCB_AllBulletinDetail.php?stockid=688503&id=7880083.

❷ 天津中环半导体股份有限公司. 关于高效叠瓦组件技术知识产权维护的进展公告［R/OL］.（2019-10-24）［2023-09-01］. http://file.finance.sina.com.cn/211.154.219.97:9494/MRGG/CNSESZ_STOCK/2019/2019-10/2019-10-25/5701419.PDF.

表 4－7　行政确权案例

案件编号	申请号	发明名称	专利权人	无效决定日	无效请求人	决定结论
4W103241	02805525X	装备有电极的透明基片	法国圣戈班玻璃厂	2015. 3. 19	李甜甜	维持有效
5W113147	2016200947114	一种太阳能电池组件的阻隔片	苏州福斯特光伏材料有限公司	2018. 2. 27	3M 中国有限公司	全部无效
4W101804	2004800210593	硅类薄膜太阳能电池	株式会社钟化	2013. 7. 24	陈北洋	全部无效
5W113076	201620110170X	太阳能电池单元	江苏赛拉弗光伏系统有限公司	2018. 2. 22	东方环晟光伏（江苏）有限公司	全部无效
4W102647	2007101435227	制备三氯氢硅和多晶硅的改进方法和装置	江苏中能硅业科技发展有限公司、华陆工程科技有限责任公司	2015. 1. 29	新特能源股份有限公司	维持有效
5W101188	200820163329X	太阳能电池胶膜	杭州福斯特光伏材料股份有限公司	2011. 4. 22	普利司通株式会社	全部无效
4W103804	201010529563	太阳能电池装置及其制造方法	昭荣化学工业株式会社、赫劳斯贵金属北美康舍霍肯有限责任公司	2015. 12. 21	常颖	维持有效
4W102704	200880014827	导电体连接用部件、连接结构和太阳能电池组件	日立化成株式会社	2014. 9. 22	田晓敏	全部无效

续表

案件编号	申请号	发明名称	专利权人	无效决定日	无效请求人	决定结论
4W103317	2010106045559	GCL法多晶硅生产方法	江苏中能硅业科技发展有限公司	2015.5.26	新特能源股份有限公司	维持有效
5W107682	2011204629279	一种光伏电池最大功率点跟踪控制器	北京汇能精电科技股份有限公司	2015.4.15	北京首善信达科技有限公司	维持有效
4W106828	2014100610303	辐射交联的聚烯烃弹性体膜及其制备方法	上海海优威新材料股份有限公司	2018.5.21	陈琴	全部无效
5W105510	2007201277163	一种利用氯氢化法把四氯化硅转化为三氯氢硅的装置	江苏中能硅业科技发展有限公司、华陆工程科技有限责任公司	2015.1.29	新特能源股份有限公司	全部无效
4W113627	2008801247790	用于制造具有表面钝化介电双层的太阳能电池的方法以及对应的太阳能电池	韩国韩华思路信	2022.7.21	隆基绿能科技股份有限公司	全部无效

4.3.2 典型案例

在专利无效案件中，韩国韩华在世界多地的专利被提起无效请求，其中最典型的案件当属发明名称为“具有表面钝化介电双层的太阳能电池的制造方法及相应的太阳能电池”的专利及其同族，该案件及其同族专利同时涉及韩华诉隆基、晶科等案例。该案涉及的专利信息如表4－8所示。

表4－8 韩国韩华涉及司法及行政确权典型专利

同族案件公开号	中国申请号	发明名称	现状态
US9893215 EP2220689 AU2008323025 WO2009062882 DE102007054384 CN101952971	2008801247790	具有表面钝化介电双层的太阳能电池的制造方法及相应的太阳能电池	在美国被全部无效； 在中国被全部无效

以下分别列举该案件在中美欧的专利的法律状态，从中可以获知其专利权在世界各地的稳定性。

1. 韩华专利在美被无效

隆基绿能向美国专利商标局和欧洲专利局发起了涉案专利无效或异议程序。2020年12月，美国专利商标局（USPTO）对隆基绿能针对涉案专利（US9893215）提出的IPR（多方复审）程序作出裁决，裁定上述涉案专利权利全部无效。2021年2月，韩华就上述无效裁定向美国联邦巡回法院提起上诉，2022年6月10日，美国联邦巡回上诉法院发布上诉判决，维持USPTO的无效裁决。

2. 韩华专利在欧洲的状态

2020年10月，欧洲专利局对涉案专利提起的异议程序发布了初步意见，初步认定相关专利的权利要求不具备新颖性和创造性，但并没有作出最终裁定。

目前来看，韩华在欧洲的专利经过异议仍然维持有效，而在美国的专利，从上述案例来看，经过隆基股份和晶科能源的请求，都被宣告无效，其中的一个原因可能是欧洲专利和美国专利在最终的授权文本上存在一定的差异。随着韩华和隆基的和解，隆基针对该专利的异议请求最终将被撤销。

3. 韩华专利在中国被无效

国家知识产权局先后于2020年11月5日和2022年7月21日两次发布隆基股份针对韩华的专利ZL200880124779.0的无效宣告请求决定书，决定涉案专利先后被宣告部分无效和全部无效。

涉案专利号为2008801247790，发明名称为“用于制造具有表面钝化介电双层的太阳能电池的方法以及对应的太阳能电池”。原专利权人为太阳能研究所股份有限公司，后转移给荷兰埃因霍温理工大学，之后转移给德国太阳世界创新有限公司，再后又经历若干次变更，最后转移给现专利权人韩国韩华思路信。

权利要求：2008801247790共有13项权利要求，其中独立权利要求2项，分别为独立权利要求1（方法权利要求）和独立权利要求9（产品权利要求），其权利要求的引用关系如图4－1所示。

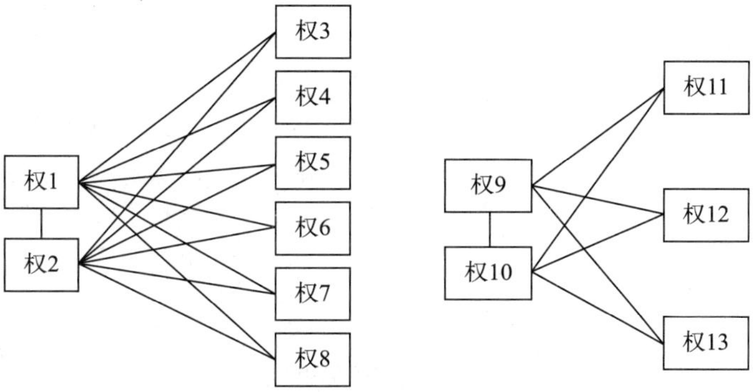

图4－1　专利2008801247790权利要求结构

针对本专利权，隆基绿能科技股份有限公司（以下简称请求人）依据《中华人民共和国专利法》第26条第3、4款，第22条第2、3款，《中华人民共和国专利法实施细则》第20条第1款，第21条第2款于2019年10月29日第一次向国家知识产权局提出无效宣告请求。

请求人提交了抵触申请、公开专利、期刊文献、图书出版物、手册等10项证据，随后又补充了无效请求理由。经过交换证据及对证据的质证，专利权人对权利要求进行了修改，提交了期刊文献作为反证。之后请求人针对修改后的权利要求提交了意见陈述，结合证据分析了无效请求的理由。后双方当事人的代理人参加了原复审委组织的口头审理。

最后，合议组作出了维持修改后的专利权有效的决定。具体的无效过程的时间及对应事件如表4－9所示。

表4－9　专利2008801247790第一次无效过程

时间	主体	事件	理由或观点	提交证据
2019.7.29	请求人（隆基绿能科技股份有限公司）	提出无效宣告请求，请求专利权全部无效	权2、权9～13保护范围不清楚；说明书公开不充分；权9～13不具备新颖性；权1～3不具备创造性	专利、期刊论文、图书出版物、手册等10项证据

续表

时间	主体	事件	理由或观点	提交证据
2019. 8. 8	国家知识产权局	受理无效宣告请求；转送请求书和副本给专利权人；成立合议组		
2019. 8. 28	请求人	补充提交部分证据的来源，补充提交部分证据的译文，补充提交无效理由	权 2 ~ 13 对应的说明书公开不充分；权 1、权 9 缺必特；权 1 ~ 13 不支持；权 1、权 3、权 4、权 6、权 7、权 8 无新颖性	
2019. 9. 5	合议组	补充内容转交专利权人		
2019. 10. 22	专利权人	提交意见陈述书，修改了权利要求，部分译文有异议，提交反证		期刊论文
2019. 10. 25	合议组	将专利权人的上述意见转交请求人		
2019. 12. 6	请求人	针对修改后的权利要求提交意见陈述		
2019. 12. 12	合议组	将请求人的上述意见转交专利权人		
2020. 6. 12	合议组	发出口审通知书		
2020. 7. 31	合议组，请求人的代理人，专利权人的代理人	口头审理	审理基础：2019 年 10 月 22 日提交的修改后的权利要求；2019 年 12 月 6 日提交的无效理由	
2020. 10. 30	国家知识产权局	宣告专利权部分无效		

基于第46712号无效宣告，请求人依据《中华人民共和国专利法》第22条第2款的规定，于2021年12月27日再次向国家知识产权局提出专利无效宣告请求，请求维持有效的权利要求1~5部分无效。

请求人提交了非专利文献证据，美国公开的专利文件、图书出版物、手册等公知证据。专利权人在收到无效宣告请求书和证据副本后，提交了意见陈述书和权利要求书的修改替换页，其中把从属权利要求2、3的技术特征加入了独立权利要求1中，并修改了权利要求的编号和引用关系，同时，专利权人提交了针对部分异议证据的译文。后合议组向请求人发出转文通知书，将专利权人的意见陈述书和权利要求书的修改转给请求人，请求人又补充提交了公知证据，而且其在意见陈述书中坚持认为修改后的权利要求1~3仍然不具备创造性，不符合《中华人民共和国专利法》第22条第3款的规定。合议组按规定组织了远程口头审理，在开庭之前专利权人又提交了3件公知证据，请求人当庭提交了数件公知证据及其他证明文件，双方对证据进行了质证，对部分证据的真实性、合法性和公开日期均无异议，对部分证据的真实性、公开日期和准确性有异议。请求人在请求书中给出了权利要求的无效依据的理由及证据组合方式。

后合议组依据《中华人民共和国专利法》及《中华人民共和国专利法实施细则》，依据上述部分证据，对权利要求进行评价，认为ZL200880124779.0专利权全部无效。具体的无效过程的时间及对应事件如表4－10所示。

表4－10　专利2008801247790第二次无效过程

时间	主体	事　件	理由或观点	提交证据
2021.12.27	请求人（隆基绿能科技股份有限公司）	提出无效宣告请求，请求专利权全部无效	第46712号无效决定宣告的权利要求1~5不具备《中华人民共和国专利法》第22条第2款规定的创造性	国内外期刊论文、国外专利、书籍出版物
2022.1.4	国家知识产权局	受理无效宣告请求，转交请求书、证据给专利权人，成立合议组		
2022.2.21	专利权人	提交意见陈述书和权利要求的替换页，提交有异议的译文		
2022.2.28	合议组	转发专利权人的意见陈述和修改后的权利要求书给请求人		

续表

时间	主体	事　件	理由或观点	提交证据
2022.4.24	请求人	提交意见陈述书和公知常识证据		图书出版物
2022.4.29	合议组	转发请求人的意见陈述书和公知常识性证据给专利权人		
2022.4.29	合议组	向双方发出口头审理通知书		
2022.5.27	专利权人	提交了意见陈述书	认为修改后的权利要求具备创造性	
2022.6.1	专利权人	提交公知常识性证据		图书出版物
2022.6.6	三方	远程在线口头审理	审理基础：2022年2月21日提交的权利要求1～3及授权公告说明书、附图；请求人当庭提交公知常识性证据；请求人的无效理由及证据使用方式以2022年4月24日提交的意见陈述书及证据组合使用方式	图书出版物
2022.6.14	专利权人	提交了意见陈述书，认为请求人当庭提交的证据不能够证明权利要求1～3不具备创造性，请求人的理由不成立		
2022.7.16	国家知识产权局	宣告专利权全部无效		

第5章　光伏行业商标情况

5.1　主要光伏企业在中国的商标申请情况

商标是用以识别和区分商品或者服务来源的标志。任何能够将自然人、法人或者其他组织的商品与他人的商品区别开的标志，包括文字、图形、字母、数字、三维标志、颜色组合和声音等，以及上述要素的组合，均可以作为商标申请注册。

商标根据其用途和作用来分类，可划分为商品商标和服务商标，申请人在申请商标注册时采用国际尼斯分类来申报商品和服务项目类别。尼斯分类是根据《尼斯协定》制定的，《尼斯协定》于1957年6月15日在法国尼斯签订，《尼斯协定》是一个有多国参加的国际公约，其全称是《商标注册用商品和服务国际分类尼斯协定》。现行尼斯分类将商品和服务分成45个大类，其中商品为1~34类，服务为35~45类，共涉及1万多个商品和服务项目。太阳能电池在尼斯分类中属于商品类的09类。

本节选取光伏产业链各环节中的主要企业，以分析这些光伏企业在中国的商标申请情况。依据申请人检索入口在中国商标网❶检索，共检索出商标总量为15215件。根据申请人商标总量排序，位于前列的为三洋2880件、比亚迪2632件、通威股份1251件、默克公司1030件、天合光能889件。其中属于09类商标的总量为1720件，09类商品商标数量位于前列的分别为三洋（249件）、比亚迪（183件）、天合光能（150件）、晶科能源（108件）、TCL中环（104件）、特变电工（97件）、协鑫集团（84件）、晶澳科技（70件）、东方日升（64件）、隆基股份（61件）。主要光伏企业商标申请总量情况和09类商标申请情况对比如图5-1所示，以及09类商标申请情况如图5-2所示。

当前主要光伏企业的09类商品商标权利状态如图5-3所示。在中国，商标在申请注册后，其法定保护期为10年，保护期满后，商标权人可以申请续展，延长保护期限，每次续展注册的有效期为10年，续展次数无限制。期满未办理续展手续的，注销其注册商标。

---

❶ http://www.cnipa.gov.cn，国家知识产权局。

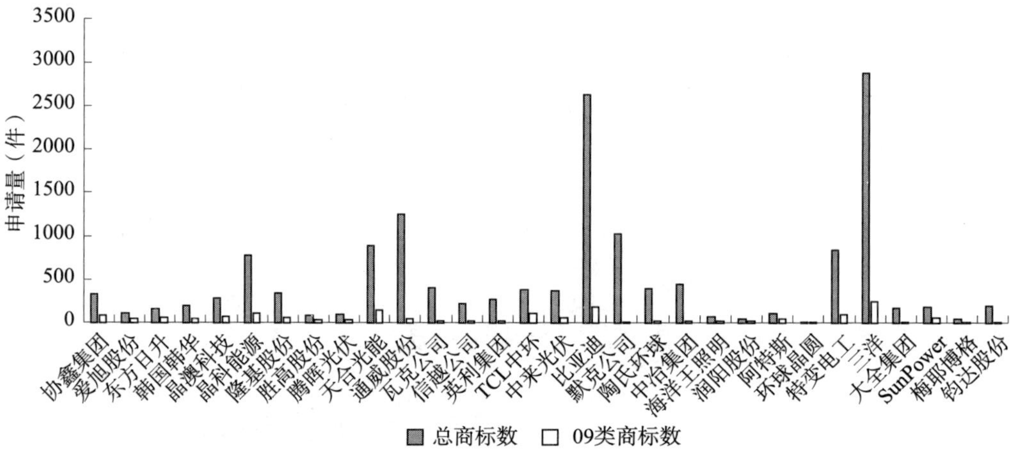

图5－1　主要光伏企业商标申请总量情况和09类商标申请情况对比

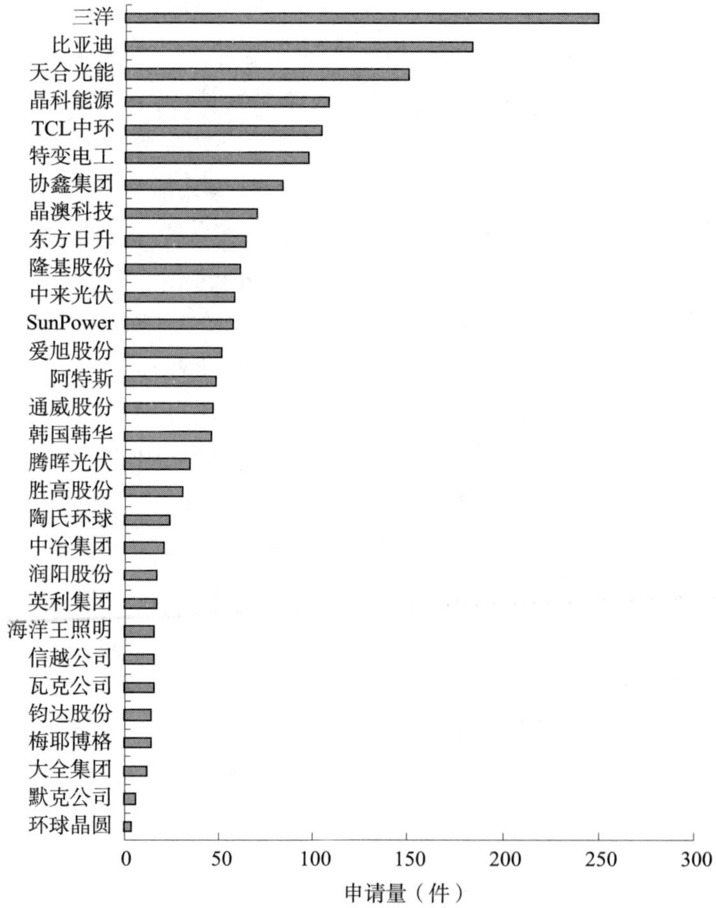

图5－2　主要光伏企业09类商标申请情况

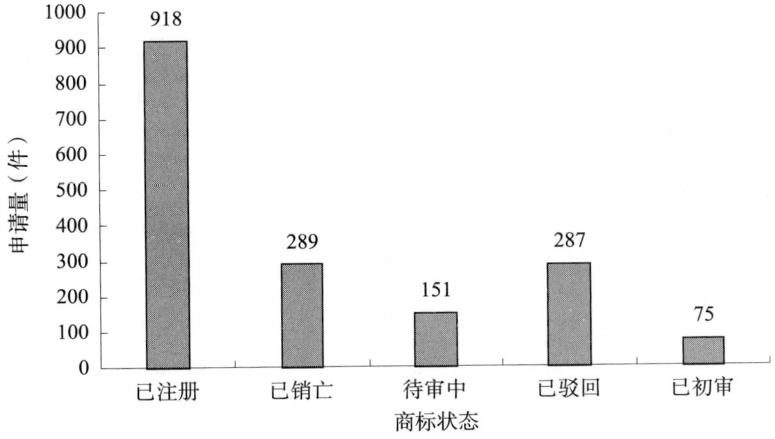

图5－3　主要光伏企业的09类商品商标权利状态

主要光伏企业在中国的部分商标情况，分别如表5－1～表5－20所示。

表5－1　晶科能源的部分商标情况

商标	商标名称	申请号	申请日期	当前状态	专用权期限截止日期	申请人名称	异议截止日期	是否共享
	—	8221014	2010/04/19	已驳回	—	湖南业翔晶科新能源有限公司	—	非共有
天能晶科 TIAN NENG JING KE	天能晶科	23549705	2017/04/12	已初审	—	天能晶科无锡新能源有限公司	2018/06/13	非共有
英富晶源 YING FU JING YUAN	英富晶源YFJY	24943040	2017/06/22	已注册	2028/06/20	天能晶科无锡新能源有限公司	2018/06/20	非共有
中航诺邦	中航诺邦NB	34024334	2018/10/15	已注册	2029/08/27	湖北晶科星光新能源有限公司	2019/08/27	非共有
JinKO	JINKO	41213204A	2020/09/21	已注册	2030/09/20	晶科能源股份有限公司	2020/09/20	非共有
JinkoSolar 晶科能源	晶科能源JINKO SOLAR	64011031	2022/04/15	已注册	2033/04/13	晶科能源股份有限公司	2023/04/13	非共有

续表

商标	商标名称	申请号	申请日期	当前状态	专用权期限截止日期	申请人名称	异议截止日期	是否共享
JKsolar	JINKO SOLAR	6961686	2008/09/19	已注册	2030/10/13	晶科能源股份有限公司	2010/10/13	非共有
JinKO	JINKO	71240672	2023/04/27	待审中	—	晶科能源股份有限公司	—	非共有

表5-2　隆基股份的部分商标情况

商标图形	商标名称	申请号	申请日期	当前状态	专用权期限截止日期	申请人名称	异议截止日期	是否共享
	—	30636565	2018/05/02	已注册	2029/03/27	隆基乐叶光伏科技有限公司	2019/03/27	非共有
乐叶 YEARS SOLAR	乐叶 YEARS SOLAR	10937139	2012/05/18	已注册	2024/02/06	隆基乐叶光伏科技有限公司	2014/02/06	非共有
LERRI	LERRI	17070567	2015/05/29	已注册	2027/05/13	隆基乐叶光伏科技有限公司	2017/05/13	非共有
隆基隆光+	隆基隆光	23172776	2017/03/16	已注册	2028/06/06	隆基绿能科技股份有限公司	2018/06/06	非共有
LONGi	LONGI	65443420	2022/06/21	已注册	2033/07/27	隆基绿能科技股份有限公司	2023/07/27	非共有
乐 叶	乐叶	10937184	2012/05/18	已注册	2033/12/13	隆基乐叶光伏科技有限公司	2013/12/13	非共有
LONGi隆基	隆基 longi	28237536	2017/12/21	已注册	2029/04/20	宁夏隆基宁光仪表股份有限公司	2019/04/21	非共有

表5－3　天合光能的部分商标情况

商标图形	商标名称	申请号	申请日期	当前状态	专用权期限截止日期	申请人名称	异议截止日期	是否共享
	TRINA SOLAR	21509092	2016/10/09	已注册	2027/11/27	天合光能股份有限公司	2017/11/27	非共有
	ENGAGE SOLAR 合源光能	63308705	2022/03/16	已注册	2032/09/20	天合光能股份有限公司	2022/09/20	非共有
	SOLAR WAVE 合源光能	63294003	2022/03/16	待审中	—	天合光能股份有限公司	—	非共有
	TRINA BIUE	37635545	2019/04/19	已注册	2029/12/06	天合光能股份有限公司	2019/12/06	非共有
	天合光能	6475323	2007/12/25	已注册	2030/03/27	天合光能股份有限公司	2010/03/27	非共有
	TRINA LOT	45796618	2020/04/26	已注册	2031/11/13	天合光能股份有限公司	2021/11/13	非共有
	ME SOLAR	7075775	2008/11/25	已注册	2031/02/27	天合光能股份有限公司	2011/02/27	非共有
	天合光能 TRINA SOLAR	28961229	2018/01/26	已注册	2029/01/06	天合光能股份有限公司	2019/01/06	非共有
	ENGAGE SOLAR	63315189	2022/03/16	已注册	2032/09/13	天合光能股份有限公司	2022/09/13	非共有
	—	67941643	2022/10/25	已注册	2033/07/06	天合光能股份有限公司	2023/07/06	非共有

表 5－4　胜高股份的部分商标情况

商标图形	商标名称	申请号	申请日期	当前状态	专用权期限截止日期	申请人名称	异议截止日期	是否共享
SUMCO 勝高	胜高 SUMCO	12053238	2013/01/16	已注册	2025/12/13	胜高股份有限公司	2015/12/13	非共有
SUMCO	SUMCO	3392893	2002/12/04	已驳回	—	胜高股份有限公司	—	非共有

表 5－5　通威股份的部分商标情况

商标图形	商标名称	申请号	申请日期	当前状态	专用权期限截止日期	申请人名称	异议截止日期	是否共享
通威太阳能 TW SOLAR	通威太阳能 TW SOLAR	19550172	2016/04/07	已注册	2028/03/20	通威集团有限公司	2018/03/20	非共有
通威 TONGWEI	通威	6873291	2008/07/31	已注册	2030/10/20	通威集团有限公司	2010/10/20	非共有
通威太阳能 TW SOLAR	通威太阳能 TW SOLAR	19993450	2016/05/18	已销亡	—	通威集团有限公司	—	非共有

表 5－6　晶澳科技的部分商标情况

商标图形	商标名称	申请号	申请日期	当前状态	专用权期限截止日期	申请人名称	异议截止日期	是否共享
晶澳太阳能 JASOLAR	晶澳太阳能 JA SOLAR	64965820	2022/05/30	待审中	—	晶澳太阳能有限公司	—	非共有

续表

商标图形	商标名称	申请号	申请日期	当前状态	专用权期限截止日期	申请人名称	异议截止日期	是否共享
JA SOLAR 晶澳太阳能	晶澳太阳能；JA SOLAR	5714073	2006/11/10	已驳回	—	晶澳太阳能有限公司	—	非共有
JA SOLAR 晶澳太阳能	JA SOLAR 晶澳太阳能	66924406	2022/08/30	待审中	—	晶澳太阳能有限公司	—	非共有
JA SOLAR	JA SOLAR	64957320	2022/05/30	待审中	—	晶澳太阳能有限公司	—	非共有
晶澳太阳能 JASOLAR	JA SOLAR 晶澳太阳能	64965172	2022/05/30	待审中	—	晶澳太阳能有限公司	—	非共有
晶丰瓦	晶丰瓦	65571672	2022/06/27	已注册	2032/12/20	晶澳太阳能有限公司	2022/12/20	非共有

表5－7 信越公司的部分商标情况

商标图形	商标名称	申请号	申请日期	当前状态	专用权期限截止日期	申请人名称	异议截止日期	是否共享
ShinEtsu	SHIN ETSU	19946345	2016/05/13	待审中	—	信越化学工业株式会社	—	非共有
信越 BandB	信越 BANDB	63682166	2022/03/31	待审中	—	重庆信越科技有限公司	—	非共有
ShinEtsu	SHINE TSU	11315053	2012/08/07	已注册	2026/01/20	信越化学工业株式会社	2016/01/20	非共有

表 5-8　比亚迪的部分商标情况

商标图形	商标名称	申请号	申请日期	当前状态	专用权期限截止日期	申请人名称	异议截止日期	是否共享
	AHOME	8265953	2010/05/04	已注册	2031/05/13	比亚迪半导体股份有限公司	2011/05/13	非共有
	BYD	20989846	2016/08/16	已注册	2027/10/13	比亚迪股份有限公司	2017/10/13	非共有
	—	61195013	2021/12/07	已注册	2033/02/06	比亚迪股份有限公司	2023/02/06	非共有

表 5-9　默克公司的部分商标情况

商标图形	商标名称	申请号	申请日期	当前状态	专用权期限截止日期	申请人名称	异议截止日期	是否共享
	MERCK	G1302958	2016/07/14	已注册	2026/03/11	MERCK KGAA	—	非共有
	MERCK	G770038	2002/03/13	已销亡	2021/10/12	MERCK KGAA	—	非共有
	MK	24114924	2017/05/12	已注册	2028/05/06	乐清默克电气有限公司	2018/05/06	非共有

表 5-10　TCL 中环的部分商标情况

商标图形	商标名称	申请号	申请日期	当前状态	专用权期限截止日期	申请人名称	异议截止日期	是否共享
CENTRAL LOW-CARBON	CENTRAL LOW-CARBON	71022260	2023/04/19	待审中	—	中环低碳（安徽）新能源光伏科技有限公司	—	非共有
中环辰光	中环辰光	71015514	2023/04/19	待审中	—	中环低碳（安徽）新能源光伏科技有限公司	—	非共有

表5－11　协鑫集团的部分商标情况

商标图形	商标名称	申请号	申请日期	当前状态	专用权期限截止日期	申请人名称	异议截止日期	是否共享
	保利协鑫	9888452	2011/08/24	已注册	2024/07/27	协鑫（集团）控股有限公司	2014/07/27	共有
	鑫阳光户用光伏高效智能发电系统	21663373	2016/10/24	已注册	2028/02/06	协鑫集成（上海）能源科技发展有限公司	2018/02/06	非共有
	GCL	9888426	20110824	已注册	2032102	协鑫（集团）控股有限公司	20121027	非共有
	协鑫GCL	7338532	2009/04/20	已注册	20210121	协鑫（集团）控股有限公司	20110120	非共有

表5－12　腾晖光伏的部分商标情况

商标图形	商标名称	申请号	申请日期	当前状态	专用权期限截止日期	申请人名称	异议截止日期	是否共享
	TALE SUN	9225211	2011/03/17	已销亡	2022/10/06	苏州腾晖光伏技术有限公司	2012/10/06	非共有
	TALE SUN	28602412	2018/1/19	已驳回	2013/04/27	苏州腾晖光伏技术有限公司	—	非共有
	腾晖光伏	10159037	2011/11/07	已销亡	2013/04/27	苏州腾晖光伏技术有限公司	20230427	非共有

续表

商标图形	商标名称	申请号	申请日期	当前状态	专用权期限截止日期	申请人名称	异议截止日期	是否共享
	—	18634404	2015/12/17	已注册	2027/05/20	苏州腾晖光伏技术有限公司	2017/05/20	非共有
GREEN MODULE	GREEN MODULE	19358426	2016/03/18	已注册	2027/04/27	苏州腾晖光伏技术有限公司	2017/04/27	非共有

表 5-13　润阳股份的部分商标情况

商标图形	商标名称	申请号	申请日期	当前状态	专用权期限截止日期	申请人名称	异议截止日期	是否共享
润　阳	润阳 RY	7519269	2009/07/03	已注册	2031/02/13	湖北双登润阳新能源有限公司	2011/02/13	非共有
RUNERGY 润阳光伏	RUNERGY 润阳光伏	65494298	2022/06/23	已注册	2032/12/06	江苏润阳新能源科技股份有限公司	2022/12/06	非共有
润阳光伏	润阳光伏	36276739A	2019/01/31	已注册	2029/11/27	江苏润阳新能源科技股份有限公司	2019/11/27	非共有

表 5-14　英利集团的部分商标情况

商标图形	商标名称	申请号	申请日期	当前状态	专用权期限截止日期	申请人名称	异议截止日期	是否共享
光伏E家 PV@HOME	光伏E家	20825813	2016/08/01	已注册	2027/11/20	深圳英利新能源有限公司	2017/11/20	非共有
天威 TIANWEI	天威	6173653	2007/07/19	已注册	2030/02/27	保定天威英利新能源有限公司	2010/02/27	非共有

续表

商标图形	商标名称	申请号	申请日期	当前状态	专用权期限截止日期	申请人名称	异议截止日期	是否共享
	英利 yingli	1674560	2000/10/24	已注册	2031/11/27	保定天威英利新能源有限公司	2011/11/28（专有权2031年）	非共有
	yingli	3783399	2003/11/04	已注册	2025/10/20	保定天威英利新能源有限公司	2005/10/21	非共有
	yingli solar	5392188	2006/06/02	已注册	2029/05/27	保定天威英利新能源有限公司	2009/05/27	非共有

表5-15　中来股份的部分商标情况

商标图形	商标名称	申请号	申请日期	当前状态	专用权期限截止日期	申请人名称	异议截止日期	是否共享
	中来股份 JOLYWOOD	69703631	2023/02/21	待审中	—	苏州中来光伏新材股份有限公司	—	非共有
	中来亿瓦	67115717	2022/09/08	已注册	2033/03/27	苏州中来光伏新材股份有限公司	2023/03/27	非共有

表5-16　阿特斯的部分商标情况

商标图形	商标名称	申请号	申请日期	当前状态	专用权期限截止日期	申请人名称	异议截止日期	是否共享
	阿特斯；CSI	6533471	2008/01/28	已注册	2031/06/13	阿特斯阳光电力集团股份有限公司	2011/06/13	非共有
	阿特斯；CSI	6533479	2008/01/28	已注册	2031/06/13	阿特斯阳光电力集团股份有限公司	2011/06/13	非共有

续表

商标图形	商标名称	申请号	申请日期	当前状态	专用权期限截止日期	申请人名称	异议截止日期	是否共享
阿特斯	阿特斯	7269160	2009/03/20	已注册	2032/07/20	阿特斯阳光电力集团股份有限公司	2012/07/20	非共有
CSI	CSI	4497395	2005/02/04	已注册	2027/10/27	阿特斯阳光电力集团股份有限公司	2007/10/27	非共有

表 5－17　东方日升的部分商标情况

商标图形	商标名称	申请号	申请日期	当前状态	专用权期限截止日期	申请人名称	异议截止日期	是否共享
risen 东方日升	东方日升 RISEN	71506709	2023/05/12	待审中	—	东方日升新能源股份有限公司	—	非共有
risen	RISEN	20660307	2016/07/15	已注册	2028/04/06	东方日升新能源股份有限公司	2018/04/06	非共有
Sunallies.com 光合联萌	光合联萌	23604984	20170417	已注册	2029/02/20	东方日升新能源股份有限公司	2019/02/20	非共有

表 5－18　爱旭光伏的部分商标情况

商标图形	商标名称	申请号	申请日期	当前状态	专用权期限截止日期	申请人名称	异议截止日期	是否共享
爱旭光伏	爱旭光伏	63261104	2022/03/15	已注册	2032/09/13	广东爱旭科技有限公司	2022/09/13	非共有
Aikosolar	AIKO SOLAR	8697167	2010/09/25	已注册	2031/10/06	广东爱旭科技有限公司	2011/10/06	非共有
Aikosolar	AIKO SOLAR	68360815	2022/11/15	待审中	—	广东爱旭科技有限公司	—	非共有
Aiko	Aiko	8697243	2010/09/25	已注册	2031/10/06	广东爱旭科技有限公司	2011/10/06	非共有

表5-19 韩国韩华的部分商标情况

商标图形	商标名称	申请号	申请日期	当前状态	专用权期限截止日期	申请人名称	异议截止日期	是否共享
韩华	韩华	17037139A	2015/05/26	已注册	2026/08/14	株式会社韩华	—	非共有
韩华 HANHUA	韩华	5559614	2006/08/23	已销亡	—	宁波韩华电器有限公司	—	非共有
Hanwha Impact	HANWHA IMPACT	63473571	2022/03/23	已注册	2023/01/28	株式会社韩华	—	非共有

表5-20 其他企业的部分商标情况

商标图形	商标名称	申请号	申请日期	当前状态	专用权期限截止日期	申请人名称	异议截止日期	是否共享
OK 海洋王	海洋王	6784409	2008/06/16	已注册	2032/10/20	海洋王照明科技股份有限公司	2012/10/20	非共有
SANYO	SANYO	64139826	2022/04/21	已注册	2032/10/21	三洋电机株式会社	—	非共有
MEYER BURGER	MEYER BURGER	62273073	2022/01/20	已注册	2023/04/21	梅耶博格技术股份有限公司	—	非共有
MEYER BURGER	MEYER BURGER	G1324271	2016/12/15	待审中	—	MEYER BURGER TECHNOLOGY AG	—	非共有
	大全	4655231	2005/05/13	已注册	20180514	江苏大全长江电器股份有限公司	2008/05/13	非共有
大全集团 DAQO GROUP	大全	4654979	2005/05/13	已注册	2018/05/14	江苏大全长江电器股份有限公司	2008/05/13	非共有

续表

商标图形	商标名称	申请号	申请日期	当前状态	专用权期限截止日期	申请人名称	异议截止日期	是否共享
TOPSIL	TOPSIL	G1079147	2011/0625	已注册	2031/04/05	Topsil GlobalWafers A/S	—	非共有
GlobalWafers	GLOBAL WAFERS	11388769	2012/08/23	已驳回	—	环球晶圆股份有限公司	—	非共有
特变电工	特变电工	5615315	2006/09/19	已注册	2029/08/20	特变电工股份有限公司	2009/08/20	非共有
SunOasis	—	5055423	2005/12/12	已注册	2028/12/06	特变电工新疆新能源股份有限公司	2008/12/06	非共有
TBEA 特变电工	特变电工TBEA	14271635	2014/03/28	已注册	2025/07/27	特变电工股份有限公司	2015/07/27	非共有

5.2 在中国的商标纠纷情况

商标纠纷主要是指在商标的竞争中，涉及类似商品的判断、近似商品的认定以及其他具体商标侵权行为的认定所引起的纠纷。《中华人民共和国商标法》规定的商标纠纷主要有三种类型：一是商标异议；二是商标争议；三是商标侵权。人民法院受理的商标纠纷案件主要有四种类型：一是商标授权确权行政纠纷案件；二是商标侵权民事纠纷案件；三是商标转让与商标使用许可合同纠纷案件；四是商标刑事纠纷案件。

本文从中国裁判文书网和北大法宝数据库检索查询获取的光伏商标纠纷案如表5-21所示。在这些纠纷案中，侵权纠纷案最多，共有5件。

表 5-21 商标纠纷案件示例

案件号	审理程序	原告（或二审上诉人）	被告（或二审被上诉人）	纠纷类型	结果	年份
(2016) 粤 0306 民初 23239 号	一审	常州天合光能有限公司	深圳市鑫鸿光太阳能有限公司	侵权	原告胜诉	2016
(2017) 鲁 15 民初 293 号	一审	晶澳太阳能有限公司	山东东阿晶奥光伏新能源有限公司	侵权	调解结案	2017
(2017) 京行终 969 号	二审	苏州腾晖光伏技术有限公司	华为技术有限公司	异议	华为胜诉	2017
(2017) 京 73 行初 5256 号	一审	苏州腾晖光伏技术有限公司	华为技术有限公司	异议	被告胜诉	2017
(2018) 沪 0110 民初 3647 号	一审	中盛光电能源股份有限公司	中盛光伏科技有限公司	侵权	双方和解	2018
(2018) 京 73 行初 243 号	一审	浙江安邦光伏电站服务有限公司	国家工商行政管理总局商标评审委员会	争议	原告胜诉	2018
(2019) 苏 0214 刑初 144 号	一审	保定泰森光伏科技有限公司	江苏洁阳光电科技有限公司	侵权	原告胜诉	2019
(2021) 粤 0309 民初 6901 号	一审	小米科技有限责任公司	深圳市光伏电子有限公司	侵权	原告撤诉	2021

（1）浙江安邦光伏电站服务有限公司商标授权确权案［案件号为（2018）京73行初243号］

国家工商行政管理总局商标评审委员会认为原告（浙江安邦光伏电站服务有限公司）申请注册的第20388047号“安邦”商标（以下简称诉争商标）与第1438473号“安邦ANPON”商标（以下简称引证商标）构成使用在同一种或类似商品上的近似商标，从而以构成《中华人民共和国商标法》（以下简称《商标法》）第三十条所指的情形为由，驳回了诉争商标在“太阳能电池；光伏电池；发电用太阳能电池板；移动电源（可充电电池）；电池极板；运载工具用电池；蓄电瓶；电池箱；高压电池；电池”商品（以下简称复审商品）上的注册申请。由于引证商标在“电池”部分核定使用商品上的注册已被依法撤销，从而引证商标不再成为诉争商标在复审商品上获准注册的权利障碍。所以人民法院对诉争商标被予以驳回的事由不复存在，依据新的事实撤销商标评审委员会相关裁决，并判令其根据变更后的事实重新作出裁决。本案最后为浙江安邦光伏电站服务有限公司胜诉，商标评审委员会重新裁决诉争商标。

（2）苏州腾晖光伏技术有限公司商标授权确权案［案件号为（2017）京行终969号］

苏州腾晖光伏技术有限公司的第10161116号图形商标（以下简称诉争商标）与华为技术有限公司的第7518112号图形商标（以下简称引证商标一）、第8434650号图形商标（以下简称引证商标二）近似，商标图形具体如图 5 –4 所示。

第7518112号图形商标　　第8434650号图形商标　　第10161116号图形商标

图 5 –4　纠纷中的商标图

诉争商标指定使用的太阳能电池与引证商标一核定使用于电池充电器、石英晶体，引证商标二核定使用于充电器等商品在功能、用途等方面存在较大关联，并且同处 0922 类似群组，所以构成类似商品。同时，引证商标一、引证商标二在整体外观上为八片花瓣组成的花形图案，诉争商标在外观上由八片花瓣及中间的一圆形图案构成，引证商标一、引证商标二的八片花瓣与诉争商标中的八片花瓣的大小、组成顺序、形状、朝向、排列的方式、设计风格等方面非常接近，整体视觉效果相近，所以诉争商标与引证商标构成近似商标。诉争商标与引证商标一、引证商标二同时使用在同一种或类似商品上，相关公众施以一般注意力，容易认为彼此商品来源于同一主体或存在特定联系，故诉争商标与引证商标一、引证商标二构成同一种或类似商品上的近似商标，结果为华为胜诉。

（3）深圳市鑫鸿光太阳能有限公司商标侵权民事案［案件号为（2016）粤 0306 民初 23239 号］

2014 年 6 月 13 日深圳市鑫鸿光太阳能有限公司向深圳海关隶属蛇口海关申报出口一批货物，后经查验发现该出口货物未经商标权人许可，擅自使用“Trinasolar”商标。“Trinasolar”商标的注册人为常州天合光能有限公司的第 6475319 号注册商标“Trinasolar”，该注册商标核定使用的商品为第 9 类，包括半导体器件、太阳能电池、接线盒（电）、集成电路块等，注册有效期为 2010 年 3 月 28 日至 2020 年 3 月 27 日。深圳市鑫鸿光太阳能有限公司的这批商品属于明显的商标侵权行为，法院裁定常州天合光能有限公司胜诉，并责令深圳市鑫鸿光太阳能有限公司进行赔偿。

5.3　商标国际保护

5.3.1　商标国际保护概述

申请人到国外申请注册商标有三种途径：一是逐一国家注册，即分别向各国商标主管机关申请注册；二是地区注册，即向某个区域的联合商标管理机构申请商标，该申请效力能在该区域内各成员国适用，比如欧盟知识产权局（EUIPO）、比荷卢共同局（Benelux Office）、非洲知识产权组织（OAPI）；三是马德里商标国际注册，即根据《商标国际注册马德里协定》（以下简称《马德里协定》）或《商标国际注册马德里协定有关议定书》（以下简称《马德里议定书》）的规定，在马德里联盟成员国间所进行的商标注册。

我们通常所说的商标国际注册，指的就是马德里商标国际注册。截至2023年9月，马德里联盟共有114个缔约方，覆盖130个国家。我国于1989年加入《马德里协定》，成为马德里联盟成员；1995年加入《马德里议定书》，为国内商标在国际范围内提供了保护。

通过马德里体系注册国际商标，具有以下优势：①申请手续相对简便。申请人可以选择增加数个缔约国，比在多个国家逐一申请注册商标手续简便很多。②时间相对较短。从申请人向本国商标局提交国际商标注册申请书之日起，一般6个月即可获得WIPO颁发的国际商标注册证明。从国际注册日期起，如果没有被指定国在规定的期限内（通常12～18个月）向WIPO发出驳回通知，该商标就会在该指定国自动得到保护。而很多缔约国国内注册商标需要3年以上。③费用相对较低。通过马德里体系进行商标国际注册的费用通常包括：基础注册费（黑白图案653瑞士法郎，彩色图案903瑞士法郎）和指定国家的费用（每增加一个缔约国增付100瑞士法郎，要求单独规费的缔约方除外）。所以如果企业想在多个国家申请商标注册，通过马德里体系申请比通过逐一国家申请的方式往往更划算。

国际注册的有效期为10年，自国际注册之日起计算。有效期届满后，如需继续使用，应续期登记。对于美国、日本、韩国、新加坡等国家的国际注册申请，我们往往会收到这些国家的审查意见或临时拒绝通知书，给中国申请人的国际注册造成一定的时间和成本损失。出现上述问题的原因是，这些国家在加入马德里联盟时对《马德里协定》或《马德里议定书》的某些条款提出保留或声明，在审查马德里国际注册申请的某些内容时，主要依靠本国的法律法规。

5.3.2 主要中国光伏企业的商标国际保护情况

本节主要选取分析了第5.1节中17家中国光伏企业商标国际保护情况。依据申请人检索入口在WIPO网站[1]的全球品牌数据库中进行检索，共检索到1061件09类商品商标，依据申请途径进行统计，地区商标数量为72件、国际商标数量为54件、国家商标为935件。同时通过地区注册、马德里国际注册及国家注册三种途径进行商标保护的企业有9家，分别为阿特斯、比亚迪、大全集团、东方日升、晶澳科技、晶科能源、隆基股份、天合光能及通威股份。

---

[1] https：//branddb. wipo. int/zh/quicksearch，世界知识产权组织全球品牌数据库。

中国光伏企业已申请国际保护的1061件09类商标状态具体如图5－5所示。

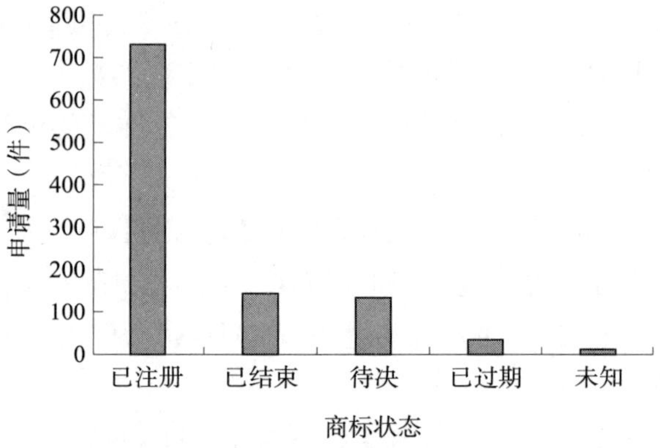

图5－5　中国光伏企业已申请国际保护的1061件09类商标状态

由于一件通过国家申请途径注册的商标将只能获得一个国家的保护，而一件通过国际申请或地区申请注册的商标则可依据注册申请目的地的不同而获得多个国家的保护，为了能更客观地了解企业国际商标保护情况，本节对企业商标的注册申请目的地进行了统计。注册申请目的地靠前的国家有美国、英国、印度，目的地数量排名位于前30的情况具体如图5－6所示。

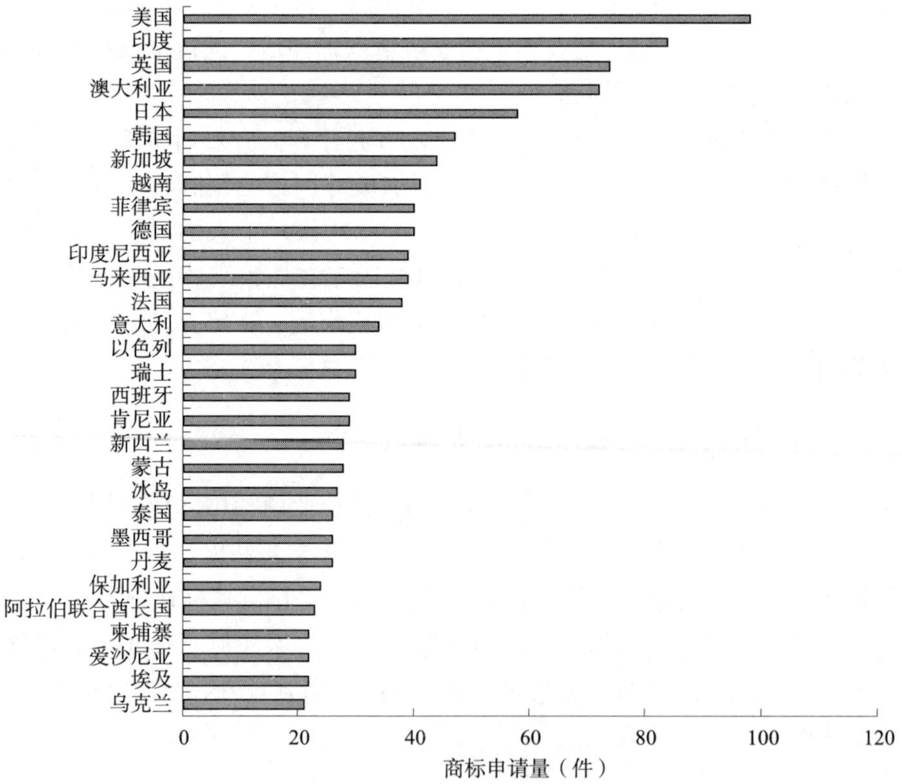

图5－6　商标注册申请目的地数量排名位于前30的排序情况

同时为了对比各个企业的国际商标保护情况，也对各个企业依据其注册申请商标的目的地数量进行了排序，其中申请目的地数量排名靠前的企业有比亚迪、隆基股份、晶科能源，具体情况如图5－7所示。

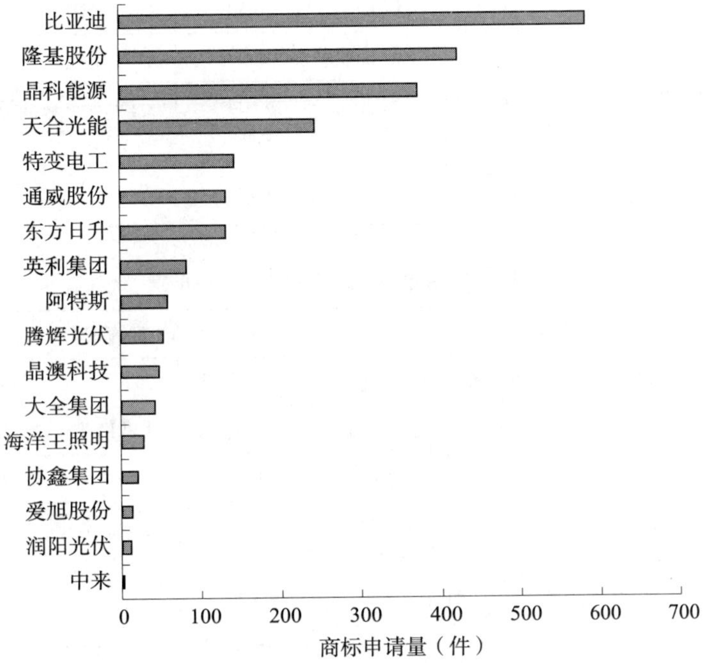

图5－7 企业按照商标注册申请目的地数量排序情况

本节涉及的17家中国光伏企业的国际商标保护情况，如表5－22～表5－38所示。

表5－22 比亚迪商标国际保护情况 （单位：件）

商标申请量❶	法律情况		申请情况		
	法律状态	商标数量	申请途径	商标数量	目的地
583	已注册	92	地区商标	4	欧洲联盟
	待决	21	国际商标	9	德国、意大利、越南等
	已结束	19	国家商标	130	美国、澳大利亚、乌克兰等
	已过期	6			
	未知	5			

❶ 依据注册目的地的数量来统计商标申请量。一份国际申请选择多个目的地，则为多件申请。

表 5－23　隆基股份商标国际保护情况

（单位：件）

商标申请量	法律情况		申请情况		
	法律状态	商标数量	申请途径	商标数量	目的地
421	已注册	84	地区商标	5	欧洲联盟
	待决	19	国际商标	9	澳大利亚、荷兰、越南等
	已结束	13	国家商标	104	美国、马来西亚、澳大利亚等
	已过期	1			
	未知	1			

表 5－24　晶澳科技商标国际保护情况

（单位：件）

商标申请量	法律情况		申请情况		
	法律状态	商标数量	申请途径	商标数量	目的地
381	已注册	113	地区商标	33	欧洲联盟
	已结束	35	国际商标	14	澳大利亚、奥地利、越南等
	待决	22	国家商标	134	美国、法国、英国等
	已过期	10			
	未知	1			

表 5－25　晶科能源商标国际保护情况

（单位：件）

商标申请量	法律情况		申请情况		
	法律状态	商标数量	申请途径	商标数量	目的地
372	已注册	133	地区商标	6	欧洲联盟
	待决	18	国际商标	7	澳大利亚、新西兰、越南等
	已结束	14	国家商标	161	印度、日本、美国等
	已过期	9			

表 5－26　天合光能商标国际保护情况

（单位：件）

商标申请量	法律情况		申请情况		
	法律状态	商标数量	申请途径	商标数量	目的地
243	已注册	51	地区商标	1	欧洲联盟
	已结束	7	国际商标	5	澳大利亚、日本、美国等
	待决	5	国家商标	60	新加坡、韩国、澳大利亚等
	未知	3			

表 5-27　阿特斯国际商标保护情况　（单位：件）

商标申请量	法律情况		申请情况		
	法律状态	商标数量	申请途径	商标数量	目的地
59	已注册	12	地区商标	3	欧洲联盟
	已结束	4	国际商标	1	法国、德国、日本等
	待决	2	国家商标	14	美国、澳大利亚、德国

表 5-28　爱旭股份商标国际保护情况　（单位：件）

商标申请量	法律情况		申请情况		
	法律状态	商标数量	申请途径	商标数量	目的地
14	已注册	12	地区商标	2	欧洲联盟
	已结束	2	国家商标	12	美国、日本、印度

表 5-29　东方日升商标国际保护情况　（单位：件）

商标申请量	法律情况		申请情况		
	法律状态	商标数量	申请途径	商标数量	目的地
132	已注册	34	地区商标	4	欧洲联盟
	已结束	14	国际商标	2	澳大利亚、奥地利、芬兰等
	待决	10	国家商标	58	美国、英国、印度尼西亚等
	已过期	6			

表 5-30　大全集团商标国际保护情况　（单位：件）

商标申请量	法律情况		申请情况		
	法律状态	商标数量	申请途径	商标数量	目的地
42	已注册	14	地区商标	1	欧洲联盟
	已结束	2	国际商标	1	美国、印度、澳大利亚等
	待决	1	国家商标	15	美国、澳大利亚、德国

表 5-31　海洋王照明商标国际保护情况　（单位：件）

商标申请量	法律情况		申请情况		
	法律状态	商标数量	申请途径	商标数量	目的地
28	已注册	10	地区商标	—	—
	已结束	11	国际商标	—	—
	已过期	7	国家商标	28	韩国、日本

表 5-32　润阳光伏商标国际保护情况

（单位：件）

商标申请量	法律情况		申请情况		
	法律状态	商标数量	申请途径	商标数量	目的地
12	已注册	8	地区商标	1	欧洲联盟
	已结束	2	国际商标	—	—
	待决	1	国家商标	11	美国、德国、法国等
	已过期	1			

表 5-33　特变电工商标国际保护情况

（单位：件）

商标申请量	法律情况		申请情况		
	法律状态	商标数量	申请途径	商标数量	目的地
144	已注册	51	地区商标	—	—
	已结束	1	国际商标	2	澳大利亚、法国、日本等
	未知	1	国家商标	51	印度尼西亚、菲律宾、越南等

表 5-34　腾辉光伏商标国际保护情况

（单位：件）

商标申请量	法律情况		申请情况		
	法律状态	商标数量	申请途径	商标数量	目的地
53	待决	3	地区商标	—	—
	已结束	5	国际商标	3	印度、法国、日本等
	已注册	10	国家商标	15	日本、美国、新加坡等

表 5-35　通威股份商标国际保护情况

（单位：件）

商标申请量	法律情况		申请情况		
	法律状态	商标数量	申请途径	商标数量	目的地
133	已注册	29	地区商标	2	欧洲联盟
	待决	19	国际商标	1	德国、法国、西班牙等
	已结束	2	国家商标	48	马来西亚、埃及、墨西哥等
	未知	1			

表 5-36 协鑫集团商标国际保护情况

（单位：件）

商标申请量	法律情况		申请情况		
	法律状态	商标数量	申请途径	商标数量	目的地
21	已注册	20	地区商标	1	欧洲联盟
	待决	1	国家商标	20	英国、日本、韩国等

表 5-37 英利集团商标国际保护情况

（单位：件）

商标申请量	法律情况		申请情况		
	法律状态	商标数量	申请途径	商标数量	目的地
83	已注册	68	地区商标	9	欧洲联盟
	已结束	9	国际商标	—	—
	已过期	5	国家商标	74	英国、美国、澳大利亚等
	未知	1			

表 5-38 中来商标国际保护情况

（单位：件）

商标申请量	法律情况		申请情况		
	法律状态	商标数量	申请途径	商标数量	目的地
1	待决	1	国家商标	1	新加坡

第6章　光伏行业软件著作情况

本章主要针对第5章中选取的主要光伏企业进行软件著作权分析，依据申请人检索入口在中国版权保护中心❶进行检索，共检索出软件著作登记109件。其中通威股份最多，有39件软件著作权登记，隆基股份以25件位居第二，具体情况如图6－1所示❷。

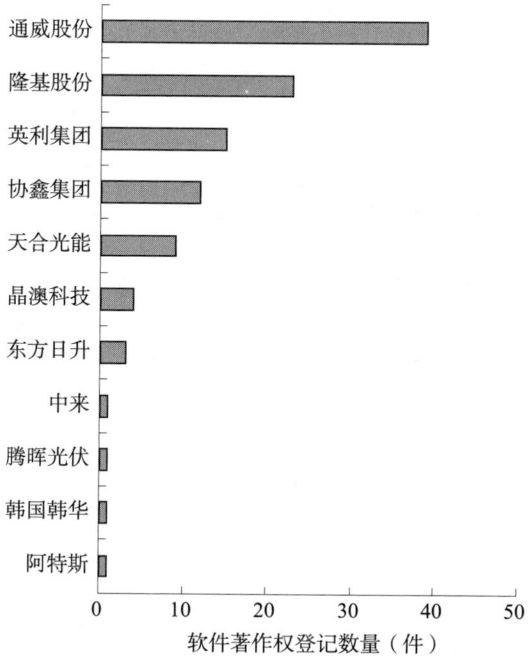

图6－1　主要光伏企业的软件著作权排名

对这些软件按照功能进行分类后，发现其中工艺流程控制类软件有34件，电站管理、设计类软件有20件，发电量仿真类软件有2件，依据软件名不能判断具体功能类型为其他类软件，其他类软件有53件，如图6－2所示。

❶ www. ccopyright. com，中国版权保护中心。

❷ 依据标准申请人进行了合并。

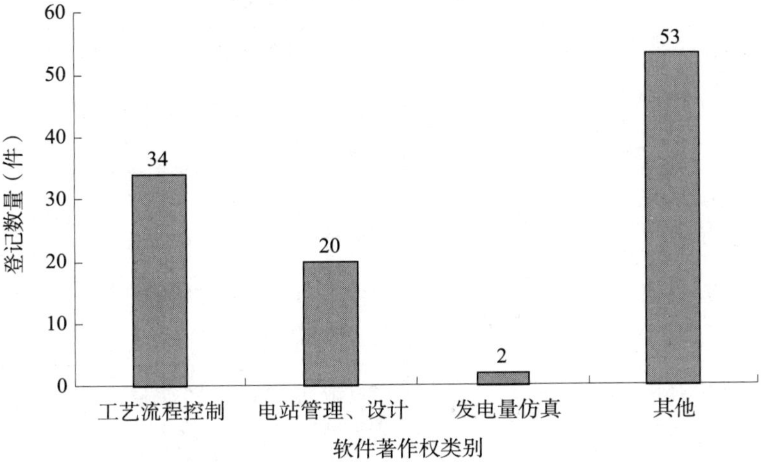

图 6－2　软件分类统计情况

从申请年份来看，2010 年以来，这些主要光伏企业的软件著作权申请呈震荡上升趋势，其中虚线为软件著作权申请趋势的拟合直线，具体情况如图 6－3 所示。

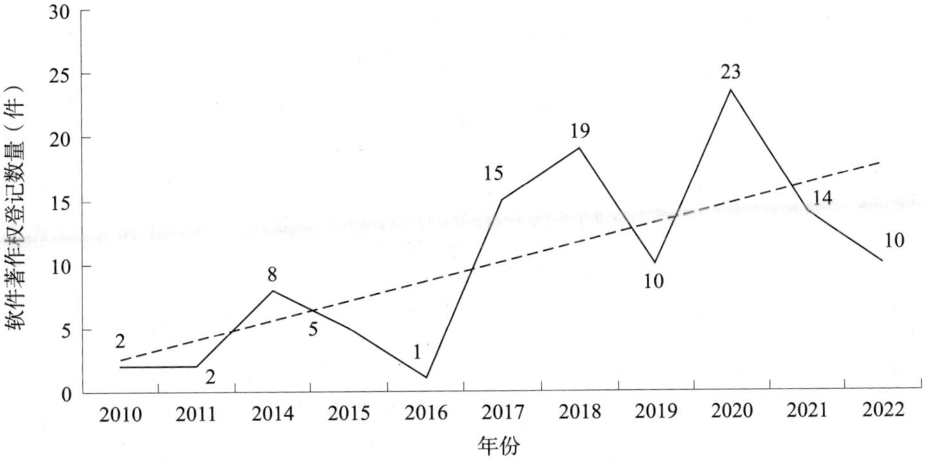

图 6－3　主要光伏企业软件登记趋势

6.1　电站管理、设计类软件

电站管理、设计类软件有 20 件，分属于阿特斯、晶澳科技、隆基股份、通威股份、英利集团、协鑫集团，具体情况如表 6－1 所示。

表6-1　主要光伏企业软件著作权登记情况

集团单位	登记号	软件全称	版本号	登记日期
阿特斯阳光电力集团有限公司	2020SR0589831	阿特斯分布式光伏云能管理平台	V1.0	2020.06.09
晶澳（扬州）太阳能光伏工程有限公司	2014SR176133	光伏电站抗PID设备控制软件	V1.0	2014.11.19
隆基绿能光伏工程有限公司	2019SR0430968	隆基新能源微电网能量管理系统	V1.0	2019.05.06
隆基乐叶光伏科技有限公司	2022SR0459881	隆基新能源微电网能量管理系统	V1.0	2022.04.12
隆基乐叶光伏科技有限公司	2022SR0686415	光伏智云App	V1.1.3	2022.06.01
隆基乐叶光伏科技有限公司	2022SR1559255	光伏组件设计管理平台	V1.0	2022.11.23
通威太阳能（合肥）有限公司	2017SR702675	通威太阳能电池板组件状态监测系统	V1.0	2017.12.19
通威太阳能（安徽）有限公司	2017SR703449	通威太阳能电池片智能一体化测试系统	V1.0	2017.12.19
通威太阳能（合肥）有限公司	2018SR161381	太阳能电池组件故障检测软件	V1.0	2018.03.12
通威太阳能（合肥）有限公司	2018SR202777	太阳能组件发电监测管理系统	V1.0	2018.03.26
通威太阳能（安徽）有限公司	2020SR0335036	太阳能电池片生产管理系统	V1.0	2020.04.15
通威太阳能（合肥）有限公司	2020SR0338580	回流焊机设备自动控制系统	V1.0	2020.04.16
通威太阳能（成都）有限公司	2020SR0367507	晶体硅太阳能电池SCM管理系统	V1.0	2020.04.23
协鑫电力设计研究有限公司	2017SR610849	太阳能发电跟踪控制软件	V1.0	2017.11.08
英利集团有限公司	2010SR067693	光伏电站远程测控系统控制软件	V1.0	2010.12.11

续表

集团单位	登记号	软件全称	版本号	登记日期
海南英利新能源有限公司	2015SR104652	基于私有云的光伏发电能量管理系统	V2.2	2015.06.11
海南英利新能源有限公司	2015SR104670	光伏电站运营管理系统	V2.0	2015.06.11
英利光伏电力投资集团有限公司	2018SR107307	光伏电站运营维护软件	V1.0	2018.02.11
河北英利新能源科技有限公司	2018SR107312	智能光伏发电量数据监测管理系统	V1.0	2018.02.11
河北英利新能源科技有限公司	2018SR108375	光伏组件运行维护管理系统	V1.0	2018.02.11

6.2 发电量仿真类软件

发电量仿真类软件有2件，属于天合光能，分别在2011年和2022年申请，具体情况如表6-2所示。

表6-2 发电量仿真类软件著作权登记情况

集团单位	登记号	软件全称	版本号	登记日期
常州天合光能有限公司	2011SR010177	天合太阳能并网光伏电站工程设计及性能模拟软件	V1.0	2011.03.03
天合光能股份有限公司	2022SR1428685	光伏系统发电量仿真软件	V1.0	2022.10.28

6.3 工艺流程控制类软件

工艺流程控制类软件有34件，分别属于天合光能、韩国韩华、隆基股份、通威股份、英利集团。其中韩国韩华和隆基股份主要集中在晶体制备，天合光能侧重于光伏组件制备，通威股份则在晶体制备、晶体切割、光伏组件制备以及太阳能电池的运行监控上都有申请，具体情况如表6-3所示。

表 6-3 工艺流程控制类软件著作权登记情况

集团单位	登记号	软件全称	版本号	登记日期
韩华新能源科技有限公司	2015SR119263	韩华结晶速度调控装置自控系统软件	V1.0	2015.06.29
西安隆基绿能智能技术合伙企业	2019SR1160371	坩埚气泡检测软件	V1.0	2019.11.15
西安隆基绿能智能技术合伙企业	2019SR1173592	E 工艺控制系统	V1.0	2019.11.19
西安隆基绿能智能技术合伙企业	2019SR1173839	单晶炉视觉系统	V1.0	2019.11.19
西安隆基绿能智能技术合伙企业	2019SR1173885	单刀头金刚线切断机控制系统	V1.0	2019.11.19
西安隆基绿能智能技术合伙企业	2019SR1425874	坩埚熔制机控制系统	V1.0	2019.12.25
西安隆基绿能智能技术合伙企业	2019SR1430659	沉积车间安全监控系统	V1.0	2019.12.26
西安隆基绿能智能技术合伙企业	2020SR0069494	电子拉晶记录本软件	V1.0	2020.01.14
西安隆基绿能智能技术合伙企业	2020SR0070837	针刺机控制系统	V1.0	2020.01.14
西安隆基绿能智能技术合伙企业	2020SR0158756	PhoenixOS 单晶炉控制系统	V6.0	2020.02.20
西安隆基绿能智能技术合伙企业	2020SR0412873	基于大数据的 IV 检测质量控制系统	V1.0	2020.05.07
西安隆基绿能智能技术合伙企业	2020SR0412879	隆基组件 MES 移动 App	V1.0	2020.05.07
西安隆基绿能智能技术合伙企业	2020SR0483789	隆基拉晶 MES 移动 App	V1.0	2020.05.21
西安隆基绿能智能技术合伙企业	2020SR0483972	隆基切片生产制造执行系统	V1.0	2020.05.21
西安隆基绿能智能技术合伙企业	2020SR0483979	隆基切片 MES 移动 App	V1.0	2020.05.21
晶科能源（上饶）有限公司	2021SR0541259	光伏组件导向边框生产控制系统	V1.0	2021.04.15

续表

集团单位	登记号	软件全称	版本号	登记日期
晶科能源（上饶）有限公司	2021SR0545995	光伏组件功率测试仪系统	V1.0	2021.04.15
晶科能源（上饶）有限公司	2021SR0546186	光伏组件封装胶膜配比控制系统	V1.0	2021.04.15
通威太阳能（合肥）有限公司	2014SR194255	通威太阳能光伏上料下料智能控制软件	V1.0	2014.12.12
通威太阳能（合肥）有限公司	2014SR194605	通威太阳能光伏温度监测软件	V1.0	2014.12.15
通威太阳能（合肥）有限公司	2014SR195430	通威太阳能光伏焊接工艺控制软件	V1.0	2014.12.15
通威太阳能（合肥）有限公司	2014SR196201	通威太阳能光伏运行状态控制系统	V1.0	2014.12.16
通威太阳能（安徽）有限公司	2017SR701182	通威太阳能发电电池板性能测试系统	V1.0	2017.12.18
通威太阳能（安徽）有限公司	2017SR701596	通威太阳能组件智能化切割控制系统	V1.0	2017.12.18
通威太阳能（成都）有限公司	2017SR711627	通威太阳能组件电气设计制作系统	V1.0	2017.12.21
通威太阳能（成都）有限公司	2017SR711836	通威太阳能电池组件维护巡检系统	V1.0	2017.12.21
通威太阳能（合肥）有限公司	2018SR202095	基于太阳能组件吸热分流系统	V1.0	2018.03.26
通威太阳能（安徽）有限公司	2020SR0335002	背膜生产工艺温度数据采集系统	V1.0	2020.04.15
通威太阳能（安徽）有限公司	2020SR0335006	单晶材料缺陷排查系统	V1.0	2020.04.15
通威太阳能（安徽）有限公司	2020SR0335040	太阳能电池片退火温度管理系统	V1.0	2020.04.15
通威太阳能（安徽）有限公司	2020SR0337324	CT烧结炉控温系统	V1.0	2020.04.16
通威太阳能（合肥）有限公司	2020SR0338507	印刷机气缸压力智能检测系统	V1.0	2020.04.16
通威太阳能（合肥）有限公司	2020SR0338576	划片机除尘过滤清洗设备控制系统	V1.0	2020.04.16
河北英利新能源科技有限公司	2018SR110439	新能源电站电流控制软件	V1.0	2018.02.12

6.4 其他类软件

还有一些软件难以从软件名称判断出具体功能类型，具体情况如表6-4所示。

表6-4 其他类软件著作权登记情况

集团单位	登记号	软件全称	版本号	登记日期
东方日升新能源股份有限公司	2021SR0261006	产能监控机器人系统	V1.0	2021.02.20
东方日升新能源股份有限公司	2022SR0044945	东方日升电池数据采集平台	V1.0	2022.01.07
东方日升新能源股份有限公司	2022SR1329450	东方日升电池SPC管控平台	V1.0	2022.08.30
义乌晶澳太阳能科技有限公司	2022SR0965418	晶豹软件	V1.0.0	2022.07.25
义乌晶澳太阳能科技有限公司	2022SR1469529	晶捷软件	V1.39.1	2022.11.04
义乌晶澳太阳能科技有限公司	2022SR1493988	晶台软件	V1.0	2022.11.11
西安隆基绿能智能技术合伙企业	2019SR0953205	SPC质量数据分析系统	V1.0	2019.09.12
西安隆基绿能智能技术合伙企业	2019SR0953219	Longi-大数据平台	V1.0.2	2019.09.12
西安隆基绿能智能技术合伙企业	2019SR1425881	研发试验现场实时监控系统	V1.0	2019.12.25
西安隆基绿能智能技术合伙企业	2020SR0069627	炉台信息管理系统	V3.0	2020.01.14
西安隆基绿能建筑科技有限公司	2021SR1091012	光伏智云App	V1.1.3	2021.07.23
中利腾晖光伏科技有限公司	2015SR023622	晶体硅光伏电池电性能筛选分析软件	V4.5	2015.02.04
常州天合光能有限公司	2017SR420033	天合光能光伏电站系统设计及投资收益分析软件	V1.0	2017.08.03

续表

集团单位	登记号	软件全称	版本号	登记日期
盘锦天合光能有限公司	2018SR935733	集中远程监控管理系统	V1. 0	2018. 11. 22
天合光能股份有限公司	2021SR1250247	天合光能 BMS 监控器软件	V1. 0	2021. 08. 24
天合光能股份有限公司	2022SR0087753	光伏电池追溯系统	V1. 0	2022. 01. 13
通威太阳能（合肥）有限公司	2014SR194597	通威太阳能光伏电磁感应显示系统	V1. 0	2014. 12. 15
通威太阳能（合肥）有限公司	2014SR194599	通威太阳能光伏电压矢量处理系统	V1. 0	2014. 12. 15
通威太阳能（合肥）有限公司	2014SR198437	通威太阳能光伏吸热聚能控制系统	V1. 0	2014. 12. 17
通威太阳能（安徽）有限公司	2017SR701141	通威太阳能组件综合管理系统	V1: 0	2017. 12. 18
通威太阳能（安徽）有限公司	2017SR701187	通威太阳能电池板进销存管理系统	V1. 0	2017. 12. 18
通威太阳能（合肥）有限公司	2017SR703442	通威太阳能电池组件设备管理系统	V1. 0	2017. 12. 19
通威太阳能（成都）有限公司	2017SR711623	通威太阳能电池组件仓储管理系统	V1. 0	2017. 12. 21
通威太阳能（成都）有限公司	2017SR716766	通威太阳能电池片生产流程管控平台	V1. 0	2017. 12. 21
通威太阳能（合肥）有限公司	2018SR158753	电池板进销存一体化管理系统	V1. 0	2018. 03. 12
通威太阳能（合肥）有限公司	2018SR159490	太阳能电池组件生产管理系统	V1. 0	2018. 03. 12
通威太阳能（合肥）有限公司	2018SR161378	太阳能组件销售管理系统	V1. 0	2018. 03. 12
通威太阳能（合肥）有限公司	2018SR201922	太阳能电池组件管理软件	V1. 0	2018. 03. 26
通威太阳能（合肥）有限公司	2018SR204441	太阳能配件配送软件	V1. 0	2018. 03. 26
通威太阳能（安徽）有限公司	2020SR0337320	新锐膜色分选机新型拟合计算系统	V1. 0	2020. 04. 16

续表

集团单位	登记号	软件全称	版本号	登记日期
通威太阳能（合肥）有限公司	2020SR0338585	太阳能电池板质量管理系统	V1.0	2020.04.16
通威太阳能（合肥）有限公司	2020SR0338589	升降机智能上下料远程管控系统	V1.0	2020.04.16
通威太阳能（合肥）有限公司	2020SR0801721	成品检测入库一体化管理 App 软件	V1.0	2020.07.21
协鑫电力设计研究有限公司	2016SR189536	GCL 光伏电站竞价上网 CEO 助手应用软件	V1.0	2016.07.22
东方日升新能源股份有限公司	2017SR588322	光储微网经济性计算软件	V1.0	2017.10.26
东方日升新能源股份有限公司	2017SR612209	分布式光伏电站投资收益测算软件	V1.0	2017.11.08
东方日升新能源股份有限公司	2018SR850771	冷热源方案优选权重计算软件	V1.0	2018.10.24
义乌晶澳太阳能科技有限公司	2021SR0956359	E - Bank 工商业储能系统量产全自动功能测试软件	V1.0	2021.06.28
义乌晶澳太阳能科技有限公司	2021SR0956360	电池管理系统充电安全检测系统软件	V1.0	2021.06.28
义乌晶澳太阳能科技有限公司	2021SR0956361	电池管理系统 SoH 检测软件	V1.0	2021.06.28
西安隆基绿能智能技术合伙企业	2021SR0956391	电池管理系统控制软件系统	V1.0	2021.06.28
西安隆基绿能智能技术合伙企业	2021SR0956448	电池管理系统 SoE 检测软件	V1.0	2021.06.28
西安隆基绿能智能技术合伙企业	2021SR0956449	电池管理系统 SoC 检测软件	V1.0	2021.06.28
西安隆基绿能智能技术合伙企业	2021SR0956450	E - KwBe 规约转换软件	V1.0	2021.06.28
西安隆基绿能建筑科技有限公司	2010SR050139	车顶双曲面光伏组件与全车节能降耗技术控制软件	V1.0	2010.09.21

续表

集团单位	登记号	软件全称	版本号	登记日期
中利腾晖光伏科技有限公司	2011SR008712	报废太阳能光伏组件分解回收机组连续性运行控制软件	V1.0	2011.02.23
常州天合光能有限公司	2015SR104679	光伏电站功率预测软件系统	V2.1	2015.06.11
盘锦天合光能有限公司	2018SR107079	光伏系统销售管理系统	V1.0	2018.02.11
天合光能股份有限公司	2018SR107448	智能光伏环境监测控制系统	V1.0	2018.02.11
天合光能股份有限公司	2018SR108302	太阳能组件智能控制系统	V1.0	2018.02.11
通威太阳能（合肥）有限公司	2018SR110440	太阳能组件销售系统	V1.0	2018.02.12
通威太阳能（合肥）有限公司	2018SR538348	英利100W壁挂式太阳能高效锂电储能离网系统软件设计软件	V1.0	2018.07.10
通威太阳能（合肥）有限公司	2021SRE017711	中来光电科技App	V1.0	2021.07.09
通威太阳能（安徽）有限公司	2018SR110439	新能源电站电流控制软件	V1.0	2018.02.12

附录　术语说明和检索要素表

附录 1　术语说明

1. 专利

可以从三个层面理解“专利”：①专利是专利权的简称；②专利是记载发明创造内容或技术方案的文献；③专利是指经国家专利行政主管机关依照法定程序审查批准的、符合专利授予条件的发明创造，即专利技术。

本报告中的专利通常是指专利文献或专利技术，对于涉及专利许可、转让、质押、行政确权、诉讼相关内容时，报告中的专利是指专利权。

2. 同族专利

同一项发明创造在多个国家申请专利而产生的一族内容相同或基本相同的专利文献，称为一个同族专利或同族专利。从技术角度来看，属于同一专利组的多件专利申请可视为同一项技术。

3. 专利的“项”和“件”

项：同一项发明创造可能在多个国家和地区提出专利申请，在进行专利申请数量统计时，如果以一族（同族）形式统计专利文献数量，则计为“1 项”。一般情况下，专利申请的项数对应于技术的数目。在本报告中，在分析产学研合作情况时，对同族专利进行了合并统计。

件：将同族专利分开进行统计，所得到的结果对应于申请的件数。1 项专利申请对应于 1 件或多件专利申请。在本报告中，针对专利在国家、地区及企业公开情况进行分析时，各件专利进行了单独统计。

4. 中国专利

中国专利是在中国国家知识产权局公开或公布的专利申请。本报告中，中国专利也称为在中国公开专利、在中国公开专利。

5. 专利申请人、专利权人

专利申请人是指对某项发明创造依法律规定或合同约定享有专利申请权的自然人、法人或者其他组织。专利权人是专利权的所有人及持有人的统称。一般为专利申请被批准时，被授予专利权的专利申请人。

专利申请人享有专利申请权。专利在获得授权后，专利申请权会转变为专利权。在专利获得授权之前，专利申请人可以转让其专利申请权；一旦专利获得授权，申请人只能转让专利权，而不能转让申请权。本报告统计的申请人专利数据，是以最初申请该专利的申请人为入口进行的统计，未统计该专利的专利申请权或专利所有权发生变更后的情况。

6. 有效专利、专利有效率

有效专利是指专利申请被授权后，在本报告的检索截止日前，专利权法律状态仍然维持有效的专利。

本报告中的专利有效率是相对专利申请量而言的，是有效专利量与专利申请量的比值。

7. PCT

PCT 是《专利合作条约》（Patent Cooperation Treaty）的英文缩写，是有关专利的国际条约。PCT 专利申请是指专利申请人根据 PCT 的规定，通过 PCT 途径递交国际专利申请，向多个国家申请专利。

8. 来源国

在专利分析中，来源国是指该专利技术的申请人所在的国家或地区，通过统计来源国的专利申请数量在一定程度上反映了该国家或地区的专利技术创新能力和活跃程度。

9. 申请人集中度

申请人集中度是指某段时期排名前 X 位（例如 $X=5$，10，15 等）申请人的申请量之和占到该阶段所有申请人申请量总和的比例。申请人集中度反映专利在申请人方面的聚集情况。

10. 发明人

发明人是指对发明创造的实质性特点作出创造性贡献的个人或团体。发明人为自然人。

11. 标准申请人

由于中英翻译不同，公司存在不同子公司以及公司名称变更等多种原因，同一申请人可能对应着多个不同的名称，为了方便统计专利数据，体现申请人真实的专利状况，本书采用标准申请人对申请人的多个名称进行合并和统一约定，不同名称的合并主要基于德温特数据库的公司代码，以及相关公司官网或年报中公布的公司合并或收购历史等信息进行。

附录2 检索要素表

光伏行业总体情况专利检索要素表

技术分解	关键词概述	专利分类号
原材料	多晶硅；polycrystalline silicon；polysilicon；高纯硅；高纯晶硅；high - purity silicon；poly silicon；poly - silicon；poly Si；三氯氢硅；氯硅烷；Trichlorosilane；Chlorosilane；$SiHCl_3$；TCS；西门子；siemens；流化床；fluidized bed；FBR；甲硅烷；SiH_4；silane；monosilane；硅烷；二氯硅烷；二氯二氢硅；Dichlorosilane；SiH_2Cl_2；DCS；颗粒；粒状；沉积；还原；合成；歧化；分解；单晶硅；硅；silicon；single - crystal；monocrystalline；monocrystal；single crystal；single crystalline；直拉；上引；切氏；切克劳斯基；提拉；柴式长晶；拉制；拉晶；柴可拉斯基；乔赫拉尔斯基；丘克拉斯基；Czochralski；恰克拉斯基；卓克拉尔斯基；CZ 法；区熔；zone melting；zone - melting；Fz 法；floating zone；floating - zone；float zone；float - zone；FZ silicon；FZ - Si；硅片；硅切片；硅晶片；硅晶圆；硅基板；硅圆片；硅基衬底；硅衬底；硅单晶；硅锭；硅晶棒；silicon wafer；silicon semiconductor wafer；silicon ingot；切割；截断；切断；切片；线锯；金刚线；倒角；cropp *；sliced；slicing；cutting；cut；saw；sawed；sawing；chamfer *；清洗；清洁；clean *；rins *；RCA	C01B33/107；C01B33/027；C01B33/03；C01B33/035；C30B29/06；C30B28；C30B27/02；C30B15；B28D5；C30B13；B08B；H01L21/02
电池片	PERC；PERL；PERT；passivated emitter rear contact；钝化；发射极；emitter；rear contact；背接触；背面接触；back contact；back - contact；发射区；光伏；太阳能；太阳电池；光电转换；光电转化；光电装置；photovoltaic；solar；pv cell *；photoelectric conver *；photoelectric transform *；optoelectronic device *；隧穿；隧道；遂穿；掺杂；多晶硅；氮氧化硅；磷掺；硼掺；poly silicon；polysilicon；tunnel；passivat；doped；异质结；非晶硅；本征；非晶 - 晶体硅；非晶硅/晶体硅；非晶/晶体硅；透明导电层；透明导电电极；透明导电膜；透光导电；TCO；ITO；IZO；GZO；AZO；IWO；ITIO；ICO；ZnO；氧化锌层；amorphous/crystalline silicon；amorphous - crystalline silicon；heterojunction；HIT；HIT；SHJ；SHT；amorphous silicon；intrinsic；透明导电层；透明导电电极；透明导电膜；透光导电；TCO；ITO；IZO；GZO；AZO；IWO；ITIO；ICO；ZnO；氧化锌层；交叉；叉指；指叉；interdigitat *；alternat *；perovskite；钙钛矿；电子传输层；空穴传输层；electron transport layer；hole transport layer；染料；敏化；染敏；dye - sensitized；dye；sensitized；sensitization；DSSC；optoelectronic device * +	H01L31；H01L31/0248 +；H01L31/06 +；H01L51；H10K30/40；H01G9/20；H10K30/15；H01L31/18；H01L31/20；H10K30/50 +；H10K30/80 +；H01L51/42；H01L51/46；H01L31/0747；H01L31/20；H01L31/072；H01L31/075；H01L31/109

续表

技术分解	关键词概述	专利分类号
光伏组件	太阳能电池板；光伏电池组；太阳能组件；光伏板组件；solar module；solar cell；solar cell module；玻璃；glass；焊带；solder strip；背板；后面板；backboard；rear panel；胶膜；adhesive film；eva；ethylene – vinyl acetate；ethylene vinyl；poe；接线盒；junction box；terminal block；connection box；连接盒；接续盒；出线盒；连接箱；接线箱；电源线线盒；边框；frame；边界框；rim *；边界框架；切片；划片；scribing；等分；二分之一；三分之一；half slice；half cut；half – cut；silicon slice；半片；三分片；主栅；busbar；栅线；多主栅；multi – busbar；superimposed tile；shingle；重叠；叠盖；间距；叠瓦；叠片；背接触；back contact	H01L31/048；H01L31/0488；H01L31/05；H01L31/04；H01L31/049；H01L31/0481；H02S40/34；H02S40/30；H02S30/10；H02S30；H01L21/78
逆变器	—	H02S40/32
光伏支架	—	H02S20
光伏辅助设备/组件	—	除 H02S20、H02S30、H02S40/32 和 H02S40/34 以外的 H02S

光伏重点技术专利检索要素表

技术分解			关键词概述	专利分类号
1. 原材料	多晶硅	改良西门子法	多晶硅；polycrystalline silicon；polysilicon；三氯氢硅；氯硅烷；Trichlorosilane；Chlorosilane；$SiHCl_3$；TCS；西门子；siemens；沉积；还原	C01B33/107；C01B33/027；C01B33/03；C01B33/035；C30B29/06；C30B28/14
		硅烷流化床法	多晶硅；polycrystalline silicon；polysilicon；流化床；fluidized bed；FBR；甲硅烷；SiH_4；silane；monosilanc；合成；歧化；分解；三氯氢硅；硅烷；Trichlorosilane；$SiHCl_3$；TCS；二氯硅烷；二氯二氢硅；Dichlorosilane；SiH2Cl2；DCS；颗粒；粒状	C01B33/04；C01B33/027；C01B33/029；C30B28/14；C30B29/06；B01J8/18；B01J8/24 +

续表

技术分解			关键词概述	专利分类号
1. 原材料	多晶硅	其他法制多晶硅	多晶硅；polycrystalline silicon；polysilicon；高纯硅；高纯晶硅；high－purity silicon；poly silicon；poly－silicon；poly Si（该分支不包含改良西门子法和硅烷流化床法的专利文献）	C30B29/06；C30B28；C01B33/02＋
	单晶硅	提拉法单晶硅	单晶硅；硅；silicon；single－crystal；monocrystalline；monocrystal；single crystal；single crystalline；直拉；上引；切氏；切克劳斯基；提拉；柴式长晶；拉制；拉晶；柴可拉斯基；乔赫拉尔斯基；丘克拉斯基；czochralski；恰克拉斯基；卓克拉尔斯基；CZ 法	C30B15；C30B27/02；C30B29/06
		区熔法单晶硅	单晶硅；硅；silicon；single－crystal；monocrystalline；monocrystal；single crystal；single crystalline；区熔；zone melting；zone－melting；fz 法；floating zone；floating－zone；float zone；float－zone；fz silicon；fz－si	C30B13；C30B29/06
		单晶硅切片	硅片；硅切片；硅晶片；硅晶圆；硅基板；硅圆片；硅基衬底；硅衬底；单晶硅；硅单晶；硅锭；硅晶棒；silicon wafer；silicon semiconductor wafer；silicon ingot；切割；截断；切断；切片；线锯；金刚线；倒角；cropp *；sliced；slicing；cutting；cut；saw；sawed；sawing；chamfer *	B28D5
		单晶硅清洗	硅片；硅切片；硅晶片；硅晶圆；硅基板；硅圆片；硅基衬底；硅衬底；单晶硅；硅单晶；硅锭；硅晶棒；silicon wafer；silicon semiconductor wafer；silicon ingot；清洗；清洁；clean *；rins *；rca	B08B；H01L21/02

续表

技术分解		关键词概述	专利分类号
2. 电池片	PERC 电池	PERC；PERL；PERT；passivated emitter；rear contact；钝化；发射极；emitter；rear contact；背接触；背面接触；back contact；back - contact；发射区；光伏；太阳能；太阳电池；光电转换；光电转化；光电装置；晶体硅电池；晶硅电池；photovoltaic；solar；pv cell *；photoelectric conver *；photoelectric transform *；optoelectronic device *	H01L31
	TOPCon 电池	隧穿；隧道；遂穿；掺杂；多晶硅；钝化；氮氧化硅；磷掺；硼掺；poly silicon；polysilicon；tunnel；passivat；doped；光伏；太阳能；太阳电池；光电转换；光电转化；光电装置；晶体硅电池；晶硅电池；photovoltaic；solar；pv cell *；photoelectric conver *；photoelectric transform *；optoelectronic device *；	H01L31；H01L31/0248 +；H01L31/06 +
	HIT 电池	异质结；非晶硅；本征；非晶 - 晶体硅；非晶硅/晶体硅；非晶/晶体硅；透明导电层；透明导电电极；透明导电膜；透光导电；TCO；ITO；IZO；GZO；AZO；IWO；ITIO；ICO；ZnO；氧化锌层；amorphous/crystalline silicon；amorphous - crystalline silicon；heterojunction；hit；hjt；shj；sht；amorphous silicon；intrinsic；光伏；太阳能；太阳电池；光电转换；光电转化；光电装置；晶体硅电池；晶硅电池；photovoltaic；solar；pv cell *；photoelectric conver *；photoelectric transform *；optoelectronic device *；transparent conductive；indium tin oxides；transparent electrode；transparent electrode	H01L31；H01L31/0248 +；H01L31/06 +；H01L31/0747；H01L31/20；H01L31/072；H01L31/075；H01L31/109
	IBC 电池	交叉；叉指；指叉；interdigitat *；alternat *；光伏；太阳能；太阳电池；光电转换；光电转化；光电装置；晶体硅电池；晶硅电池；photovoltaic；solar；pv cell *；photoelectric conver *；photoelectric transform *；optoelectronic device *	H01L31

续表

技术分解		关键词概述	专利分类号
2. 电池片	钙钛矿电池	perovskite；钙钛矿；电子传输层；空穴传输层；electron transport layer；hole transport layer；光伏；太阳能；太阳电池；光电转换；光电转化；光电装置；晶体硅电池；晶硅电池；photovoltaic；solar；pv cell *；photoelectric conver *；photoelectric transform *；optoelectronic device *	H01L51；H01L31；H01L31/06 +；H01L31/0248 +；H10K30/40
	染敏电池	染料；敏化；染敏；dye - sensitized；dye；sensitized；sensitization；dssc；光伏；太阳能；太阳电池；光电转换；光电转化；光电装置；photovoltaic；solar；pv cell *；photoelectric conver *；photoelectric transform *；optoelectronic device *	H01G9/20；H10K30/15
	其他电池	光伏；太阳能；太阳电池；光电转换；光电转化；光电装置；晶体硅电池；晶硅电池；photovoltaic；solar；pv cell *；photoelectric conver *；photoelectric transform *；optoelectronic device * +（该分支不包含以上6种类型电池片的专利文献）	H01L31/18；H01L31/20；H01L31/06 +；H01L31/0248 +；H10K30/50 +；H10K30/80 +；H01L51/42；H01L51/46
3. 光伏组件	切片组件	光伏电池组；太阳能组件；光伏板组件；solar module；solar cell；solar cell module；solar cell module；切片；划片；scribing；等分；二分之一；三分之一；half slice；half cut；half - cut；silicon slice；半片；三分片	H01L31/04；H01L31/05；H01L21/78
	多主栅组件	光伏电池组；太阳能组件；光伏板组件；solar module；solar cell；solar cell module；solar cell module；主栅；busbar；栅线；多主栅；multi - busbar	H01L31/04；H01L31/05

续表

技术分解			关键词概述	专利分类号
3. 光伏组件	叠片组件		光伏电池组；太阳能组件；光伏板组件；solar module；solar cell；solar cell module；solar cell module；superimposed tile；shingle；重叠；叠盖；间距；叠瓦；叠片；superimposed tile	H01L31/04；H01L31/05
	背接触组件		光伏电池组；太阳能组件；光伏板组件；solar module；solar cell；solar cell module；solar cell module；superimposed tile；背接触；back contact	H01L31/04；H01L31/05
	常规组件	光伏玻璃	玻璃；glass	H01L31/048；H01L31/0488
		组件电连接	焊带；solder strip	H01L31/05；H01L31/04
		背板	背板；后面板；backboard；rear panel	H01L31/049；H01L31/048
		胶膜	胶膜；adhesive film；eva；ethylene - vinyl acetate；ethylene vinyl；poe	H01L31/048；H01L31/0481
		接线盒	接线盒；junction box；terminal block；connection box；连接盒；接续盒；出线盒；连接箱；接线箱；电源线线盒	H02S40/34；H02S40/30
		边框	边框；frame；边界框；rim *；边界框架	H02S30/10；H02S30
		其他组件	太阳能电池板；光伏电池组；太阳能组件；光伏板组件；solar module；solar cell（该分支不包含以上6种常规组件的专利文献）	H01L31/05；H01L31/04